조선창극집

료녕인민출판사

조선창극집

저자 조운 박태원 김아부

1955년 9월 30일 발행

발행인 국 립 출 판 사

根据朝鲜民主主义人民共和国国立出版社
1955年9月版翻印

朝鲜唱剧集

(朝鲜文)

*

辽宁人民出版社出版
(沈阳市南京街6段1里2号)
沈阳新华印刷厂印刷

*

开本：850×1168 1/32 印张：13¾ 插页：8
字数：243,000 印数：1—5,500
1980年 3月 第1版 1980年 3月 第1次印刷
统一书号：M10090·18 定价：1.40元

이 책은 조선민주주의인민공화국 국립출판사의 1955년 9월 26일 『조선창극집』 인쇄본에 의하여 복제출판한다.

본사에서는 원 작품에 손상주지 않는 범위에서 조선말규범집에 근거하여 철자와 띄여쓰기를 약간 수정하였다.

목차

창극

춘향전

6막 7장

나오는 사람들

춘향
월매
향단

리몽룡
방자
후배사령
서리
중방
역졸들

변학도
목랑청

리방
호장
호방
례방
형리
통인
급창
집장사령
집사
정수
옥사정
사령들
운봉영장
순창군수
곡성현감
구례현감
옥과현감

농부 1
농부 2
농부 3
농부 4
농부 5
농부들

기생들
처녀들
과부들

제 1 막 광한루

숙종대왕 즉위초
5월 단오 천중절에
남원 광한루에—

막이 오르면

좌편은 광한루요 우편은 오작교로 앞내 버들 뒤내 버들 실실이 늘어지고 새소리 귀에 맑은 천중절 아침인데,

추천노래 부르면서 처녀들이 춤을 춘다.

합 창 단오 단오 5월 단오

그네명절 좋을시고

그네 매자 그네 매자
장림숲에 그네 매자
당사실로 쌍그네 매고
너와 나와 둘이 뛰자

단오 단오 5월 단오
그네명절 좋을시고

예쁜아 꽃분아
우물안집 작은 악아
분성적 바삐하고
추천놀이 어서 가자

단오 단오 5월 단오
그네명절 좋을시고

머리에 창포 꽂고
앵도 따 입에 물고
다홍치마 번듯번듯
흰 버선이 맵시난다

에이야 5월 단오
그네명절 5월 단오
굴려라 밀어라
앞뒤 점점 높아라

물 차는 제비처럼
나려앉는 나비처럼
솟거니 나리거니
그네바람에 향기인다

에이야 5월 단오
그네명절 5월 단오
굴려라 밀어라
앞뒤 점점 높아라

머리우의 나무잎은
흐늘흐늘 흐늑이고
발아래 산과 들은
넘실넘실 물결친다

—처녀들 춤추며 숲속으로 사라지자,

우편으로서 향단이를 데리고 춘향이가 나오는데, 수화류문 초록 장옷 남방사 홑단치마 자주 영초 수당혜로 아름답고 고운 자태 아장 걸어 하늘 걸어 가만가만 나오면서,

춘향 청화 5월 단오 가절
하늘도 맑을시고
흰구름 무심한양
둥덩실 떠 흐른다
시내물 굽이친데
젖을듯한 푸른 그늘

장장채승 당사 그네
추천하는 처자로다

그네바람에 지는 꽃잎
눈보라를 치는구나
귀가문의 아낙네도
가는 봄을 아끼는가

훨훨 흩듣는 꽃
지는데가 어디메냐
높이높이 나는 나비
잡을 길이 바이 없다

제 이름을 서로 불러
피피리로 우는 소리
가직히 시름겨운
이내 수심 자아낸다

향단 (무심히 듣다가 고개를 갸웃하고) 아씨도 무슨 시름이세요.

춘향 (호젓한 웃음을 입가에 띠우며) 네가 내 마음을 다 알아도 그는 네가 모르리라.

—수작을 파하고 춘향이와 향단이, 오작교 사뿐 건너 추천을 할양으로 숲속으로 들어가자, 좌편으로서 서산나귀 방울소리 딸랑딸랑 들리더니, 방자를 앞세우고 리도령이 나오는데, 사또 자제 리몽룡의 호사를 볼작시면, 옥안 선풍 고운 얼굴, 전반같은 채머리 곱게 빗어 밀기름에 잠재워 궁초당기 석황 물려 맵시있게 잡아땋고, 성천 수주 겹동배 세백저 상침바지, 극상세목 겹버선에 남갑사 다님치고, 육사단 겹배자 밀화단추 달아입고, 통행전을 무릎아래 느짓매고, 영초단 허리띠 모초단 모려낭을 당팔사 갖은 매듭 고를 내여 느짓매고, 쌍문초 진동청 중추막에 도포 받쳐 흑사띠를 흉중에 눌러매고, 육분당혜 끌면서 의젓하게 나오는데, 손에는 한자루 호당선을 쥐였다.

방 자 (리도령을 돌아보고 손으로 가리키며) 예가 바로 광한루요 저게 곧 오작교외다.

리도령 (고개를 끄덕이고) 남원읍 제일승지 광한루를 일컫더니, 명불허전으로 경개 과연 절승하다.

—광한루 섭적 올라, 이리저리 두루두루 산천경개 둘러보고,

리도령

적성 아침날은
늦은 안개 떠여있고
록수 저문 봄은
화류 동풍 둘렀는데

우람하고 높은 다락
아로새긴 부연추녀
네활개를 쩍 벌리고
벽공에 솟았고나

황학루와 봉황대도
이만은 못하리라

(연방 혼자서 고개를 끄덕이며)
좋다, 좋아…

책방 단장안을
천하로만 여기고서

죽이리라 살리리라
들리느니 호령소리
섬돌의 긴긴해만
바라볼뿐일러니

확홀한 대천지가
안하에 열리니

조롱에 갇혔던 새
허공에 난것처럼
호연한 내 마음이
그냥 날듯이나싶고나

—이때 내아에서 잡술상이 나와, 방자 받아들고 루상으로 올라간다.

리도령 (방자를 향하여) 후배사령은 어디 갔느냐?

사 령 (좌편으로서 나오며) 예—

리도령 이리 올라오너라.

사 령 예— (연해 허리를 굽신굽신, 황공하여 그대로 서있다.)

리도령 파탈하고 노닐 때에 상하를 너무 차리면 정도 없고 록록하고 때가 묻어 못쓰느니라.

사 령 네 어서 올라오너라. 황공하오이다. (연해 굽신거리며 루상으로 올라온다.)

리도령 (방자를 향하여) 향당에 막여치라니 후배사령 상좌로 앉히고, 방자 너도 게 앉아라.

방 자 황공하오이다.

—파탈하고 둘러앉아 몇순배 먹은후에, 취흥이 도도하여 자리에서 일어나자, 리도령 이리저리 루상을 거니르며,

리도령 평양 감영 대동문
련광정을 일렀고
진주의 촉석루와
충주의 탄금대를
승지라 이르건만
이에서 더할소냐
선경일시 분명하고나

광한루도 좋거니와
오작교 더욱 좋다
오작교 분명하니
견우 직녀 없을소냐

견우성은 내려니와
직녀성은 누구런고

—후배사령은 이사이에 소리없이 아래로 나려가고, 방자만 남았는데,
문득 리도령, 한편을 바라보자 정신이 황홀하여,

리도령 이애 방자야
방 자 예—
리도령 저 건너 화림중에
언듯번듯 저게 뭐냐

방 자 (훌낏 바라본후, 시치미를 뚝 떼고)
어디 무엇 말씀이요—

소인 눈에는
아무것도 아니 뵈오

리도령 저게 그래 안보인다?
내 부채발로 바라봐라

방 자 부처발 말고
미력발로 바라봐도
아무것도 아니 뵈오

리도령 (그대로 어린듯 바라보며 반은 혼자말처럼)
내가 아마도

탐심이 없으므로
금이 화해 뵈나보다

방 자 금이란 당치않소—
금생려수란들
물마다 금이 날가
적성강에 금 난단 말
들은이가 없소이다

리도령 그렇다면 옥이로다

방 자 옥일리 있으리까—
옥출곤강이라 한들
뫼마다 옥이 나리
지리산은 령산이라
신선은 난다 하되
옥 난단 말 없느니다

리도령 그럼 정녕 귀신일다

방 자 백주 청명 밝은 날에
귀신이 어이 있으리까

리도령 (자못 초조하여)
이도 저도 아닐진대
그럼 대체 무엇이냐
갑갑하다 일러다오

방 자 (능청맞게 그제야 알아본듯이)
오—저것이요? 난 또 뭐라고…
이제야 자세 보니

본읍 퇴기 월매 딸
춘향이로소이다

리도령 (빙긋이 웃으며) 기생의 딸?… 그럼 부를수 있겠구나. 네 가서 불러오너라.

방 자 (픽 웃으며) 불러오라구요?…

춘향의 고운 자태
남방에 유명키로

감사 병사 목부사며
군수 현감 관장들이
저마다 보려 하되

천하의 절색으로
녀공 재질 뛰여나고
문장을 겸전하여
녀중 군자로
자처하는터이라
날날이 거절하니

황공하온 말씀으로
불러보기 어렵내다

리도령 (듣고나자 다시 빙그레 웃으며) 네 말은 그러하나—, 내 저를 기생으로 알미 아니라, 글을 잘한다기로 청하는터이니, 잔말 말고 불러오너라.

방 자 예—

—저 방자 분부 듣고 춘향 부르러 건너간다. 멥시 좋은 저 방자, 인물 좋은 저 방자, 련잎벙치 숙여쓰고 충충거리고 건너갈제, 한푼두푼 걸음제

를 서푼너푼 건너가며, 조약돌 덤벅 쥐여 양류간에 앉은 꾀꼬리 툭 쳐 후리쳐 날려보며, 오작교 건너가 춘향 추천하는 앞에 바드드득 달려들며,

방자 아나 엿다, 춘향아—

—부르는 소리에 춘향이 깜짝 놀라 그네에서 나려서자 향단이와 함께 양류간으로 나오며,

춘향 애고 그녀석— 무슨 소리를 그렇게 질러?

방자 (호들갑을 떨며)

이애 춘향아
큰일 났다 큰일 났어
사또 자제 도련님이
광한루에 오셨다가
너 노는 모양 보고
불러오란 령이 났다

향단 (곁에 있다 나서며) 미친 소리 하지 말아. 도련님이 우리 아씰 어찌 알고 오라시여?

춘향 (화를 내여) 이녀석—네가 아마도 내 말을 종달새 열씨 까듯 조랑조랑 까바쳤지?

방자 (홍 코웃음 치고) 내가 네 말을 할리가 있느냐? 네 처신이 글러서 그렇지…

춘향 내가 그릏게 무엇이냐?

방자 (다시 한번 코웃음 치고)

네 그른 래력을
네 들어보아라—

게집아이 행실로서
여봐라 추천을 하량이면
네 집 후원에 그네를 매고
남이 알가모를가 한데서
은근히 뛰는게 옳지

광한루 머지 않고
또한 이곳을 론지하면
록음 방초 승화시라
방초는 푸렀는데

앞내 버들은
초록장 두르고
뒤내 버들은
류록장 둘러
한가지 늘어지고
한가지 펑퍼져
광풍을 겨워서
우줄우줄 춤추는데

광한루 구경처에
그네를 매고 네가 뛸제
외씨같은 두 발길로
백운간에 노닐적에

홍상자락이 펄펄
백방사 속치마는
동남풍에 펄렁펄렁…

도련님이 보시고 너를 부르시지 내가
무슨 말을 하단말가? — 잔말 말고
어서 가자.

춘향 못가겠다.

방자 뭐? — 량반이 부르는데 천연스레 못
가겠다?…

향단 (곁에 있다 또 나서며)

이녀석아. 도련님만 량반이고 우리 아씬 량반이 아니란 말이냐?

방자 (픽 웃고) 그까짓 량반이야 절름발이 량반이지 (다시 춘향이를 향하여) 우리 도련님으로 말할진대—

당대 충효 대가로서
가세가 장안 갑부
지벌은 연안이요
외가는 청풍이라

얼굴은 남중일색
풍채는 호동이요
문장은 최고운
필법은 김생이라…

호걸남자로서 장안에 이름났다. 자아 가자—

춘향 (동하는 기색 없이) 그래도 못가겠다.

방자 (짐짓 눈을 둥그렇게 뜨며) 뭐? 못가?

춘향 못갈 래력을 들어보아라—

량반댁 도련님이
글공부 아니하고
유산하기 긴치 않고

유산은 할지라도
남의 집 녀자 보고
전갈하기 당치않고

전갈은 할지라도

녀자된 도리로서
남자의 전갈 받고
따라가기 고이하다

방자 말인즉 옳다마는—
도련님 좋은 기구
네가 만일 아니가면
래일아침 조사후에
너의 모친 잡아다가
책방 단장안에
마주걸이 하게 되면
넌들 마음 어떠하며
내 맘인들 좋을소냐
(한번 얼려보고는 다음에 슬쩍 눅쳐)

이애 춘향아—
단오명절 좋은 날에
재자 가인 서로 만나
시 한수 화답함이
무어 례절에 구애되리
보배를 깨면 사가 되느니라. 자아
가자—

—춘향이 입가에 보일듯말듯 빙그레 웃음이 떠오르며 슬쩍 향단이를 돌아본다

방자 수작에 겁을 먹은 향단이가 기다리고있었던듯 눈짓하고 넌짓 밀어, 춘향이 마침내 오작교를 건는다.

방자 (한번 싱긋 웃고 충충거리며 광한루로 돌아와) 춘향이 대령이요—

리도령 이리 오르라 일러라.

—춘향이 잠간 망설이다 마침내 련보를 정히 옮겨 충계를 올라선다.

리도령 춘향을 맞는듯 한발자국 앞으로 나선다.

춘향 루상에 오르자 란간앞에서 발길을 멈추고 새별같은 눈을 들어 리도령을 흘낏 보다 눈이 서로 마주치자 얼굴이 와락 붉어 아미를 숙인다.

리도령 춘향을 불러는 왔으나, 막상 대하니 가슴만 두근두근 정신이 암암하여 잠시 멈멈히 있다가 이윽고 입을 열어,

리도령 려염 처자 불러보기 청문에 고이하나…글을 잘한다기 시나 한수 화답할가 이렇듯 청한게니…허물 말라.

춘 향 (눈을 들어 부끄려이) 제가 무슨…

리도령 (들릴듯말듯 한마디 하고는 다시 아미 숙인다.) 이름은 춘향이라 들었거니와… 성은 무엇이며 나이는 몇살이뇨?

춘 향 성은 성가이옵고 나이는 십륙세로소이다.

리도령 나와 동갑 28이로군…

—그나마 몇마디 묻고나니 더 건넬 말이 없어, 리도령 어색하게 서있는데,

춘 향 (외면한채) 시속 인심 고약하니 그만 물러가겠내다.

—말을 마치며 끝 라상을 검쳐잡고 외씨같은 발을 옮겨 다락에서 나려간다.

—리도령 멀거니 서있다가 춘향이가 그대로 돌아가려는것을 보자,

리도령 춘향아

—춘향이 향단이와 더불어 나가다말고 발길을 멈추며 그의 다음 말을 기다린다.

리도령 (용기를 내여) 내 한가한 틈을 타서, 너를 한번 찾으려니와…, 너의 집이 어디메뇨?

—춘향이 부끄럼을 머금고 선뜻 대답 못하다가, 물릴가말가하게,

춘 향 방자가 아리이다.

—한마디를 남기고 표연히 돌아간다.

—리도령 그의 뒤모양을 잠간 바래다가,

리도령 방자가 아리이다…

—춘향이 한 말을 무심히 뇌여보고 혼자 빙그레 웃으며,

리도령 방자야 네 일러라
춘향 집이 어디메냐

방 자 (손을 넌짓 들어 가리키며)
저기 저 건너
동산은 울울하고
련당은 청청한데
문전에 수양버들
실실이 늘어지고
후원에 온갖 화초
란만히 피여있어
송정 죽림 두사이로
은은히 보이는게
바로 춘향의 집이니다

리도령 (고개를 끄덕이며)
장원이 정결하고

송죽이 울밀하니
춘향의 정절을
가히 짐작하리로다

(이윽히 그편을 바라보다가)

직녀 돌아가매
은하수가 아득하다
덩그렇게 빈 다락에
향기만 남아있고
마음은 부질없이
오작교에 어리누나

—멀리서 은근히 들려오던 5월 단오의 합창소리
차츰 높아질 때,

— 막 —

제 2 막

1 장 백년가약

1막에서 열흘 지난
5월 보름날 밤.

춘향의 집 후원 별당—부용당.

무대

중앙에서 우편으로 치우쳐 방과 루마루가 있고, 좌편은 후원으로 통했으니, 화계우를 볼작시면, 동백 춘백 영산홍에 모란 작약 월계화, 란초 지초 파초 치자 온갖 화초 란만하고, 밤은 깊어 3경인데, 빈 뜰에 휘영청 15야 달이 밝다.

막이 오르면

방안에 홀로 앉아 거문고를 타고있는 춘향의 고운 자태가 주렴너머로 보인다.

이윽고 한곡조 타고나자, 거문고를 한옆으로 밀어 놓고, 춘향이 부시시 일어나서 마루로 나온다.

깊은 밤, 때아닌 발자취에 놀랐는가—개짖는 소리 멀리서 들려온다.

춘향이 란간에 의지하여 그편으로 잠간 눈을 주다가, 고개를 들어 달을 쳐다본다.

조금 가까이서 개짖는 소리 또 들려온다.

춘향이 란간앞을 떠나 몇발자국 옮기다가, 마루바닥에 떨어져있는 책자를 집어들고 방으로 들어가며 곧 방문을 닫는다.

조금 동안을 두어 방안의 등불이 꺼지고 빈 뜰과 루마루에 달빛만 가득한데,

문득 석탑에 잠든 개가 사람자취 놀라 깨여 컹컹 짖고 내닫는다.

—좌편 일각대문이 소리없이 열리자, 청사초롱에 불 밝혀 들고, 가만가만 방자가 들어오며 뒤를 보고 손짓한다.

—리도령 불안스러이 좌우를 살피면서 뒤따라 들어와,

리도령 이애 방자야 이렇게 암말없이 들어와도 좋으냐?

방자 좋지 않으면 어쩌우? …그럼 그냥 돌아갈라우?

—방자 빈정대며 한마디 할 때에, 개가 또 컹컹 짖는다.

방자 이—개 이—개

—방자 손짓하여 개를 쫓다가 문득 우편으로 눈을 주고,

방자 이거 야단났소. 안에서 누가 나오나 보우

—호들갑을 떨며 방자 입으로 훅 불어 초롱의 불을 끄자, 잡담 제하고 리도령의 손을 잡아 나무 뒤로 은신할 때,

—안으로서 춘향모 월매가, 부산 때롱대에 서초 피워 입에 물고 아장아장 걸어나오며,

월매 저 개야 짖지 말아. 공산에 잠든 달을 네가 보고 왜 짖느냐?… 속담에도 달 보고 짖는 개라더니 너를 보고 한 말일다.

—월매 뜰 한가운데 와서 걸음을 멈추고 잠시 달을 쳐다보다가,

월매 달 밝다 달도 밝다
몹시도 밝을시고
너는 하냥 그 빛이나

늙은것은 내로구나
나도 젊어 다냥시절
예쁘다는 말도 듣고
봄이면 화전놀이
가을이면 단풍구경

남원의 월매 월매
소문이 둥둥 떠서
주야 호강 사랑속에
세월 가는줄 몰랐더니…

홍안을 비추던 달
너는 하냥 그 빛으로
소연하기 서리같은
내 백발을 비치누나

—월매 노래하며 다시 안으로 발길을 향하는데,

개가 또 컹컹 짖는다.

월 매 저 개야 짖지 말아
찾아올이 없으려든
무심한 달을 보고
네가 어이 이리 짖니

—후원쪽을 한번 돌아보고 발길을 돌리려다 문득 다시 고개 돌려 나무뒤를 살펴보고 깜짝 놀라,

(두어걸음 뒤로 물러서면서)

아니, 네가 누구냐 응?…

선동이냐 인동이냐
봉래 방장 채약동가
어떠한 아이기에
아닌밤중에
남의 집엘 들어와서
은근히 앉았느냐

방자 이놈 네가 필연 도둑놈이지?…

(나무뒤로서 나오며)

쉬—사또 자제 도련님이 와계시오.

월매 (달빛에 그를 자세히 살펴보고)

너 이자식 방자로구나. 그럼 진작 말을 해야지? 이거 대단 죄송하구나…

—불끄고 소리없던 춘향방의 영창문이 이때 바시시 열리며, 문틈으로 춘향이의 하얀 얼굴이 밖을 내다보고는, 다시 영창문이 소리없이 닫혀진다.

—월매 리도령을 맞으려 나무앞으로 몇걸음 발길을 내여놓을 때,

—리도령 할일없이 주저주저 나무뒤에서 나온다.

월매 (허, 허 웃고)

도련님, 이 늙은것이 눈이 어두워 잘못 보고 말씀을 함부루 하였으니 노여워 마옵시오.

리도령 아닌밤중에 말도 없이 남의 집엘 들어왔으니 그런 욕도 먹어 싸지.

월매 하, 하, 하… 이리 쉬 풀어질줄 알았더면 욕을 좀 더 많이 할걸 하, 하, 하…

리도령 허, 허, 허, 허…

(따라서 웃었으나 아무래도 어색하다.)

월매 도련님. 내 집에 나오시기 천만 의외요. 자—안으로 들어가서 노시다 가옵소서.

리도령 ……

방자 (앞으로 나서며)

춘향이 어디 갔소? —도련님이 춘향이의 문장 말을 들으시고 벼르시고 벼르시다 이 밤에 나오셨다오.

월매 (가볍게 웃으며)
제가 글은 무슨… 자— 도련님 올라
가십시다.

—월매 리도령을 인도하여 부용당앞으로 걸어가
며, 안을 향하여,

월매 향단아—

향단 네—

—대답소리 들리며, 월매가 대돌우에 올라서려 할
때, 안으로서 향단이 나온다.

월매 이애
(향단이를 가까이 불러 귀속말로 몇마디 이른다,)

향단 네—

—살짝 눈을 들어 리도령을 쳐다보고 향단이 안으
로 들어가자,

—월매 리도령을 인도하여 루마루로 올라서며,

월매 (방을 향하여)
악아—자니? 이리 좀 나오너라.
(리도령에게 자리를 권하며)
도련님, 이리 앉으십시오.

—리도령 자리에 앉으며 이리저리 둘러볼 때.

—춘향방 영창문이 소리없이 열리며, 춘향이 루마
루로 나온다.

월매 (딸을 쳐다보며)
너 전날 광한루서 도련님을 뵈웠다
지?… 도련님이 널 보시려 우정 이
밤중에 나오셨단다. 인사를 여쭈어라.

—춘향이 부끄러이 앞으로 나와 리도령에게 인사

를 드린다.

월 매 (딸을 향하여) 게 앉아라.

—춘향이 한옆에 가 외면하고 앉자,

월 매 (리도령을 향하여) 도련님이 내 집에를 오실배 없는데, 이렇듯 찾아주시니 대단 황공하오이다.

리도령 그럴리가 웨 있는가? 겸사의 말이로세.

—겨우 한마디 대꾸를 하고는 다시 할 말이 없어 무료하게 앉았다가, 란간너머로 초당에 붙인 액자(額字)를 바라보고,

리도령 부용당이라 잘도 썼다. 석봉(石峰)이 못미치리…

—그 말에 춘향이 새별같은 눈을 들어 리도령의 옆 얼굴을 처다보다가, 스스로 낯을 붉히며, 다시 아미를 숙인다.

방 자 (마당 한구석에 쪼그리고 앉았다가) 액자구경 오셨소? —할 말이 있으시면 선뜻 내여놓실게지, 사내대장부가 주저할게 무엇이요?

월 매 (그 말 듣자, 리도령을 물끄러미 처다보며) 무엇을 그러시는지…

—이통에 리도령의 말문이 열렸것다.

리도령 다른 말이 아니로세— 우연히 광한루서 춘향을 한번 본후

련련한 그 마음이
잊을 길 바이 없이
춘향과 더불어
백년가약 맺어보려
이렇듯 나왔으니
자네 맘에 어떠신가

—춘향모 듣고나자 옷깃을 바로하고 리도령을 향하여 정중히 말을 낸다.

월매

도련님 황공하오나
이내 말씀 들어보오
서울 자하골
성참판 령감께서
보외(補外)로 남원에
좌정하였을 때
소리개를 매로 보고
나로 수청 들리시니
모신지 3삭만에
령감은 올라가고
그달로 태기 있어
낳은게 저것이라
젖줄 뗄만하게 되면
데려가마 하시더니
뜻밖에 그 량반이
세상을 버리시매
보내들 못하옵고
내 손 하나로 길러낼제
7세에 소학 읽혀
수신 제가 화순심을
낟낟이 가르치니

근본이 있는 고로
만사가 달통이라
녀공재질 례의 범절
누가 내 딸이라 하오리까
6 0당년 늙은 몸이
저 하나를 의지하여
이렁저렁 지내오되

내 지체 부족하니
재상가 부당하고
사서인은 넘고 처져
혼인이 늦어가매
주야로 걱정이나

도련님은 량반이라
춘향과는 당치않소
그런 말씀 말으시고 그저 노다 가시지요.

리도령 그게 무슨 말씀인가? —

춘향도 미혼전
내 또한 미장가전
피차에 이러하니
륙례는 못할망정
량반의 자식으로
1구 2언 하겠는가

념려 말고 허락하게

월 매 도련님 젊은 마음
봄나비 꽃본듯이
지금은 그러시나
부모 몰래 하시는 일

나중에 소문 겨워
아차 한번 버리시면

백옥같은 내 딸 마음
어미가 모르리까
독숙공방 소년정절
그 아니 불쌍하오

리도령 (마음에 답답하여)
아니 그게 될 말인가?—

춘향 사정 내 알거니
박대 행실 있을손가
내 저를 초취같이 여길테니
허락만 하여주게

—그래도 춘향모 얼른 결단 못하는데,

—뜰에 앉아 듣던 방자, 이때 벌떡 일어서며,

방자 아니 무얼 그리 망설이오? 불감청이
나 고소원이지…

요조숙녀 군자호구라
군자이신 도련님이
춘향같은 숙녀에게
다시 변개 있으리까

광한루 우연 상봉
범상한 일 아니여든
천정한 연분이면
누가 감히 막으리오

월매 (그 말 듣자 고개를 갸웃하고, 반은 혼자말로)
천정 연분이라… 그러면 꿈도 바

이 허사가 아니로다…

방자 아니 무슨 꿈을 꾸었소?

월매 (방자는 상대 않고 춘향을 돌아보며)

악아 춘향아

내 아까 꿈을 꾸니

너 자는 침상에서
채운이 일어나며
청룡이 너를 물고
하늘로 오르기에
룡의 허리 겸쳐잡고
이리 궁글 저리 궁글
한동안 궁글다가
소스라쳐 잠을 깨여
가만히 생각하매
경사있을 대몽이라
아직 두고 보잿더니
이 밤으로 증험할줄
낸들 어이 알았으랴

—월매 마침내 뜻을 결하고, 리도령을 향하여,

월매 여보 도련님—

륙례는 못이루나
혼서 폐장 사주단자
모두 다 겸하여서
중서 한장 하여주오

리도령 (마음에 못내 기뻐)

그리다뿐이겠나

글랑은 그리 하소

—월매 연상(硯床)을 들어다 리도령앞에 놓고, 산호연적 물을 따라, 수양매월(首阳梅月) 진하게 갈아주니,

—리도령, 앞으로 나앉으며 청황모 무심필(无心笔)반중둥 흠써 풀어, 백릉설화 간지(白绫雪花间纸)우에 두어자 얼른 적는다.

《방 창》

동방(洞房)은 고요하고
화촉(花烛)은 잔잔한데
수양매월 맑은 향기
넌즛이 높을사록
꽃다운 맹세가
새별같이 또렷하다
비냐 구름이냐
헤아릴수없이
모란같이 탐스럽고
아름다운 젊은 청춘
앵도처럼 고운 마음이
초불처럼 흐느인다

—리도령, 다 쓰고나자 월매에게 준다.

월 매 (중서를 받아들자 정중하게 읽는다.)

바다가 마르고
산이 다 닳도록
천지 신명은
이 맹세를 밝히소서

—때마침 안으로서 주안상 차려들고 향단이가 나온다.

—월매, 중서를 고이 접어 허리춤에 찌르고, 상을 받아다 리도령앞에 논다.

—리도령 눈을 들어 보니, 시체 수단으로 술상을 차렸는데, 라주칠반(羅州漆盤)에 김치, 약포육, 전복쌈 한접시, 거기다 실과를 곁들어 놓았다.

—이때 뜰에서는, 주안상을 드리고 섬돌로 나려서는 향단이를 향하여,

방자 (한걸음 앞으로 나서며) 이애, 향단아—너의 어머닌 무슨 꿈
안 꾸었다던?…

—향단이 고개 돌려 그를 한번 흘끗 보고, 즉시 새침하니 돌아서서 안으로 향한다.

방자 (그 뒤모양을 멍하니 바래며) 너도 누굴 닮아 요렇게 도고하냐…

—향단이 내꾸 않고 안으로 들어갈제,

월매 (춘향을 돌아보고) 악아—, 부끄러이 아지 말고 이리 와
약주 부어라. (다시 리도령을 향하여)
도련님 안주가 없사오나 이는 장모의
허물이오니 용서하시고, 약주나 많이
잡수시오.

—춘향이 부끄럼을 머금은채 상결에 와서 앉아, 잔에 술 부어 리도령에게 준다.

리도령 (술잔을 받아 손에 들고) 마음만 같았으면 륙례를 행할터이나
그러지를 못하니 이 아니 원통하랴.
그러나 춘향아, 이 술을 우리는 대례
술로 알고 먹자.

—한잔 먹고나서 잔을 춘향에게 돌려주며,

리도령 너의 어머니께 한잔 드려라.

—춘향이 다시 한잔 부어 저의 모친에게 올린다.

리도령 장모—, 경사술이니 한잔 드소.

월매 (술잔을 받아들고 감개가 자못 깊어)

즐겁고 기쁜 날이
오늘우에 또 있으리
아비없이 자란 내 딸
하느님이 감동하사
명문대가 도련님과
백년을 기약하니
다시없는 경사오나
지낸 일을 돌아보니
령감생각이 간절하여
자연 비창하여이다

리도령 정리에 당연하나—
오늘같이 좋은 날에
이왕지사 생각 말고
약주나 어서 드소

—리도령과 춘향모가 다시 몇잔 더 나눌 때,

—방자 뜰에 가 쪼그리고 앉아서, 당상의 술자리를 멀거니 바라보다, 문득 발을 한번 탕 구르며,

방자 (마치 개가 어찌기나 하는듯)
이—개

월매 (그 소리에 뜰을 내다보고)

방자 아니 방자, 그저 게 있었니?…

(짐짓 볼멘소리로)

진작 갈걸 잘못했구료—

월매 내 그만 깜빡 잊었고나… 게 있다 도련님 상 나거든 너도 한잔 먹어라.

방자 (벌떡 일어서서 사뭇 시비나 가릴듯이)

오늘 경사가 대체 뉘 덕인데 그래 퇴주술로 때려오?

월매 아따, 잘못되였구나…

(그김에 자리를 일어 뜰로 나려오며)

자—나하고 안으로 들어가자.

방자 (어깨를 으쓱하고)

그러면 그렇지… 자—어떻소?

월매 오—냐 사무여한일다.

봉이 나니 황이 나고
장군 나니 룡마 난다
봉과 같은 나의 사위
황과 같은 내 딸 춘향
금실 금실 좋은 금실
천정 배필 이 아니냐

—월매 안으로 들어간다.

—방자 그뒤를 따라 안으로 향하며,

방자 청실홍실 마디마디
월로승이 뉜줄 아오
잘되면 술이 석잔
못되며는 뺨이 세개
내 대접을 잘해야만
검은 머리가 파뿌리 되도록
수부 다남 하오리다

—루상에서 리도령, 춘향을 향하여 빙그레 웃고,
춘향이 수집어 아미 숙일 때,

—암 전—

2장 사랑가

1장에서 해가 바뀌여
이듬해 춘3월.
부용당.

열사흘 달이 대낮처럼 밝은 밤이다.
화계우에 란만히 핀 화초들이 달빛에 어리여 더욱 고운데,
부용당 루마루에서는 춘향이 한가롭게 묵화를 치고있고,
리도령은 곁에 가 뒤짐지고 서서 굽어본다.

무대에 불이 들어가면

춘향이 묵화를 다 치고난 길이다.
자세를 바로하고 잠간 들여다보다가 머리를 들어 리도령을 쳐다본다.
리도령 그림을 굽어보며 말없이 고개를 끄떡인다.
—춘향이 붓을 놓자, 화폭을 들고 일어나서 벽에다 갖다 건다.
그림은 바위에 란초—

춘향과 리도령 (함께 그림을 바라보며)

돌틈에 자란 란초
가는 바람 넌짓 불어
줄기줄기 주름지니
잎잎이 향기로다

리도령 담아하다 꽃맵시는

춘향 너와 같으련과
말없이 받고 선 돌
그 나일시 분명하다

—춘향이 말없이 듣고있다가 리도령의 노래가 거의 끝날무렵에 고개를 돌려 그를 쳐다본다. 서로 눈이 마주치자 빙긋이 한번 웃고, 다음은 주거니 받거니 사랑가로 넘어간다.

합창 사랑이로구나
어허 내 사랑 내 알뜰이지
어허 둥둥 내 사랑이지

리도령 장장 춘일 긴긴날에
사랑이 끝이 없고

춘향 노래가 무궁하다

합창 록수 부용 그늘속에
부르거니 따르거니
두둥실 떠 노니는
원앙새야 물어보자

리도령 너희들이 그 우리냐

춘향 우리들이 네 원앙가

합창 물에도 쌍쌍
당에도 쌍쌍
뉘가 뉜줄 모르겠네
사랑이로구나 내 사랑이야
무엇 같다 이르리오

리도령 아지랑이 아질아질
높이 솟은 종달새냐

부상 아침날의
이슬 머금은 해당화냐
죽실을 입에 물고
오동에 넘나드는
기산 조양의 봉황새냐

리도령 (말로) 그래 너는 나를 무엇에다 비할고? —

춘 향 알뜰한 우리 님을
무엇에다 비하리까
채운간에 여의주를 희롱하는
북해의 흑룡 같소

리도령 흑룡이 나일진대
여의주는 너로구나

합 창 사랑이로구나 내 사랑이야

리도령 태산같이 높은 사랑

춘 향 바다같이 깊은 사랑

합 창 아름답고 고운 태도
평생 보고 남는 사랑

리도령 춘향아—

춘 향 도련님—

합 창 (시창으로)
사랑은 끝 없어도
인생이야 한이 있다

시중 천자 리태백이
달 잡으러 고래 타고
채석강에 든 연후에
다시 왔단 말 없구나

춘 향 우리 사랑 즐길적에
사후 기약을 하사이다

리도령 너는 죽어 꽃이 되고

춘 향 도련님은 나비 되여

합 창 2, 3월 춘풍시에

리도령 네 꽃송어 내가 앉아
너울너울 춤추거든
네가 나인줄 알려무나

합 창 사랑이로구나 내 사랑이야

리도령 또다시 될것 있다
너는 죽어 종로 인경 되고

춘 향 도련님은 인경마치 되여

리도령 아침이면 33천

춘 향 저녁이면 28수

합 창 길마재 봉화 세자루 꺼지고
남산 봉화 두자루 꺼지면
인경 첫마디 치는 소리
그저 뎅뎅 칠 때마다
다른 사람 듣기에는

인경소리로만 알아도

리도령 우리 둘인 춘향 뎅—

춘 향 도련님 뎅으로 아십시다

합 창 사랑 사랑 내 사랑이야
사랑이로구나 내 사랑이야
어허 둥둥 내 사랑이야

리도령 남창 북창 노적같이
다물다물 쌓인 사랑

춘 향 명사 10리 해당화같이
연연히 고운 사랑

리도령 5장6부 굽이굽이
알알이 맺힌 사랑

춘 향 6천마디 뼈끝마다
서리고 얽힌 사랑

리도령 앵도같이 붉은 사랑

춘 향 석류같이 박힌 사랑

리도령 구시월 서리바람에
절로 벌어진 석류처럼
량가슴 쩍 벌리고
보여주고싶은 사랑

합 창 사랑 사랑 우리 사랑
천지가 온통 사랑이로구나
내 사랑 내 알뜰이지

어허 둥둥 내 사랑이야

—암 전—

3장 리별가

2장과 같은 해

가을밤.

부용당.

무대에 불이 들어가면

춘향이 등불아래 홀로 앉아, 도련님 드리려고 금랑에 수를 놓고있다.

향단이 밖으로서 들어온다. 도련님이 오시나 하여, 동구밖에까지 나가서 기다리다가 그대로 들어오는 길이다.

향단이의 발자취 듣고, 춘향이 잠간 눈을 들어 문쪽을 바라본다. 그러나 도련님이 보이지 않으므로 그대로 앉아서 수를 논다.

향단 (방안으로 들어서며) 오늘은 웬 일이세요? 도련님이…

춘향 (그대로 수를 놓으며) 글쎄—, 서울서 사람이 왔다더니 무슨 일이 계신지…

향단 (춘향의 곁에 가 앉아 그가 놓는 수를 들여다보다가) 아씨 왜 이런— (하고 문갑우의 화병을 곁눈질하고) —국화를 놓지 않으시고 진달래를 놓으세요?

춘향 (비로소 눈을 들어 향단이를 쳐다보며)

향단 너는 국화가 좋으냐?
좋지 않아요?
구시월 서리바람
온갖 꽃이 다 이울제
홀로 피는 국화꽃이
그 아니 갸륵하오

춘향 (가볍게 고개를 끄덕이며)
그도 그래. 그러나—
진달래 꽃봉오리
봄뜻을 머금으면
천리산야에
쌓인 눈이 다 녹는다고
도련님은 진달래를
더욱 이뻐하신단다.

—이때 리도령이 문안으로 들어선다.

향단 (먼저 보고 자리에서 일어서며)
아이 도련님이 오시네.

—춘향이 눈을 들어 리도령을 보자, 수놓던것을 주섬주섬 한옆으로 걷어치고 분주히 일어나 방긋 웃고 맞아들이며,

도련님—
오늘은 왜 늦었소?
책방에 손님 왔소?
서울서 누가 왔다더니
무슨 일이 계시였소?…

—연해 물으며 춘향이 리도령의 쾌자를 벗겨서 홰대에 건다.

—이사이에 향단이는 안으로 들어간다.

춘 향 (새삼스러이 리도령의 얼굴을 쳐다보며)

미간엔 수심이요
얼굴에는 눈물흔적
도련님 왜 이러오?
몸이 아파 그러시오?

—리도령 대꾸 않고 힘없이 자리에 앉으며 다만 쉬느니 한숨이라.

—춘향이 마주앉아, 그의 기색을 살피면서,

도련님—
내 집에 다니신다
꾸중을 들으셨소?

리도령 (비로소 입을 열어 받은 혼자말로)

꾸중을 들었기로
이다지도 서러우랴

춘 향 (마음에 더욱 의아하여)

아니 도련님
서러운 일이 무엇이요?

리도령 (그제야 눈을 들어 춘향을 바라보며)

사또께서
동부승지 당상하여
내직으로 들어가신단다

춘 향 (눈을 반짝이며)

이는 댁의 경사온데
울기는 왜 우시오

옳지, 내가 안따라갈가보아 그러시
오? —
녀필 종부라니
천리라도 따라가고
만리라도 싫지 않소
도련님 정말이죠?
날 속이지 않으시죠? —
내 평생 원일러니
이제 한양 가겠고나…

리도령 (다시 외면하며)

아이고 이애야
속타는 말 그만 해라
너를 데리고간다면야
무슨 시름 있으랴만…

—춘향이 혼자 좋아하다가 그 말에 어리둥절하여 리도령만 바라본다.

리도령 (그대로 외면한채)

이번에 네 말을
사또께는 못여쭙고
대부인전 여쭈었다
꾸중만 들었단다
량반의 자식으로
천첩 두었단 말이 나면
족보에 이름 떼고
사당 참여 안시킨다니…
이 아니 난처하냐

—춘향이 그 말 듣자 어여쁜 얼굴이 붉으락푸르락, 눈섭이 끝끝하더니, 문득 면경 체경 둘러치고 문방사우를 와지끈 탕탕 깨뜨리며,

서방 없을 춘향이가
세간하여 무엇하며
단장하여 뉘 눈에 괼고

(리도령앞으로 바짝 다가앉으며)

천첩 천첩…
천첩이란 웬 말이요
그게 무삼 말삼이요

리도령 ……

—이때 안으로서 월매가 나온다. 우당탕 와르르… 무엇이 깨여지고, 흐느껴우는 소리 은은히 들리기로 자다말고 일어나서 흐트러진 머리채를 걸음걸음 걸어없고, 치마도 안두른채 아장아장 나오면서,

애고 저것들이
사랑쌈을 하는구나
어—참 아니꼽다…

—혀를 끌끌 차고 영창밖에서 엿듣는다.

춘 향 작년 5월 15야에
나의 집엘 나오시여
도련님은 여기 앉고
춘향 나는 저기 앉아
도련님 날더러
무엇이라 말하였소
상전이 벽해 되고

벽해가 상전이 되도록
리별없이 사자하고
단단맹세 하시더니

말경에 가실 때는
뚝 떼여버리시니
28청춘 젊은년이
독숙공방 어이 살고

리도령 춘향아 우지 말아
내가 가면 아주 가며
아주 간들 잊을소냐

춘 향 도련님은 올라가면
귀가문에 장가 들고
대과 급제 하신후에

행화춘풍 곳곳마다

절대가인 좋은 풍류
주야 사랑 노실적에

날같은 하향 천첩
꿈엔들 생각하리

—월매 물색도 모르고 사랑쌈만 여겼더니, 밖에서 들어보매 리별이 분명하다. 소스라쳐 깜짝 놀라, 그대로 뛰여들려다, 문득 치마도 안두른 제몸을 돌아보고 분주히 안으로 들어간다.

—방안에서는 춘향이 그대로 느껴울며,

춘 향 못가리다 못가리다
나를 두곤 못가리다

룡천검 드는 칼로
내 목을 뎅겅 베여
물에 넣고 가면 갔지

살려두고는 못가리다

—월매 치마끈을 잡아매며 안으로서 다시 나와, 어간대청 섭적 올라 방으로 들어서며,

월매 어허 이거 요란쿠나
아니 춘향아
이게 웬 일인고, 응?—
네가 여태 배운것이
4서 3경 성훈인데
남 다 자는 깊은 밤에
요망하게 아이고 지고…
이게 무슨 행실이며
우는 일이 웬 일이냐

—춘향이 말 못하고 치마끈만 물어뜯으며 눈물이 비오듯한다.

월매 말하여라 웬 일이냐

춘향 도련님이 가신다오

월매 도련님이 가시다니…

춘향 사또께서 승차하여
내직으로 들어가신대요

월매 (허, 허 웃고)
허허 그럼 경사로구나
도련님댁 경사며는
네 영화도 되려니와
나는 같이 못갈망정
너는 응당 갈터인데
우는 일이 웬 일이냐—

춘 향 도련님이 못데려간대요

월 매 무어 못데려가?

(리도령을 돌아보고)

아—니 도련님, 정녕 그랬소?

리도령 (기운없이)

그렇다네… 지금은 섭섭하나 후기약
을 둘밖에 도리가 없을가보이.

—춘향모 그 말 듣자, 검은 얼굴이 붉으락푸르락하며, 두주먹을 불끈 쥐고 벌벌 떨며 말보고 하는 말이,

월 매 잘되였다 이년아
썩 죽어라 썩 죽어
너 죽은 시체라도
저 량반이 지고 가게
저 량반 올라간 뒤
뉘 간장을 녹일나냐
내 일상 이르기를
후회하기 쉽느니라
태과한 맘 먹지 말고
려염 사람 가리여서
형세 지체 너와 같고
재주 인물 너와 같은
봉황의 짝을 얻어
내앞에 노는양을
내 안목에 보았으면
너도 좋고 나도 좋지
마음이 도고하여
남과 별로 다르더니
잘되고 잘되였다

—두손벽 땅땅 치며 리도령앞으로 달려들어,

월매 아니 여보 도련님
나구 말 좀 하여보세
내 딸 춘향이를
버리고 간다 하니
행실이 그르던가
인물이 밉던가
언어가 불순턴가
잡스럽고 루하던가
어디 말 좀 들어보세
무엇이 그르던가
군자 숙녀 버리는 법
칠거지악 없으며는
못버리는줄 모르는가
내 딸 어린 춘향이를
밤낮으로 사랑할제
앉고 서고 눕고 지며
백년 3만 6천일에
떠나가지 마자 하고
주야장천 어루더니
그래 말경 갈 때에는
뚝 떼여버리시니
양류 천만산들
가는 춘풍 어이하며
락화 락엽 되거드면
어느 나비 다시 오리
백옥같은 내 딸 춘향
독숙공방 님 그리다
시름 상사 병이 되여
다시 일지 못할진댄

6 0당년 이내 몸이
딸 잃고 사위 잃고
지리산 갈가마귀
게발 물어 던진듯이
뉘를 믿고 산단말이요

못하지요 못하지요
량반 자세하고
몇사람 신세를
망치려고 안데려가…

—월매 발악하며 치둥글 내리둥글 목제비질을 시작하니,

리도령 (황겁하여)
여보소 장모, 좋은 수가 하나 있네.

—좋은 수가 있단 말에 춘향과 춘향모, 말은 없이 리도령의 얼굴만 빤히 쳐다본다.

리도령
래일 행차에
요여(腰輿)가 나오고
요여 배행 내가 하니

신주는 모셔내여
내 창옷 소매에 넣고
요여에단 춘향이를
태워가잔 그 말일세

—춘향모 어이없어 입 벌리고 말 못할제,

춘 향 (마음을 결단하고 저의 모친 돌아보며)
어머니 들어가오—
량반의 체면되여

오죽이나 답답하고
오죽이나 민망해야
저런 말씀 하시겠소
오늘 밤 새도록
말이나 실컷 하고
울음이나 실컷 울고…

월 매 (딸을 돌아보며)

못하지야 못하지야
저 량반 가신후에
뉘 간장을 녹일나냐
보내여도 각을 짓고
따라가도 따라가거라

—밖으로 나와 섬돌에 내려서며,

몹쓸년의 팔자로다
전생의 무슨 죄로
이생에 천기 되여
맺히고 맺힌 한에
비록 녀식일지라도
주옥같이 고이 길러
말년 영화 보쟀더니
말경에는 내 입방정
또 신세를 망치누나

—월매 안으로 들어간 뒤, 자리에 남은 두사람, 잠시 말이 없다가,

춘 향 (먼 하늘을 바라보며)

범 가는데 바람 가고
룡 가는데 구름 가건만
나는 어이 못가는고…

가자 하니 길이 없고
마자 하니 애절 상사
쇠털같이 많은 날에
님 그리워 어이 살고

1각이 3추라면
백년이면 몇 3추냐
장장 하일 긴긴날과
동지 섣달 기나긴 밤
이리 뒤척 저리 뒤척
피 마르고 뼈만 남아
먹고 자도 않고
죽지도 아니 하면
서창에 지는 달과
오동에 찬비소리
어이 보고 듣자느냐
……

리도령 (마음에 애절하여) 춘향아—우지 말아

춘 향 (물끄러미 바라보다가) 도련님—참으로 리별이요.

리도령 아이고 춘향아
어쩌자고 이러느냐
두고 가는 이내 마음
구곡 간장 다 녹는다
서울에 올라가서
대과 급제 하거드면
너를 데려갈터이니

서러 말고 기다려라

—이 때 춘향모, 향단에게 술상 들리고 다시 나와 리도령에게 술울 따라 권하며,

월매 여보시오 도련님—

내 나이 반백이라
오늘이나 래일이나
다 썩고 남은 간장
생사가 미판이나
도련님 서울 가도
춘향을 잊지 말고
백년가약 생각하여
다시 찾아주신다면
죽어 저생 가서라도
그 은혜를 갚으리다

리도령 (그를 위로하여)

장부의 말 한마디
천금같이 중하거니
산하로 지은 맹세
저바릴 길 있으리까
장모 그는 념려 말고
부디 몸을 안보하여
나를 믿고 기다리오

—이때 동이 훤히 터오는데, 밖으로서 방자, 헐레벌떡 뛰여들어오며,

방자 도련님, 어서 가십시다.

잘 가거라 잘 있거라
한번 웃고 말 일이지

무슨 리별을 이렇듯이
뼈가 녹게 한단말이요
대부인 행차는 벌써
오수역에 나가셨소

리도령 나귀 등대하였느냐
내 곧 나가마

—방자를 밖으로 내여보낸 뒤에도, 리도령 심사 애절하여 그대로 앉아있고, 춘향이도 실심한듯 그대로 있는데,

—춘향모 딸을 보고 다시 사위 돌아보며, 차마 그 자리에 더 앉았들 못하여, 부시시 일어나서 밖으로 나오더니,

월 매 대하 장강 흐르는 물
뉘라서 막아내며
서산에 지는 해를
뉘라서 잡아매랴

—허히 탄식하며 월매 안으로 들어간 뒤,

—리도령은 그대로 움직이지 않는데,

—마침내 춘향이 마음을 결단하고 자리에서 일어나자 홰대의 쾌자를 뻬여들고 리도령앞으로 오며,

춘 향 엎질러진 물이오니
어찌할 도리 있소
귀중하신 도련님은
춘향 날만 생각 말고
대부인 행차 뫼셔
원로 평안히 가옵신후
한때라 방심 말고

글공부 하시여서
대과 급제 하시거든
외로운 춘향이가
남원땅에 있다는걸
부디 잊지 마옵소서

—쾌자를 입혀주며 신신당부하는 춘향,
—리도령도 그를 향해 마지막 부탁일다.

리도령 산하로 지은 맹세
한시라 잊을소냐
쇠끝처럼 굳은 마음
홍로라도 변치 말고
송죽같이 굳은 절개
네가 나 오기만 기다려라

—일변 당부하며, 일변 허리에 찬 남대단 두루주머니 주황당사끈을 끌러 화류집 사모경을 춘향에게 내여주며,

리도령 아나 춘향아 거울 받아라
장부의 밝은 마음
거울과 같을진댄
천백년이 지난다고
변할줄이 있을소냐

춘 향 (거울을 받아 간수하고, 보라대단저고리 면주고름 어루만져 옥지환을 끌르며)
옥과 같이 결백하고
지환같이 끝없는 정
바라건대 도련님은
나인듯이 간직하오

—춘향이 옥지환을 리도령에게 주고 그를 따라

뜰로 내려서며, 또 한마디 당부하는 말이—

마상에 피곤하여
병이 날가 념려오니
일찍 들어 주무시고
느직이 떠나가사이다

리도령 날랑은 념려 말고
너나 부디 잘 있거라

—리도령 한마디를 남기고 문을 향해 나간다.

—춘향이 그 자리에 서서 뒤모양을 바래다가, 문득 설음이 북받쳐,

춘 향 도련님—

리도령 (그 소리에 돌쳐서며)
춘향아—

—우르르 돌아와 춘향의 손을 잡고, 둘이 다 기가 막혀 부들부들 떨뿐이다. 그러나 마침내는 두고 갈 사람이요, 보내야 할 사람이다.

춘향과 리도령 울며 서로 잡은 손길
한번 노면 천리로다
대창같이 엷은 애가
불티같이 다 삭는다
상하는 준별한데
인정은 왜 일반인고

—손을 놓자 리도령 돌아서서 나간다.

—춘향이 실심한듯 그 자리에 서서 뒤모양을 바랠 때,

—막—

제 3 막 십장가

리도령이 떠난 뒤로 어느덧 1년이라, 이때에 춘향이는 실혼수심(失魂愁心)병이 나서 문을 닫고 홀로 누워 상사곡 단장성(相思曲 断腸声)으로 자나깨나 님 그리워 눈물로 날을 보내는데—

그사이 신관이 도임하여 1년을 지내다가 라주목사(羅州牧使) 이배(移拜)하고 다시 신관이 났으되, 자하골 막바지에 사는 변학도(卞学道)라는 사람이다, 얼굴이 잘나고 남녀창 우계면(男女唱 羽界面)을 거침없이 잘 부르고 풍류속에 통달하여 일대 호걸로 자처하나, 실은 한낱 탐재호색(貪財好色)의 무리라, 남원의 춘향이가 일색이란 말을 듣고 도임하자 그 즉시로 기생부터 점고한다.

○ 취타(吹打).

막이 오르면

0 변학도의 소리—훤화(喧嘩) 금하라.
0 집사(執事)의 소리—훤화 금하랍신다.
0 정수(鉦手)의 소리—예—이.

신관 변학도 동헌에 좌기하고, 륙방 관속 뜰아래 늘어선중에, 정수 나와서 뎅—뎅—징을 친다.
취타 그친다.

변학도 호장 듣느냐.

호 장 예—이.

변학도 기생 점고 빨리 하라.

호 장 예이.

—호장, 기생안책 들여놓고 차례로 호명한다.

호 장 눈 맞아 휘여진 대
뉘라서 굽다던고

굽을 절이 있으면
눈속에 푸를소냐
세한고절(岁寒孤节) 죽심(竹心)이—

사령들 나오—

—죽심이가 들어오는데 라상자락을 걷음걷음 걷어다가 세요 홍당에 딱 붙이고 아장아장 들어와서 점고 맞고 좌부진퇴로 물러난다.

호 장 어리고 성긴 가지
너를 믿지 않았더니
눈 기약 능히 지켜
아름답다 매화—

사령들 나오—

—매화가 들어오는데 홍상을 걷어안고 라말수혜 끌면서 아장 걸어 가만가만 들어오더니 점고 맞고 좌부진퇴로 물러난다.

변학도 여봐라—

호 장 예이.

변학도 기생 점고를
그렇게 하다가는
며칠 갈지 모르겠다
갑갑하여 듣겠느냐
바삐 바삐 불러라

호 장 예이.

(호장이 청령하고 넉자 화두로 부른다.)

오동복판 거문고

슬기둥 둥당 탄금이 왔느냐

사령들 예—등대하였소

호 장 주홍당사 벌매듭
차고나니 금랑이 왔느냐

사령들 예—등대하였소

호 장 진주 명주 자랑말아
제일 보배 산호주 왔느냐

사령들 예—등대하였소

호 장 봉래산 제일봉에
독야청청 송화가 왔느냐

사령들 예—등대하였소

호 장 이산 명월이 저산 명월이
량산 명월이 다 들어왔느냐

사령들 예—등대하였소

—두 명월이가 앞뒤로 서서 홍상자락을 일매지게 세요 홍당에 딱 붙이고 아장아장 디긋거며 들어오더니 절고 맞고 좌부진퇴로 물려난다.

변학도 열 두서넛씩
한숨에 부르라

호 장 예이.
산홍이 란홍이
도홍이 왔느냐

사령들 예—등대하였소

호 장 비봉이 채봉이
금봉이 왔느냐

사령들 예―등대하였소

호 장 월중선 화중선
산옥이 연옥이 다 들어왔느냐

사령들 예―등대하였소

호 장 계향이 금향이
란향이 왔느냐

사령들 예―등대하였소

―변학도 향자가 나오니까 눈초리가 처지고 입이 딱 벌어지며 궁둥이가 자리에 못붙게 들먹댄다.

호 장 취향이 월향이
초향이―

사령들 예―등대
나오―

변학도 (눈을 가늘게 뜨고)
조년 이름이 뭐라?

통 인 초향이요.

변학도 초, 초향이?…
(마음에 저으기 실망하여)
례방 듣느냐

례 방 예이.

변학도 기생점고 다하여도
춘향이는 안부르니

어찌하여 빠졌느냐

례 방 젓사오되—
춘향은 기생이 아니오라
퇴기 월매의 딸이온데
기안 착명(妓案着名)한 일 없고
려염 생장하옵더니
구관 책방 도련님이
머리를 얹혔나이다

변학도 구관 책방 도련님이
머리를 얹혔으면
춘향이를 데려갔느냐

례 방 데려가지는 아니하고
제 집에 있나니다

변학도 (마음에 그려려니 하여 고개를 끄덕이며)
내 들으니—
춘향은 원기의 자식이요
또한 일색이라 하니
기안에 착명하고
바삐 현신시키라

례 방 예이.

—례방이 청령하고 나간다.

—계하에 늘어선 륙방 관속들, 서로 눈짓 코짓하며

「춘향이가 걸렸고나」
「우리 고을에 일이 났다」
……

이때 호방이 주저주저 앞으로 나서서,

호 방 아뢰옵기는 황송하오나—
춘향이가 근본은
퇴기의 딸이오나
덕색이 장한 고로

권문 세족 량반네와
일등 재사 할량이며
나려오신 등내(等內)마다
한번 보자 간청하되
춘향 모녀 듣지 않아

량반 상하 물론하고
액내지간(額內之间) 소인들도
일년 일득 대면하되
언어 수작 없삽더니

그도 천정 연분인지
구관 사또 도련님과
백년가약 맺사옵고
도련님 떠나실 때
입장후에 다려가마
언약이 중하기로

춘향이도 그리 알고
수절하여 있사온데…

변학도 (화를 버럭 내여)
이놈, 아무리 무식한 상놈이기로…
그게 어떠한 량반이라고—

엄부 시하요
미장가전 도련님이
하방에 작첩하여 사자 할고

이놈 다시는 그런 말
입밖에도 내지 말아

—이때 례방이 들어와서,

례 방 사또전에 아뢰오—
소인이 밖으로
춘향을 불렀더니
제 랑군을 생각하여
병이 들어있다 하니
사또 처분이
어떠하실는지…

변학도 (랭소하며)
무엇이 어찌하여?—
내가 저를 부르는데
자빠져서 못오겠다…
허—고이한지고…
(문득 소리를 가다듬어)
지금 빨리 춘향 불러 현신시키라.

통 인 예이. —급창 춘향 빨리 현신시키랍
신다—

청령급창 예이. —사령 춘향 빨리 현신시
켜라—

사령들 예—이.

—군노 사령 청령하고 춘향 부르러 나간후에,

—호장이 주저하다 마침내 입을 열어,

호 장 젓사오나, 춘향이가
기생도 아닐뿐외라

구관 사또 도련님과
맹약이 중한 터에
동반(同班)의 분의로
이렇듯 부르시면
사또 정치가
해상할가 하옵는데…

변학도 (대노하여) 무엇이 어째?…
어허 내가
저 하나를 보려다가
못보고 그만두랴
만일 춘향을
시각 지체하다가는
공형 이하로
각청 두목들을
일병태가(一并笞加) 할것이니
네 그리 알라—
(문득 생각난듯)
이놈들이 무얼 하나—
재촉사령 내여보내
춘향 빨리 현신시키라

통인 예이, 춘향 재촉해 들여라—

급창 (받아서) 춘향 재촉해 들여라—

사령들 예—이.

—재촉사령들 나간 뒤에,

변학도 (반은 혼자말로)

허—고이한지고…

내가 저를 부르는데

수절 물결이 어떠하니…

제가 수절한단 말을

내아에서 들으시면

대부인 마님께선

딱 기절하시겠다

(통인을 돌아보고)

네 책방에 가서

랑청나리님 오시래라

통인 네—

—통인이 안으로 들어가자,

—밖으로서 춘향이가 단장도 아니하고 수절하던 그 태도로 사령들을 따라서 지척지척 걸어들어온다.

급창 춘향이 현신이요.

—변학도 눈을 가늘게 뜨고 춘향을 내려다보니 아미에 수심이 가득하고 두볼에는 눈물흔적, 흐트러진 머리털은 귀밑을 덮었으나, 타고난 자색은 감출 길이 바이 없다.

변학도 (그만 입이 헤벌어져)

좌우 물리치고

춘향이 대상에 오르래라—

급창 춘향이 대상에 올리고

좌우 나이거라—

—관속들 눈짓 코짓 하며 분분히 물러간다.

—춘향이 할일없어 대상으로 올라간다.

—이때에 안으로서 목랑청이 나온다.

변학도 게 앉아라.

(춘향에게 한마디 이르고 다음에 목랑청을 돌아보며)

이 사람 보게 요게 춘향일세.

하, 고년 매우 예쁜데…

—목랑청 눈을 들어 춘향을 보았으나 흥미없는 듯, 아무 대꾸 않고 한옆에 앉는다.

변학도 (춘향을 향하여)

이애 춘향아.

네 소문이 하 장하기로
내 밀양 서흥 마다하고
서둘러서 남원부사 벌어왔다
들으매 구관 책방 도련님이
네 머리를 얹혔다니
도련님 가신후에
독숙공방 할수 있나
응당 애부(愛夫) 있을게니
관속이냐 건달이냐
어려이 아지 말고
바른대로 아뢰여라

춘 향 (단정히 앉아서)

사또 듣조시오—
창녀의 자식이나
기안에 착명않고

려염 생장 하옵다가
리씨댁에 허신하여
백년가약 받들고져
단단맹세 하였기로

독숙공방 주야상사
서울 계신 도련님이
찾을 날만 기다리니

관속 건달 애부 말씀
소녀에겐 당치않소

변학도 (듣고나자 크게 웃고 칭찬하되)

얼굴 보고 말 들으니
안팎으로 일색일다

(목랑청을 돌아보고)

이 사람, 보게—

자고로 인물좋은 녀인들이
절행이 없건마는
요 인물 요 마음이
요렇듯 아름다우니

그래 세상 천지간에
요렇게 절묘한
계집이 또 있을가…

—목랑청은 원래가, 알거나 모르거나 옳거나 그

르거나 되는대로 말하는 사람이라, 춘향이는 자세 보려고도 하지 않고,

목랑청 세상에 저런 계집이 어디 또 있으리까마는—, 바른대로 말씀이지, 저런 계집이 바이 없다 할 길인들 있사오리까?

변학도 (춘향에게 정신이 팔려, 랑청의 하는 말은 끝까지 듣도 않고)

독숙공방 주야상사
네 마음은 그러하나—

리도령 어린 아이
서울에 올라가서
장가 들고 급제하면
천리 타향 잠시 장난
네 생각을 하겠느냐

공연한 고집 말고
네 오늘부터
몸단장 고이하고
수청으로 거행하라

춘 향 아뢰옵기 황송하오나—

올라가신 도련님이
무신할리 없사옵고

서령 찾지 않으셔도
소녀의 먹은 마음
일부종사 하고지고…

변학도 허, 허, 허 고년…
(가볍게 웃고나자 목랑청을 돌아보고)
계집의 한두번 태하는것은
의례 전례판인줄 자네 아나?

없으면 무맛이니…

목랑청 (선하품을 하다가)

글쎄 그러하외다마는—, 분명 전례판이라 할 길도 없고, 또 전례판이 아니라 할 길도 없을듯 하외다.

변학도 (중을 내여)

이 사람 자네 말대답은 언제나 한끝으로 하는 일이 없고, 뭉그러지게 야릇하게 흐리멍텅하게 하니, 그 어인 말대답인고?… 고이한 인사로세.

(다시 춘향에게로 고개를 돌리여)

이애 춘향아. 네가 기시에 아이들끼리 만나, 살구 딸기 같이 얇은 맛에 그러나 보다마는, 하루비둘기가 재를 넘느냐?— 그러기로 저런 설음을 보느니라.

(다시 목랑청을 돌아보며)

목랑청 (춘향이를 물끄러미 바라보며)

이 사람— 자네도 한마디 하소.

이애 춘향아. 사또께서 재삼 분부 저려하시니 수청으로 거행하려무나.

수청 거행하고보면
관청은 네 집 찬장되고
운향고는 광이 되고
목전고도 광이 되고…

일읍 주장이
모두 다 네 주장이라

이런 깨판이 어디 또 있겠느냐—마는

—변학도 입을 헤—벌리고 듣다가, 목랑청의 버릇으로 끝에 갖다 붙이는 「마는」 두자가 뜻밖이라, 눈을 돌려 흘기는데,

춘 향 (목랑청을 상대 않고 변학도를 바로 향하여)

수차 분부 그러하시나
소녀의 굳은 정절
굽힐줄이 있으리까

—목랑청 입가에 웃음을 띠우고 눈을 들어 물끄러미 춘향을 바라본다. 처음에는 우습게 보았더니, 「고것 제법이다」 싶어서…

—변학도는 춘향의 고집에 하도 어이가 없어 또한 물끄러미 바라보다가, 얼르면 될줄 알고,

변학도 허 허 이런 시절 보소—

기생 수절 한단 말을
누가 아니 요절할가
분부 거절 하는것은
간부 사정 간절하여
별 충절을 다 말하니
네 죄가 절절 가통…
형장아래 기절하면
네 청춘이 속절없지

(절자를 가지고서 한번 잔뜩 얼르더니 다시 목랑청을 돌아보고)

이 사람. 창녀에도 정절이 있나?
하, 하, 하, 하…

목랑청 (연성 고개를 끄덕이며)

원 창녀에게 무슨 정절이 있으리까—마는, 바른대로 말씀이지 바이 없다고도 못하리다.

해서 기생 롱선(弄仙)이는 동선령에 죽어있고
안동 기생 일지홍(一枝红)은

생렬녀문 세웠으며
진주 기생 론개(论介)는
우리 나라 충렬로서
충렬문에 모셔놓고
천추 향사(享祀)하여있고
평양 기생 계월향(桂月香)도
충렬문에 들어—

변학도 (무심히 듣고있다가 다 늦게 펄쩍 놀라) 뭣이?… 이 사람 썩 들어가소.
꼴 보기 싫의. 무슨 객적은 사설을
기다랗게 늘어놓고…

—목랑청 빙긋이 웃으며 일어나 휘적휘적 안으로 들어간다.

변학도 (청을 높여 호령조로) 네 이년—
구관은 전송하고
신관을 영접함이
법전에 당연하고
사례에도 당당커든
웬 사설이 이리 많은고?—
하향의 천기로서
수절이 당할소냐
고이한년이로고
종시 거행 못할가?—

춘향 (저도 음성이 절로 높아지며) 수절에도 상하 있소?—

충신은 불사 이군이요
렬녀 불경 이부온데
사또께서 도임초에
수절 부녀 잡아다가
위력 겁탈 하려시니
사또의 충성 유무는
일로좇아 아나니다

변학도 (대노하여) 이년, 뭐, 뭣이?…

춘　향 (굴하지 않고) 일후에 사또께서
불우지변 당하시면
귀한 목숨 살랴 하고
도적에게 항복하여
두 임금을 섬기랴오

변학도 (그 말 듣고 기가 막혀) 얘, 여보아라—

—변학도 어찌나 분하던지, 연상(硯床)을 두드릴제, 탕건이 벗어지고 상투고가 탁 풀리고 대마디에 목이 쉰다.

—안팎에서 술렁술렁.

통　인 예이. (안으로서 급히 달려나온다.)

변학도 (떨리는 손끝으로 춘향을 가리키며) 이, 이, 이년, 잡아내라.

통　인 급창—

—춘향이 그 자리에 만들어논것처럼 까딱 않고 앉아있다.

—통인 달려들어 춘향의 머리채를 주르르 끌어낼 때,

—급창 달려나온다.

통　인　춘향 잡아내리랍신다—

급　창　예이, 사령—

(일변 부르며 일변 춘향의 팔을 잡아끌 때)

사령들　예—이.

(긴 대답소리와 함께 밖에서 몰려들어온다.)

급　창　춘향 잡아 내리랍신다—

(춘향을 대돌아래 내리친다.)

사령들　예—이.

—맹호같은 군로사령 벌떼같이 달려들어 감태같은 춘향의 머리채를 선전시정 연실 감듯, 배사공이 닻줄 감듯, 4월 8일 등대 감듯 휘휘친친 감아쥐고 섬돌아래 동댕이쳐,

사령들　춘향 잡아 대령이요—

변학도　(분하여 그대로 씨근거리며)

형리 불러라—

통　인　형리 부르랍신다—

급　창　예이, 형리—

소　리　예—이.

—형리 나온다.

급　창　숙이라—

형　리　(제 자리에 엎디여)

예이, 형리요—

변학도　(어찌 분이 났던지 턱을 달달 까불고 허푸허푸 하며)

형리 듣거라—

조년이 날더러
역적이라 욕을 하니
매려죽여 마땅하다
다짐장 써 올려라

형리 예—이.

—형리 연상을 내여놓고 다짐장을 쓰는데,

—변학도, 생각할사록 분한지 두어깨가 들먹들먹, 연방 푸푸하며,

변학도 허—말세로고. 망칙한년 다 보겠다.

형리 (그사이에 다짐장을 써서 들고)

춘향이 듣거라—
네 몸이 한날 창녀로서
관장 엄령 거역하고
관정에서 발악하니
그 죄 만번 죽어 마땅하다
엄형중치하는 다짐이니
너 죽는다 서러 말고
백(白)자아래 수결 두라

—형리 다짐장을 들고 내려와 춘향앞에 놓고, 붓을 손에 쥐여준다.

변학도 저 같은 천한년이 수절이니 정절이니…허— 천황씨 이후로 처음 보겠고…

—다짐장을 앞에 놓고 춘향이 잠시 움직이지 않다가 문득 붓을 들어 조금도 굴치 않고 철석같이 다짐두되, 먼저 드르르 한일(一)자 그은후에 마음심(心)자 그아래 쓰고 붓대를 던지며 다시 그런듯 앉아있다.

—형리 다짐장을 집어들고 대상으로 올라가서 변학도에게 올린다.

변학도 (받아보고) 뭣이?… 일심이라? 흥…

(탱소하며) 조년을 동틀에 올려매고 집장사령 대령시켜라—

형 리 급창—춘향을 동틀에 올려매고 집장사령 대령하랍신다—

급 창 예이. 사령— 춘향을 동틀에 올려매고 집장사령 대령하여라—

사령들 예—이.

—군로사령 달려들어 춘향을 동틀에 올려맬 때

집장사령 (앞으로 나서며) 집장사령 대령이요—

형 리 분부 뫼워라— 네 그년을 첫매에 두 다리가 뚝 부러지게 치되, 만일 헐장하면 집장사령놈 죽고 남지 못하리라.

집장사령 예—이. 저만년을 일호 사정 두오리까.

—집장사령 거동 보아라. 8척장신 키큰 사령, 전동같은 큰팔 빼여 왼어깨에 둘러메고, 형장 담빡 안아다가 동틀아래 좌르르 놓으니 철석간장이 다 떨어진다. 이놈 잡고 능청능청, 저놈 잡고 능청능청, 그중에 좀이 먹고 등심 없고 빳빳하고 잘 부러지는놈 골라잡자,

집장사령 네 이년, 꿈쩍 말아. 만일 요동하다가는 뼈부러지리라.

(호통하고 들어서서 금장소리 발맞추어 서면서 가만히 하는 말이) 한두개만 견디소. 어쩔수 없네. 요 다리는 요리 틀고 저 다리는 저리 틀소.

형 리 매우 치라—

집장사령 예—이.

—소리에 발맞추어 물러섰다 달아들어 한개를 딱 붙이니, 부러진 형장가지 공중에 푸르르 떠나가며 5, 6월 급한 비에 벼락치는 소리로다.

—태장 곤장 치는데는 사령이 서서 세전마는, 형장부터는 법장(法杖)이라, 형리와 통인이 닭쌈하는 모양으로 마주 엎디여서, 하나 치면 하나 긋고 둘 치면 둘 긋고 무식하고 돈 없는놈 술집 바람벽에 술값 긋듯 그어놓으니, 한일(一)자가 되였구나.

급 창 하나요—

형 리 그래도 거역할가?

사령들 아뢰여라—

—고추같이 독한 춘향 사지룩체를 바르르 떨며 장중에 글짓듯이 차례로 아뢰는데,

춘 향 1자로 아뢰리다—

일조리별 우리 랑군
일각삼추 못잊겠소
일편단심 굳은 마음
일시형액 가소롭소
일만번 죽사온들
일호 변경 있으리까

형 리 매우 치라—

집장사령 예—이.

—두개를 딱 붙이니,

급 창 둘이요—

형 리 그래도 거역할가?

사령들 아뢰여라—

춘 향 2자로 아뢰리다—

이군 불사 충신이요
이부 불경 렬녀오니
이천리에 정배간들
이심을 두오리까
이팔 청춘 춘향 정곡
이천(二天) 명촉 하옵소서

형 리 매우 치라—

집장사령 예—이.

—세개를 딱 붙이니,

급 창 셋이요—

형 리 그래도 거역할가?

사령들 아뢰여라—

춘 향 3자로 아뢰리다

삼생구사 하더라도
삼강을 잊으리까
삼광같이 빛난 마음
삼종지의 품었으니
삼생가약 중한 몸을
삼월화류로 아지 마오

변학도 (기가 막혀) 네 이년 대전통편(大典通編)을 모르는구나.

춘 향 (고통을 참느라고 이를 복복 갈며) 대전통편이 무엇인지 자세히 일러주오.

변학도 (형리를 돌아보며) 네 대전통편을 내여놓고 조년의 죄상을 자세히 일러주라.

형리 예이.

(대전통편을 뒤적이며)

춘향이 듣거라

대전통편에 하였으되—

모반대역하는 죄는

릉지처참 하라 하고

거역관장하는 죄는

엄치정배 의당이니

너 죽는다 서러 말아

사령들 아뢰여라—

춘향 대전통편의

법이 그러할진대

유부녀 겁탈하는 죄는

어찌하라 하였나요

—변학도 그 말 듣자, 두눈이 캄캄, 코구멍이 뻑뻑, 목이 다시 콱 쉬며, 망건 편자가 툭 끊어져, 턱을 덜덜 떨더니,

변학도 조, 조, 조년을 저, 정치를 부수고 무, 물고장을 올려라.

사령들 예—이.

—사령들 청령하고, 춤추듯 돌아가며 란장으로 마구 치니, 백설같은 두다리에 살점은 없어지고 부스러진 뼈뿐이라.

—그대로 기절하여 인사 정신 못차리니, 엎더였던 형리 통인 고개돌려 눈물 씻고,

집장사령 춘향이 물고요—

—매질하던 저 사령도 눈물 씻고 돌아서며,

「사람의 자식은 못하겠네…」

—좌우에서 보던 사람, 거행하던 관속들도, 「춘향이 매맞는 거동, 사람 자식은 못보겠다…」 남녀로소없이 락루하며 돌아설제,

변학도 (기막힌듯)
허 허 고년 말 못할 년이로고… 고년
큰칼 씌워 항쇄 족쇄로 하옥하라.

사령들 예—이.

—변학도 안으로 들어가고

—사령들은 춘향을 끌어 형틀아래 내려놓으니 호흡이 불통하여 거의거의 죽어간다. 사령들 큰칼 들고 사또를 욕도 하고 쉬—하기도 하며, 눈도 흘기고 탄식도 할제,

—이때에 소문 듣고 춘향모가 향단이와 우르르 달려들어와 춘향의 목을 안고,

월매 아이고 이것이 웬 일이냐
춘향이가 죽다니…
악아 춘향아
어미 왔다 정신 차려라
무슨 죄가 지중하여
이 정상이 웬 일이냐
아이고 이것 죽겠구나
남원 부중 남녀로소
내 딸 춘향이 죽소—
질청의 상좌 상존
장청의 집사님네
내 딸 춘향을 살려주오
제 랑군 수절한다
이리 맞아 죽어 옳소

이 형벌이 웬 일이요
아이고 여보 사또
내 딸 춘향 무슨 죄요
60 당년 늙은 몸이
무남독녀 춘향 하나
열 소경 한 막대로
불면 날가 쥐면 꺼질가
저만 믿고 내가 사오
나를 마저 죽여주오

아이고 아이고 내 팔자야

분하여라 내 딸 춘향
명문가의 귀한 부인
눈 먼 딸도 원하더라
그런데가 못생기고

기생 월매 딸이 되여
이 정상이 웬 일이냐
아이고 춘향아—

—막—

제 4 막

1장 어사분발

춘향이 옥에 갇힌
그 이듬해 5월 초순
먼동이 틀무렵.
전라도 초읍 려산(礪山)에서

막이 오르면

고개마루턱에—
암행어사 리몽룡이 한가운데 서있고, 서리 중방
역졸들이 그앞에 부복하여 어사 분부 기다린다.

어 사 서리 중방 듣느냐.

일 동 예이.

어 사 여기는 전라도 초읍 려산이라. 이로부터 호남 53관 차례로 순행하되—, 막중 국사어니 분부 거행 불명하면 죽기를 면치 못하리라.

일 동 예이.

어 사 서리—

서 리 예이.

어 사 너는 예서 내달아서
려산 익산 금구 태인
정읍 고부 흥덕 고창
무장 장성 광주 남평
릉주 화순 동복 창평
옥과로 두루 돌아
금월 15일 오시에
남원 광한루로 대령하라

서리 예—이

어사 중방 역졸—

중방들 예이

어사 너희들은 예서 떠나
림피 옥구 금제 만경
함열 부안 령광 함평
무안 라주 령암 해남
장흥 보성 흥양 락안
려수 순천 광양 구례
곡성으로 두루 돌아
금월 15일 오시에
남원 광한루로 대령하라

중방들 예—이

어사 나는 예서 떠나
전주 임실 무주 룡담
금산 진안 장수 순창
담양 운봉 들른후에
남원 48면
소소히 렴탐하고
부중안에 머물께니
너희들은 급급히 다녀오되
백문이 불여일견이라
남의 말을 믿지 말고
각 고을의 탐관오리
민간 토색 안하는가
뢰물 받고 사안쓰나
일일이 렴탐하고
불충불효하는놈

남을 음해하는놈
술 먹고 우악하여
로인 존장 모르는놈
살인하고 엄치한놈
국곡 투식하는놈
유부녀 통간한놈
남의 산소 사굴한놈
어진 안해 무함하고
가장 두고 서방하고
제것 두고 빌어먹고
주색잡기로 판난놈
남의 집에 불지른놈
날날이 적어쥐고
금월 15일 오시에
남원 광한루로 대령하라

일동 예―이

―어사또의 분부 듣고 서리 중방 역졸들이 한사람만 뒤에 남고 좌우로 흩어진다.

―남은 역졸이 갈아입을 의관 일습을 어사에게 올린다.

―어사가 행장을 차리는데, 숫사람을 속이려고 모자 없는 헌 파립에 버레줄 총총 매여 초사 갓끈 달아 쓰고, 당만 남은 헌 망건에 갖풀 관자 노끈 당줄 달아 쓰고, 으뭉하게 헌 도포에 무명실띠를 흉중에 둘러매고, 변죽 없는 부채 들고 한걸음 앞으로 나선다.

―역졸, 그가 벗어놓은 의관을 수습하여 왼편으로 사라진다.

어사 (홀로 남자 한번 자기 몸을 둘러본후)
어언 3년이로구나

산하로 지은 맹세
한시 잊지 아니하고
주야 불철 글을 읽어
장원 급제 하였으며
천은이 망극하여
전라어사 제수되니
소원 성취 기쁜 마음
비길데 바이 없다

사해가 막막하여
불쌍한게 백성이라
창생의 질고 간난
일일이 살피련과

몽매에도 잊지 못한
나의 사랑 나의 춘향
쌓이고 쌓인 정회
이제는 풀겠구나

가까와올사록에
마음이 더 바쁘다
두 나래 툭툭 치고
훨훨 날아 가고지고

—암 전—

2장 농부가

1장에서 수일후

남원 교외 너른 들.

우편에 큰 소나무가 한그루 서있다.

무대에 불이 들어가면

때마침 농절이라, 농부들이 모조리 갈삿갓 도롱이 엻에 끼고, 들에 나와 모심글제 상사소리가 랑자하다.

《농부가》

에 에 에헤로 상사뒤요
에 에 에헤로 상사뒤요

오뉴월 농사방극
우리 농부 시절이라
패랭이꼭지에다
장화를 꽂고서
마구라기춤이나
추어보세

에 에 에헤로 상사뒤요

—이때 어사 좌편으로서 나와 소나무아래 앉아서 쉰다.

《농부가》

여봐라 농부야
이내 말을 들어봐라
아나 농부야 말 들어라

사농공상 생애중에
천하대본이 농사로다
금관 옥대 귀한 벼슬
부러울줄 있을소냐

에 에 에헤로 상사뒤요
에 에 에헤로 상사뒤요

서마지기 논배미가

반달만큼 남았네
네가 무슨 반달이냐
초생달이 반달이로다

에 에 에헤로 상사뒤요

푸릇푸릇 배추잎은
찬 이슬 오기만 기다리고
남원 옥중 춘향이는
리도령 오기만 기다린다

에 에 에헤로 상사뒤요

구슬구슬 흘린 땀이
주저리주저리 열매 열면
바득바득 말른 자식
토실토실 살찌겠다

에 에 에헤로 상사뒤요

선재 내고 환자 내고
게돈까지 내고나면
남은것이 하나도 없으니
무엇으로 살이 찌나

에 에 에헤로 상사뒤요

상사 소리도 듣기도 좋다

—한 농부 썩 나서서 잦은 농부가를 먹이는데,

에 에 에헤로 상사뒤요

이 배미 심그고
저 배미 심그고
장구배미로 건너가자

에 에 에헤로 상사뒤요

우리 고을은 4판일세
어이하여 4판인가

우리 골 원님은 강판이요
행정 좌수는 롱판이요
륙방 관속은 먹을판 났으니
우리 백성은 죽을판 아니냐

에 에 에헤로 상사뒤요

—한창 이리 할제,

농부1 자— 쉬세.
(한마디 하자 갈멍석 숙여쓰고 앞서 두던으로 나온다)

농부들 쉽시다—
(다들 따라서 두던으로 나온다)

—농부1, 곱돌조대 넌짓 들어 꽁무니 더듬더니 가죽쌈지 빼여놓고 담배에 세우침을 뱉어 엄지가락이 자빠라지게 비빗비빗 단단히 담아들고,

농부1 명삼이— 화로 어디 있나?

농부2 (턱으로 가리키며)
게 있지 않소?

—농부1 앞으로 나가 짚불을 뒤져놓고 화로에 푹 질러 담배를 먹는데, 농군이라 하는것이 대가 빡빡하면 쥐새끼소리가 나것다. 량볼태기가 오목오목, 코궁기가 발심발심, 연기가 훌훌 나게 피여무니,

—어사, 나무그늘에 앉아 보다가 몸을 일어 앞으로 나오며,

어사 어—그 농부 입심 좋고—

—그 말에 농부들 일시에 쳐다본다.

어 사 (목통대 손에 쥐고 농부1의 곁으로 가서 앉으며)

거 담배 한대만
청했으면 좋겠구만…

—농부1 말없이 가죽쌈지에서 가루담배를 내여주는데,

농부2 (어사의 우아래를 훑어본 뒤, 곁의 사람들을 돌아보며)

별 우스운자식 다 보겠다. 얻어먹
는 비렁뱅이녀석이 반말 지껄이가
웬 일이야

농부3 (나살이나 먹은 사람이라 어사를 흘낏 보고)

앗게…
비록 저분이
주제는 허술해도
손길을 보아하니
량반이 적실하고…
세폭 자락이
바이 맹물은 아니로세

농부2 (랭소하며)

령감 너무 아는체 마오
손길이 희면 다 량반인가
내 이놈을 뜯어보니
움속에서 송곳질만 하던

갖바치 아들이 분명하오

농부들 하, 하, 하, 하…

어사 (어이없는듯 따라 웃으며)
허— 그 사람. 입이 험하군…

농부4 (문득 우편을 바라보고)
저, 쇠돌이 아니라고?

—모두들 그편을 본다. 딸랑딸랑… 말방울소리 들려오다 다시 멀어진다.

농부5 뭘 한바리 잔뜩 실었다…
(혼자말로 한마디 하다가 곁을 돌아보며)
아마 읍내로 들어가는 모양이지?

농부1 (받은 혼자말로)
김도사댁 샌님이 사또 생신에 명주 백필 보낸다더니…

농부4 참 사똔지 무엇인지 생신이 이달 보름이라지?

농부3 내 리패두한테 들었는데 굉장힌 차린다데. 아따 소만 암만을 잡는다든가?…

농부5 오—라 그래서…

—농부들 물끄러미 그의 얼굴을 쳐다본다.

농부5 (그들을 둘러보며)
아—니 어제 타온 환자미에 모래가 절반이나 섞였게 말이야… 흥! 진탕 잘 처먹겠다.

어사 (그들의 수작을 말없이 듣고있다가, 한자리 앞으로 나앉으며 들떼여놓고)
이 고을 원님의 공사가 어떠한고…

농부2 (어사의 얼굴을 빤히 한번 쳐다본 뒤, 여러 사람을 둘러보며)
어사 났다면
저런것들 보기 싫데

농부1 뭐? 어사?— 허, 허, 허, 허… 참
말 어사인듯 공사 묻고…
공사 어찌하여—
밥 잘먹고 술 잘먹고
호미질 갈퀴질에
쇠시랑질까지 다 잘하니
그우에 명관 없고…

농민3 (뒤를 받아서)
그나 또 그뿐인가
수절하는 춘향이가
수청 들지 않는다고
형장 쳐서 하옥하니
아무렴 명관은 명관이지

농부4 내 또 들으매
이번 생신 잔치끝에
춘향이를 올려다가
아주 때려 죽인다니…
그 말이 정말일가

농부3 그런 말이 돌긴 돌데

농부2 춘향이 죽는 꼴을
그대로 볼것인가
담아내든 어찌하든

무슨 요량이 있어야지

농부1 자네 사발통문 못보았나

어 사 (그 말은 못들은체)

들으니 춘향이가
다른 서방 하노라고
본관 수청을 안든다지?

—그 말에 모두들 눈을 세모로 뜨는데,

농부2 (눈결에 달려들어 어사의 뺨을 딱 붙이고)

가래장부로 아래장부를 싹 실어버
려, 이놈…
(한마디 뇌까리자 멱살 잡아 일으키며)
총각 대반. 가래 이리 가져오너라.
여기 파고 이놈 묻자.

어 사 (착급하여)

여보 살려주오. 한번 실수는 병가
상사라지 않소?

농부3 (손을 내저으며)

그만두게. 어린 사람이 철모르고
한 말이니 그만 보내소

농부2 (잡았던 멱살을 놓아주며)

엇다 미끄러져라. 묘 참 잘 썼다.

농부들 하, 하, 하, 하…

농부1 (어사를 훈계하여)

그런 말 또 하다는 목숨 살기 어려
우니 일훌랑은, 그리 마소.

어 사 다시야 그럴 법이 웨 있겠소.
(옷을 털며)
허— 망신이로고—

농부1 (여러 사람을 둘러보며)

자— 보뜰로 또 가볼가?

농부들 갑시다—

―농부들 좌편으로 나간다. 농악소리 잠시 들리다가 멀리 사라진다.

어사 (그 자리에 그대로 서서 그들의 뒤를 바래고)

본관 수청을 거역하다가 춘향이가 옥에 갇혔다?…

(먼 하늘을 바라보며 생각에 잠기다가)

이달 보름이라…

(한마디 중얼거리고 돌아서서 우편으로 발길을 옮기다가 문득 걸음을 멈추고)

저놈이 뿔짝쇠 아닌가?

(잠간 어찌할가 하다가 먼저 쉬던 소나무뒤로 가서 은신한다.)

―우편으로서 전일의 책방 방자 뿔짝쇠가, 초록대님 발감개 룩숭마포 윈끝전대 허리 눌러 잘끈 매고, 한발 넘는 옻놀이채 탕끝 잘라 뚝뚝 짚고, 실렁실렁 올라오며 서러운 신세자탄 노래를 한다.

어이 가리 너허
어이 가리 너허
한양 천리 어이 가랴
길은 멀고 먼데
한양성이 어디메냐

어떤 사람 팔자 좋아
일대 영화 부귀하고
이놈 팔자 어이하여
이다지도 곤궁하여
길품 팔러 나섰느냐

내 신세는 팔자지만
춘향 신세 가이없다

모지도다 모지도다
본관 사또 모지도다
멸녀 춘향 몰라보고

위려 겁탈 하려 한들
송죽같이 굳은 절행
게 뉘라서 굽히리오
어이 가리 너허
어이 가리 너허

어사 (부채로 차면하고 나무뒤에서 나오며)
아나 이애—

방자 (걸음을 멈추고 서서 그의 우아래를 홅어보고)
보아하니 새파란 젊은 량반이 나 많은 총각어른보고 「아나 이애?」—

어사 이애 내가 잠간 실수했다. 그런데 너 어디 가니?

방자 춘향아씨 편지 가지고 서울 구관댁에 가오.

어사 이애 그 편지 좀 보자.

방자 허— 그 량반 철모르는 량반이로군.

어사 그게 웬 소린고?

방자 아니 그래 남의 내간을 보자 하오?

어사 네 말이 옳다마는—, 내 들으매 춘향이가 문장이요 명필이라더구나. 아무리 내간이기로 걸봉 잠간 보는 거야 무슨 상관 있겠느냐?

방자 아따 그는 그리 하오.

—방자, 전대에서 편지 꺼내 어사앞에 내여민다.

—어사, 피봉을 보니 춘향의 필적이 적실하다. 눈물이 핑 돌며 손이 부르르 떨려 차면한 부채를 땅에 떨어뜨린다.

방자 (그의 얼굴을 어리둥절 쳐다보다가 땅에 엎드리며—)
아이고 서방님—
소인 방자 문안이요

령감 마님 행차후에
귀체 안녕하옵시며
서방님도 먼먼길에
로독없이 오시니까

어사 오냐 너도 잘 있었니?

(급한 마음에 더욱 떨리는 손길로 춘향의 편지를 뜯어보니, 사연에 하였으되)

한번 떠나 가옵신후
우금 3년에
일장서 없으시니

북천을 바라보매
두눈이 뚫어질듯
운산이 막막하와
창자가 끊기는데

무심한 호접몽만
천리에 오락가락
산란한 이내 심사
달랠길 바이 없어
긴 한숨 피눈물로
화조월석 보내더니

신관 사또 도임후에
수청 들라 엄한 분부
죽기로써 거역하다
참혹한 악형을 당하여

모진 목숨이
아직 끊지진 않았으나
장하의 원혼이
미구에 될터이라

바라건대 서방님은
길이 만종록을 누리시다

후생에나 다시 만나
리별없이 살아지다

—편지끝에 하였으되,

기세하시 군별첩고
자기동혈 우동추라
팡풍반야 우여설하니
하위남원 옥중퇴라…

혈서로 하였는데 평사락안 기러기격으로 그저 툭툭 찍은것이 모두다 애고로다.

—어사 보고, 두눈에 눈물이 맺거니 듣거니, 저도 모를결에 주먹을 불끈 쥐고,

어사 이놈을 그저 당장에 삼문 벼락을 내려야…

방자 (그 말에 귀가 번쩍 띄여, 새삼스레 그의 얼굴을 다시 한번 쳐다보고는 싱글벙글하며)

서방님 출도시옌, 예—소인도 그 저…

어사 이놈, 내가 어사나 되였으면 그리겠단 그 말이지…, 어찌 그럴수가 있느냐?

방자 (픽 웃고)

관가에서 눈치밥으로 자란놈이요.
이런대도 아옵고 저런대도 압지요.

(절로 어깨가 으쓱으쓱)

불의 불법 밝히여서
백성의 원을 풀고
패악지사 들추어서
강산을 바로잡는
삼문 출도에
어깨가 으쓱
달덩이같은 마패에
신바람이 절로 나네…

어사 (깜짝 놀라 룰기하고)

이놈! 입 조심 않고, 마패니 출도니 함부루 지껄이니…

방자 (송구하여 목을 움츠리면)

예…예…

어사 ―어사, 방자를 빤히 바라보며 잠간 생각다가 혼자 고개를 끄덕이고,

이애 방자야 네 잠간 기다려라.

방자 예―

―어사, 소나무아래로 가서, 전대에서 종이 내고 필랑에서 붓 꺼내여 두어자 급히 적을 때,

방자 (좋아서 춤을 추며)

잘되였다 잘되여
얼씨고나 잘되여
어리고 귀여웁던
앗자제 도련님이
이제는 헌헌장부
국가 동량이 되였고나

어사 (다 쓰고나자 접어서 방자에게 주며)

네 이 서간을 운봉 관가에 갖다드리면 주시는게 있으리라. 내 만복사에서 머물것이니 네 그리로 대령하라.

방자 예―

(연방 싱글벙글… 서간을 전대에 넣어 허리에 떠고)

살았고나 살았고나
렬녀 춘향 살았고나
리화춘풍 건들 불어
남원에 봄이 드니
굳이 닫힌 그 옥문이

언 강 풀리듯 열리겠구나
얼씨구 절씨구 지화자 좋네

—방자 노래 부르며 우편으로 나간다.

어 사 (잠간 서서 그 뒤모양을 바래며)
저놈이 입이 방정맞아…, 대사를 앞두고 어쩔수 없다. 운봉옥중에서 며칠만 고생하여라.

— 막 —

제 5 막

1장 칠성단

전장에서 수일 지난 황혼녘.

춘향의 집.

—많이 퇴락하고

온 집안에 찬 기운이 돈다.

우편에 부용당.

좌편으로 후원의 1부가 보인다.

후원뒤로부터 앞으로 담이 둘리고,

무대 좌편 앞으로 일각문.

담밖은 골목.

막이 오르면

무대는 비였는데,

뒤결에서 물 쓰는 소리 들린다.

—안으로서 향단이가 미음그릇 예반에 받쳐서 식지 덮어 이고 뜰로 나오자 뒤결에다 대고,

향 단 마나님—

아가씨께 갔다 와요

—뒤결에서 월매 소리 난다.

월 매 오— 다녀 오너라

—향단이 밖으로 나와 좌편으로 사라지자,

—담밖 뒤길로 어사 걸어나온다.

《방 창》

일락서산 황혼시에
춘향 문전 당도하니
행랑은 무너지고
잡초만 우겼는데
첩첩히 닫힌 덧문
사람자취 전혀 없네
화조월석 좋은 시절
어제런듯 하건마는
예 놀던 부용당에
주인은 간데 없고
창앞에 옛 절개는
록죽 청송뿐이로다

—일각문밖에 서서 어사 리몽룡, 자못 감개무량하여 안을 두루 살피는데, 문득 후원에 인기척이 있어 그편을 바라보니,

—칠성단(七星坛)앞에 춘향모 월매가 등불을 밝히고서, 새 동의 새 소반에 정화수를 받쳐놓고 분향 재배 비는 말이,

월 매

비나니다 비나니다
천지지신 일월성진
관음보살 오백라한
사해룡왕 팔부신장
성주 조왕전 비나니다
한양 사는 리몽룡을
전라 감사나 암행어사를

점지하여 주옵시면
옥중에 죽는 자식
살려낼가 하나니다

—빌기를 다한후에 춘향모 일어서며, 후유 한숨 눈물질제,

어사 (월매의 정성 보고 저도 한숨 지으며)

내 벼슬한게
선영 음덕으로 알았더니
우리 장모 덕이로고—

—기침을 크게 하고 안을 향하여,

이리 오너라—

—그 소리에, 부용당 섬돌아래 졸고있던 청삽살이가 구면객을 몰라보고 컹컹 짖고 내닫는다.

—개를 보아도 감회가 깊어

요 개야 짖지 말아
주인같은 손님일다
너희 주인 어디 가고
네가 나와 반기느냐

(다시 안을 향하여)

이리 오너라—

—월매, 뒤결에서 나오다가 그제야 소리 듣고,

월매 (반은 혼자말로)

밖에 누가 왔나?…

어사 (한층 청을 높여)

이리 오너라—

월매 (미간을 찡그리고 혀를 한번 찬 다음에)
게 누구요?… 경항 없으니 다른데
나가보소.

—대돌로 올라가 마루끝에 가 걸터앉는다.

어사 이 사람, 날세.

월매 내가 누구야?

어사 보면 아느니… 좀 나오게.

월매 (다시 미간을 찡그리고)
아—니, 이 밤중에 누가 와서 늙은
이를 오너라 가너라 해?…

—몸을 일어 뜰로 내려서며,

거 누가 날 찾나
거 누가 날 찾나
날 찾을이 없건마는
거 누가 날 찾나
남원 48면중에
내 소문을 못들었나
내 신수 불길하여
무남독녀 딸 하나
금옥같이 길러내여
험옥중에 넣어두고
명재경각이 되였는데—
무슨 경항이 있다고 날 찾아왔어?
볼 사람 없으니 어서 가소.

—어사 문안으로 들어선다. 월매가 다 늙어 눈이 어두운데다 때마침 황혼이라, 누군지 알아보들 못한다.

어사 어허 이 사람 날 몰라

어사 어허 늙은이 망녕이여
어허 늙은이 망녕이여
내 성이 리가래도
자네가 모르겠나

월매 리가라니 어느 리가
성안 성밖 많은 리가
어느 리간줄 내가 아나
자네는 성만 있고 이름은 없나?…
볼 사람 없어, 어서 가소.

어사 허허 장모 망녕이여

월매 (어리둥절하여)
무어, 장모?—

내가 왔네 자네가 날 몰라
1별후 3년이니
자네 본지 오래로세
무정세월이 류수같애
저 백발이 어인 말가
자네 일이 말이 아니로세
내가 왔네 자네가 날 몰라

월매 아따 이 사람아
말을 해야 내가 알지
일락서산 날은 저물고
성부지 명부지한데
내가 자네를 알수 있나
말을 하소 말을 하여

어사 우리 장모가 망녕이여
정녕 자네가 날 모른다면
거주 성명을 일러 줌세

서울 삼청동 사는
춘향 랑군 리몽룡—
그래도 자네가 날 몰라

월매 (너무나 뜻밖이라 제 귀를 의심하며)
무엇이? … 리몽룡이라니 자네가 정녕 춘향 랑군 리몽룡인가?

어사 바로 그 리몽룡일세

—월매가 물에 빠진놈 고함지르듯 어허어허 하더니, 우르르 달려들어 어사의 손을 잡고,

월매 아이고 이게 누구인가
리몽룡이라니 어디 보세
서울사람 무정터라
한번 가선 영영 잊고
소식조차 끊어지니
어찌 그리 무정한가
야속하다고 일렀더니
어디 갔다가 이제 왔나

하늘에서 떨어졌나
땅에서 불끈 솟았나
구름에 싸여 왔나
바람에 불려 왔나

어디를 갔다가 이제 왔나
얼씨구나 내 사위

—옥에 갔던 향단이가 문을 들어서려다가 멈칫하니 서서 본다.

월매 (어사의 팔을 잡아끌며)

들어가세 이 사람아
뉘 집이라고 아니 들어오고
문전에서 개만 짖기는가
들어가세 들어가세

(먼저 마루로 올라가며)
자—어서 올라오소.

—어사, 말없이 마라 올라간다.

월 매 (문득 문쪽을 보고) 향단이냐?

향 단 네—

월 매 이애 서방님 오셨다. 서울 서방님이 오셨어.

향 단 (놀라며 반가와) 서방님이 오셨어요?…

—이사이에 어사 마루우에 자리 잡고 앉는다.

향 단 (우르르 들어와서)
소녀 향단이 문안이요—
령감 마님 행차후에
귀체 안녕하옵시며
서방님도 먼먼 길에
평안히 오시니까

어 사 오냐 향단아
고생이 어떠하냐

향 단 소녀 몸은 무탈하오나
옥중 아가씨를
구할 길이 없사오니

이 노릇을 어찌하리까

어사 향단아 우지 말아
너의 아씨가
설마 살지 죽을소냐

월매 (서서 듣다가 향단이를 향하여)
서방님이 오셨으니
이제는 살았다
건넌방에 점화(点火)하고
뒤숭어미 불러다가
진지 얼른 짓게 하고
너는 닭 잡아 찬수해라

향단 네—

—향단이는 부리나케 안으로 들어가고,

—월매는 분별을 하고나자 방으로 들어가며,

월매 천병만마 검극중에도
비켜설 틈이 있다더니
실낫같은 내 딸 목숨
죽지 않고 살려니까
우리 사위가 오셨구나

—초대에 불 밝혀 들고 다시 마루로 나오며,

래일이 본관 생일인데
알고 오셨나 모르고 오셨나
생각할수록 신기하다

—어사앞으로 와서 앉으며,

알뜰한 우리 사위

옛모습을 어디 보세

—월매 불을 들고 사위모습 살펴보니, 얼굴은 옥이로되 의복이 람루하고 궁상이 지르르 흘러 옛풍채 간곳 없다.

춘향모 그만 간담이 서늘하고 두눈이 캄캄하여 「애고」 한마디를 하고 힘없이 그 자리에 주저 앉으며,

월 매 (기여들어가는 목소리로)

아—니 이 사람아
이 모양이 웬 일인가

어 사 장모 내 말 들어보소
서울에 올라간후
자나깨나 춘향 생각
글공부에 뜻이 없어
과거에 락방하고
가산도 탕진하여
신세 자연 고단키로
춘향이나 찾아볼가
불원 천리 왔더니만
춘향이는 나보다 더
참혹하게 되였으니
내 신세가 웨 이렇가
기가 막혀 말조차 안나오네

월 매 (그 말 듣고 기가 막혀)

아이고 이젠 죽었고나—
우리 모녀 다 죽었네
애고 하느님

이다지도 야속하오
하느님도 무심하고
일월성진 제불미륵
오백라한도 쓸데없다

—벌떡 일어나자 버선발로 주르르… 후원으로 들어가서 와르르… 칠성단을 허물어뜨리고,

령험 없는 단을 모고
손발 닳게 빌었고나

도투 앞으로 걸어나오며 실심한 사람 모양,

불쌍하다 내 자식아
아까워라 내 딸이야
2 8 청춘 좋은 때에
만종록을 못누리고
어미를 잘못 만나
원통히도 죽는구나
너 죽는것 어이 보랴
내가 먼저 죽으리라

—월매 목접이질 하여가며 가슴을 쾅쾅 두드리니, 어사 내려가서 팔을 잡아 끌어올리며,

어사 여보소 장모—
나를 보아 진정하소

월매 무엇이? 진정?— 언청이사위 나를 보고 참으란다더니 자네 보고 참아?…

어사 (월매를 마루끝에 잡아앉히며)
여보 장모 그리 마소
행색이 초초하여
옛풍채 없을망정

어찌 될줄 장모 아나
상전이 벽해 되여도
비켜 설 길이 있다 하니
여보소 장모—
우지 말고 진정하소

월매 흥!…
제라 별수 있나
어사 될가 감사 될가
생긴 꼴이 객사하겠다

—숨을 한번 길게 내쉬고, 장죽을 집어들자 곁에 놓인 화로불에 불을 붙여 입에 문다.

—이때 안으로서 향단이 상을 차려들고 나와 대돌로 올라선다.

어사 (월매 수작에 대꾸하여) 아따 무슨 사가 되든, 사만 되면 안 좋은가?
(마침 앞에다 상을 갖다놓은 향단이를 향하여) 시장하던차에 마침 가져오는구나.

향단 바삐 짓느라고 진지가 좀 되게 되였사와요. 그래도 서방님, 많이 잡수시오.

월매 (고개를 돌려 향단이를 훌기며) 이년아 듣기 싫다. 되면 어떻고 질면 어떠냐? 어서 안으로 썩 들어가거라.

향단 (정색하고 월매를 향하여)
마나님 그리 마오—
멀고 먼 천리길에

뉘 보려고 오셨관대
옥중 아가씨를 생각키로
이리 할수 있으리까
(다음에 어사를 향하여)
우리 마나님이
화김에 저러시니
서방님 조금치나
노여워 마옵소서

어사 (연방 밥을 떠먹으며)
오냐 향단아
그만 소리에
노여워 어쩌느냐
얻어먹는 사람이란
비위가 좋아야만
배를 곯지 않느니라

월매 가련하다 연안 리씨
청풍 외가가 울겠구나

어사 죽은 정승이
산 강아지만 못하단 말
자네도 들었으리
체모 불고하고
악착같이 살아야지

—두다리사이에다 밥상을 꼭 끼고, 마파람에 게 눈 감추듯 밥 한사발을 혹딱하더니 다 먹고서, 밉게만 보이려고,

어사 이애 향단아—
눌은밥 있건 가죠나라

월매 (기가 막혀 혀를 차며)

어사 하나도 된건 없고
밥만 잔뜩 먹어
식충이가 되였구나

어사 책방시절에는
잣죽만 먹어도 끌끌하더니
신세가 이리 되매—

월매 꼬락서니가
가릴것은 없게 됐네

어사 (트림을 하고나서)
이만하면 무던하다—
말 타면 경마라고
이제는 춘향일 좀 보아야지

월매 아무렴 보세야죠
예까지 오셔서
춘향이를 안봐서야
인정이라 하오리까
어서 가 보소—

향단 (상 들고 안으로 들어가려다 어사를 돌아보고)
서방님—
바루(罷漏) 치건 가사이다

어사 바루를 쳐야 가느냐?

향단 네.

—향단이 안으로 들어간 뒤에, 어사와 춘향모, 각기 생각에 잠겨 한동안 말없다.

이옥고 뎅—뎅— 바루 치는 소리 멀리서 웅성깊게 들려온다.

—안으로서 향단이, 등롱에 불 밝혀 들고 나오며,

향 단 바루를 쳤사오니
아씨전 가사이다

어 사 (가만히 한숨 지으며)
향단이도 자지 않고
바루소리를 들었느냐

—어디선가 밤새 우는 소리 붓붓 들려오고, 문득 음산한 바람이 일는다.

—어사와 춘향모, 말없이 뜰로 내려와, 향단이를 앞세우고 나갈 때,

—막—

2장 옥중가

1장과 같은 날 밤.

남원 옥에서—

무대에 불이 들어가면

옥문밖에 사정이는 꾸벅꾸벅 졸고 앉았는데, 춘향이 홀로 깨여 장탄가로 울음 운다.

춘 향 봄밤이 짧다건만
나는 어이 이리 긴가
무슨 죄가 지중하여
천리에 님 여의고

적막공방 찬 자리에
산 귀신이 되단 말가
이대로 님 못보고
옥중 고혼 되거드면
이 몸은 돌로 굳어
망부석이 되려니와
무의무탁 우리 모친
누가 있어 봉양하며
천한 계집 수절한 죄로
원통히 죽은 한을
뉘라서 풀어주리
죽자 해도 못죽겠네
애고 애고 내 일이야—

—춘향이 자탄하다 제풀에 잠이 든다.

멀리서 바루 치는 소리 뗑—뗑—
어디선가 밤새 우는 소리 붓붓,

문득 음산한 바람이 일어나며, 뒤를 이어 궂은 비 흩날리고,
먼데서 번개불이 번쩍, 천동이 우르르르…

—옥사정이 잠이 깨여 옥안을 살펴보고 선하품을 하는데,

—춘향모 향단에게 등롱 들려 앞세우고 좌편에서 들어온다.

옥사정 누구요—

—헌청난 소리로 한마디 묻고 살펴보다가 즉시 고개를 끄덕끄덕 알은체하고, 부시시 일어나 밖으로 나가다가, 뒤따라 들어오는 리몽룡을 잠간 훑어보고 그냥 나간다.

월매 (옥문앞으로 다가서면) 악아 춘향아—

—춘향이 잠이 들어 대답 없다.

월매 (조금 소리를 크게 하여) 춘향아—

—어사, 월매 등뒤에 가 서서 옥안을 기웃이 넘겨다본다.

춘향 (부르는 소리에 놀라서 잠을 깨며) 게 누구요?

월매 내다.

춘향 애고 어머니요? 이 밤중에 어찌 오셨소?—

이 몹쓸 딸자식을 생각하여
천방지방 다니다가
락상하면 어찌하오
일홀랑은 오실라 마오

월매 (손등으로 코밑을 훔치고) 이애, 왔다.

춘향 와요?—

오다니 뭣이 와요?
서울서 편지 왔소?
나 데리러 사람이 왔소?

월매 잘되고 귀히 되고
그만 되고 가없이 되고
좋은 거지 되여 왔다

춘향 누가요? 어머니—

월매 (저모르게 한숨 쉬고)

너 평생 상사하던
서방인지 무엇인지…

춘향 (그 말에 소스라쳐 놀라)
무어요? 어머니
서방님이 오셨어요?

—서방님이 왔단 말에 춘향의 급한 마음, 흑운같이 흐튼 머리 목에 휘휘 둘려대고, 길 넘는 전목칼을 드르드르드르 끌면서, 「애고 허리야 애고 허리야…」 칼머리 들어 저만큼 놓고, 두손으로 땅을 짚고 뭉긋뭉긋 문앞으로 기여오며,

춘향 서방님 어디 왔소
서방님 오셨거든
말소리나 들어보세

어사 (앞으로 나서 문살틈으로 손을 넣으며)
춘향아—

—앙상하니 뼈만 남은 손을 내밀어 춘향이 랑군의 손을 잡는다. 서로 손을 마주 잡고 잠시는 말이 없이 오직 삼키느니 울음이요 흘리느니 눈물이라.

—월매, 얼빠진 사람 모양 서있고, 향단이는 두손으로 낯을 가리고 소리없이 운다.

음산한 바람이 다시 한차례 세차게 불며 지난다. 어느 틈엔가 비는 멎고, 처마끝에 들리느니 락수소리만 뚝뚝…

어사 (먼저 진정하여)
춘향아 내가 왔다. 정신을 차려라.

춘향 (정신을 차려 고개를 들고)
애고 이게 누구요?

월매 (기가 막혀)

저 잘된것 보고도 서방이라고…

춘 향 어머니—
그게 어인 말씀이요
잘되여도 내 랑군
못되여도 내 랑군
고관대작 내 다 싫고
만종록도 내 다 싫소
어머님이 정한 배필
좋고 궂고 어디 있소
나를 찾아 오신 랑군
그게 어인 말씀이요
서방님—
어찌 그리 무정하오

박명하다 우리 모녀
서방님 리별후에
자나깨나 님 그리워
일구월심 한일러니
하느님이 감동하여
죽지 않고 살았다가
다시 볼줄 몰랐구료

—애절한 그 소리에 창자가 끊기는듯,

어 사 오냐 춘향아 우지 말아
그리운 너를 보려
불원 천리 찾아오니
빙옥같은 네 절행에
옥중고초 웬 말이냐

네 죄가 아니라
모두 내 불찰일다

—문득 구름이 벗겨지며 월색이 교교하다. 휘영청 밝은 달빛에 님의 행색을 새삼스레 살펴보고,

춘 향 (깜짝 놀란)

애고 서방님—
어찌 이리 되시였소?

어 사 춘향아 서러 말아
인명이 재천일다…

춘 향 (멍하니 랑군을 쳐다보다가 문득 마음을 도사려)

몽매에도 그리우던
님을 다시 만나뵈니
이 자리에 죽는다고
무슨 한이 있으리만…

(모친을 향하여)

어머니—

내가 집에 없다 하고
어머니가 화를 내면
천리에 오신 랑군
그 마음이 편하리까

집에 돌아가시거든

우리 둘이 인연 맺던
부용당에 접화하고
둘이 덮던 금침 펴고

사처를 정하시고
나 입던 비단 장옷
봉장안에 들었으니
되는대로 팔아다가
서방님 의관 일습 해드리오

월매 그는 그리라도 하자

춘향 향단이 게 있느냐?

향단 네—

춘향 서방님 침수 범절
안녕하고 못하시기
전혀 너 하기에 달렸으니
밤참 조반 전후사를
지성으로 공궤해라
어리고 약한 네가
진일 마른일 가리잖고
혀도 같고 손과도 같이
시종해온 그 은공을
이생에서 못갚으니
그것이 여한이다

향단 아씨 그게 무슨 말씀이요
옛날의 주문왕과
대성인 공부자도
옥중 고초 겪었으니
아예 락심 마옵소서
하늘이 무너져도
솟아날 궁기 있다 하니
아씨같은 높은 절개
설마하니 어찌리까

춘향 (가만히 한숨 짓고)
서방님—

어사 왜?

춘향 들으니 래일이
본관사또 생신이라
잔치끝에 나를 올려
죽이겠다 벼른다니

부디 멀리 가지 말고
옥문밖에 지켜섰다
나를 올리라 령 내리진
칼머리나 들어주고

나를 죽여 내치거든
삯군인체 달려들어
들쳐업고 나오셔서
정결한 곳 가려찾아
깊이 파고 묻으실 때

서방님 속적삼 벗어
내 가슴을 덮어주고
무덤앞에 표석 세워
「수절 원사 춘향지묘」라
여덟자만 새겨주오.

어사 춘향아—
너무 서러 말아

춘향 도리는 아니오나
또 한 말씀 부탁이요
내 몸 하나 죽어지면
60당년 우리 모친

무의무탁 가련하니

하해같은 저분이로
모모를 받들어서
춘향같이 생각하면
죽어 황천 돌아가서
결초보은 하오리다

월매 (기가 막혀)

아이고 저것 말 들어보소
유언을 하네그려

60당년 늙은것이
백발이 흩날리는 머리
몸 마를 날이 전혀 없이
지성 발원 빌었건만
기다리고 믿었던 사위가
8도걸인 되어오니
죄없는 내 자식만
속절없이 죽었고나

춘향 어머니 너무 서러워 마오

불초 녀식이
서령 원사 하더라도
서방님이 안계시오

일시 불우하여
지금은 저래서도
서방님의 품은 포부
경륜이 있으리다

—먼데서 닭이 운다. 그것을 받아서 가까운데 닭이 또 운다.

월매 (저도 모르게 소리를 내여) 애고 이 밤이 새는고나…

—잠간 사이.

—닭이 한해 또 운다.

춘향 서방님 오죽이나 곤하리까. 어서 나가 주무시오.

향단 (월매를 향하여) 마나님, 서방님 뫼시고 가십시다… 아씨 안녕히 주무세요.

—월매 그대로 얼빠진 사람 모양 서있는것을 향단이 팔을 이끌어 앞을 서 나가는데,

—어사 따라 나가다가 문득 발길을 멈추고 잠간 생각한후,

어사 (다시 옥문앞으로 와서) 춘향아—

춘향 (놀라 고개를 들며) 서방님, 왜 가시지 않고 도루 오셨소?

어사 나도 네게 부탁이 있어 왔다. (말마디에 힘을 주어) 나를 다시 보기전엔 딴마음을 먹지 말아.

춘향 네. 서방님 념려 마시고 어서 나가 주무시오.

—어사, 무슨 말을 더할듯 잠시 섰다가, 마음을 결단하고 몸을 돌쳐 나갈 때,

— 막 —

제 6 막 출 도

전장의 이튿날

남원부사 아문 동헌에서

풍악소리 류량한중에

막이 오르면

동헌 릉한각(凌寒阁)에 본관 변학도의 생일잔치가 벌어졌다.

당상에 근읍 수령이 구름같이 모였으니, 운봉영장, 구례, 곡성, 순창, 옥과, 진안, 장수… 각 고을 원님들이 차례로 늘어앉고, 좌편에는 행수 군관, 우편에는 청령사령 한가운데 본관 변학도가 주인이 되여, 저마다 다 담상을 앞에 놓고 진양조가 양양한데,

뜰에는 기치군물(旗帜军物)이며 륙각풍류(六角风流) 반공에 떠있고, 록의 홍상 기생들은 백수라삼 높이 들어 지화자 둥덩실 춤들을 춘다.

—이윽고 춤이 끝나며 기생들 물러간다.

—당상의 변학도와 각읍 수령들, 기생들 끼고 앉아 술잔을 기울이며 취흥이 자못 도도한중에,

변학도 (기생이 올린 술잔을 받아서 한숨에 쭉 들이킨 다음)

여보 순창—

순 창 (안주를 집다 말고)

예?

변학도 들으니 순창 3년에

재미를 쏠쏠히 보셨다고—

순　창　원 재미가 무슨…

변학도　재미가 무어라니
리판(吏判) 대감 수연에도
순청서 올라간 봉물짐이
그중 굉장했다던데…

순　창　허, 허, 허, 허…

무슨 그럴리가 있소리까,
다 뜬소문이죠

변학도　(좌중을 둘러보며)
준민고택을 마자 해도
안할수 없는 것이

근자에 전에 없던
별봉조차 그리 많고
궁교 빈족 걸패들이
꼬리를 물고 찾아드니
여간해가지고야
당해낼 장비 있나

순　창　과연 그러하외다

—다른 수령들도 더러 고개를 끄덕인다.

변학도　(곡성을 돌아보며)
곡성은 그래 그간
몇백이나 벌어놓으셨소?

곡　성　원 몇백이라니요…

변학도 허허— 그래서야
모처럼 하향에를
나려오신 보람이
어디 있단 말씀이요

곡 성 본관께 아무래도
묘리를 배워야겠소이다

변학도 허 허 허 묘리라니
별것이 있으리까마는…

운 봉 자—객담은 그만하고
잔이나 드십시다

—이때 우편으로서 어사 리몽룡이 폐포 파립 걸인행색으로 부적부적 안으로 거침없이 들어온다.

—이를 보자 사령들, 깜짝 놀라 우르르 내달아 앞을 탁 막는다

어 사 (떡 버티고 서서 큰소리로)
아뢰여라 사령아
여쭈어라 통인아
먼데 있는 거러지가 대연 만나
술 한잔 안주 한점
얻어먹고 가자이다

사령들 쉬—

—그대로 밖으로 밀어내려 할 때,

—좌중의 운봉영장, 가만히 살펴본즉, 비록 리몽룡의 행색은 초초하되, 폐포 파립중에 인물이 비범하다. 혼자 고개를 끄덕이며,

운 봉 (본관을 향하여)

비록 저분이
의복은 람루하나
량반일시 분명하니
말석에 앉히고
술잔이나 대접하여
보냄이 어떠하오

변학도 (마음에 못마땅하여)

거, 아무려나
운봉 소견대로 하오마는—

—「마는」 소리, 장히 후입맛이 사납것다. 어사 속으로 「오냐. 도적질은 내가 하마. 오라는 네가 저라.」…빙그레 웃으며 보고있느라니

운 봉 이리 오너라—

통 인 예—

운 봉 네 저 량반 듭시래라.

통 인 예— (마루끝에 나서며) 쉬—사령—

사령들 예—이.

통 인 저 량반 이리 올라오시래라.

사령들 예—이.

어 사 안다 안다 운봉이 안다.

—그대로 뚜벅뚜벅 대상으로 올라가자, 장읍불배(長揖不拜)하고 운봉곁에 가 앉는다.

—통인 하나이 술상이랍시고 개다리소반에 다 긁어먹던 갈비대에 콩나물 한접시, 깍두기 한보시기 놓아다주는데, 술은 모주가 한사발이라.

—어사, 남의 상 보고 내 상 보니 어찌 아니 패씸하랴.

어사 (부채꼭지를 거꾸로 쥐고 운봉의 갈비를 꾹 찌르며) 여보 운봉—

운봉 (깜짝 놀라) 에구 웬 그러시오.

어사 저 갈비 한대 청합시다.

운봉 허— 이 량반 갈비를 달라 하면 그냥 달라 할것이지 백죄 남의 생갈비를 먹으려 한단 말이요 이리 오너라—

통인 예—

운봉 저 갈비 내려다가 이 량반 드려라

어사 얻어먹는 사람이 남의 수고 빌것 있소? 내 손으로 갖다 먹지…

—어사, 이리저리 다니며 남의 상에서 진미만 다 내며 개다리소반에다 갖다놓고,

호, 호, 좋다 좋아 진합태산이라더니…

변학도 허—이게 웬 일인고 별 우스운것을 운봉은 청해다가 파흥을 시키는고…

어사 (부채꼭찌로 또 꾹 찌르며)

운봉 여보 운봉—

(또 깜짝 놀란)

허— 또 왜 그러오? 이러다간 내 허구리에 바람구멍 나겠다…

어사 기생을 앞에 두고 그냥 먹기 무맛이라

저 기생 이리 불러 술 한잔 따르고 권주가 하나 하라시오

운봉 여보아라— 네 이 량반께 권주가 하여라

기생 (뾰로통하여)

애고 맙시사— 기생노릇을 하려니까 별 우순걸 다 보겠네

어사 (어사곁으로 와서)

여보 이 량반, 왜 불렀소? 오— 너 여기 앉아, 술 한잔 붓고 권주가 한마디 해라.

기생 난 권주가 못하오.

운봉 (호령하여)

허— 그년. 내가 시키는터에 하라면 하는게 아니라…

기생 (한풀이 꺾여서 상머리에 앉자, 술 한잔 가득 부어 손에 들고)

잡지그려 잡지그려

이 술 한잔 더 잡으면

천년이나 만년이나
이 모양으로 사오리다

어사 (껄껄 웃고) 그거 새로 난 권주가로구나. 명기로다…
(기생에게서 술잔을 받다가 짐짓 도포 앞자락에다 쏟고)
어뿔싸— 이거 단벌옷을 다 버리는구나…

—자리에서 일어나자 도포자락을 툭툭 터니, 술방울이 사면으로 튄다.

—좌중이 크게 발동하여

옥과 허— 이게 무슨 일인고

구례 글쎄 이게 무슨 일이야

곡성 거 운봉은 공연한걸 불러들여…

순창 이거 좌석이 요란해 못쓰겠군.

—이때 변학도가 속으로 가만히 생각하되, 『저놈이 양반의 자식은 분명하나, 젊은 애가 저리 버릇이 없을진대, 제 집안 난봉이요 필경 무식할터이니 운자를 내여 쫓으리라…』 주의를 정하고서,

변학도 (좌중을 둘러보며) 자— 우리 좌정하여
글 한수 지은후에
세잔 갱작 하사이다.
만일에 글을 못지으면
큰 벌을 쓸터이니
좌중이 다 그리 아오

옥과 거 좋은 말씀이요

곡성 좋은 말씀이외다

순 창 그럼 운자는
본관이 내시지요

변학도 날더러 내라고?
기름고, 높을고 하지

운 봉 기름고 높을고라
이거 참 강운인데…
내가 아마도
봉변을 하나보다

—모두들 허허허 웃는다.

어 사 상좌에 말씀 올라가오
나도 부모님덕에
천자권이나 읽었으니
지필을 빌리시면
차운 하나 하오리다

운 봉 (반겨 듣고)
좋은 말씀이요. —이리 오너라.

통 인 예—

운 봉 네 이 량반께 필연 갖다올려라.

통 인 예—

순 창 (랭소하며)
저 꼴에 글이라니…

운 봉 (정색하고)
문무에 귀천 있소?

—통인 문방사우를 들어다가 어사앞에 놓는다.

곡 성 (문득 생각난듯 변학도를 돌아보며)
참 본관—

변학도 웨 그러시오?

곡 성 아까 무어 구경시킬게 있다고 하시며니…

변학도 구경?…

(잠간 고개를 기웃하다가 즉시 허허 웃고)

예— 이제 차차 하십시다.

순 창 거 대체 무엇이오니까?

변학도 혹 소문을 들으셨을지 모르오마는— 내게 발악하던 춘향이년 말이요.

순 창 춘향이?…

—어사, 붓을 잠간 멈추고 눈을 들어 변학도를 바라본다.

변학도 예—, 내 오늘 그년을 올려다가 아주 장하에 물고를 낼가 하오.

어사, 다시 쓴다.

운 봉 (눈섭을 찡그리고) 하필 생신날에… 거 공연한 거조시오.

—어사 붓을 놓자 풍축을 자리밑에 넣고 일어서며,

어 사 (변학도를 향하여)

불청객이 자래하여
주육을 포식하고 가니
은혜 난망이요
다시 보십시다

변학도 (마음에 시원하여)

이 량반—
평안히 가시오
언제나 또 만날는지…

어 사 (대들아래 내려서며)

남아 하처 불상봉이라니

또 수이 만나겠죠

—그가 밖으로 나가자 본관이하로 각 읍 수령과 기생들까지 크게 웃는다.

—홀로 운봉이 웃지 않고, 자리밑의 풍죽을 꺼내 본다.

순 참 (운봉을 향하여)

여보 운봉—

거 뭐라고 그려놨소

변학도 개발 게발 그렸겠지

곡 성 거 언문 풍월이나

아닌지 모르겠소

운 봉 언문 풍월이라니

천만의 말씀이요

필치만 하더라도

비범한 솜씨외다

옥 과 (곁에 앉았다가 고개를 늘이여)

비범한 솜씨라니

어디 좀 보십시다

—옥과와 운봉, 함께 보며, 운봉 읊는대로 옥과 새긴다.

운 봉 금준미주(金樽美酒)는

천인혈(千人血)이요

옥 과 금동이의 아름다운 술은 천사람의

피요

운봉 옥반가효(玉盘佳肴)
만성고(万姓膏)라

옥과 옥반상의 좋은 안주는
만백성의 기름이라

운봉 촉루락시(烛泪落时)
민루락(民泪落)이요

옥과 초불 눈물 떨어질 때
백성들의 눈물이 떨어지고

운봉 가성고처(歌声高处)
원성고(怨声高)라

옥과 노래소리 높은 곳에
원망소리 높더라

—읊고나자 운봉과 옥과, 창황망조하여 의관도 정제하지 못한채로 신을 찾아 신는데

변학도 (취중에 세상이 어떻게 돌아가는줄도 모르고) 허허 그 주제에 뭐라고? … 「가성고처 원성고」? …

—그사이에 운봉과 옥과, 신 신고 섬돌아래 내려서며

운봉 본관은 잘 노시오. 나는 유고하여 먼저 가오.

옥과 나도 유고하여 먼저 가오.

변학도 (어리둥절하여) 아니 웨들 이러시오?

—두사람 대꾸 않고 허둥지둥 밖으로 나가는데.

—순창이 또 갈차비 차리고 대돌로 내려선다.

변학도 (더욱 의아하여) 순창은 웨 이러오?

순 창 대, 대, 대부인이 락태를 하셨다고 기별이 와서 가오.

변학도 아니 로형 대부인이 춘추가 얼마신데 락태를 하셨단 말이요.

순 창 금년에 여든아홉이요.

변학도 아 여든아홉에 락태를 하시다니…

순 창 아차, 그럼 락상이라고 해둡시다.

—곡성 이하로 각읍 수령들, 뒤늦게야 낌새를 채고 분분히 자리에서 일어난다.

—변학도 도무지 까닭을 모를 일이라 이 사람 처다보고 저 사람 돌아보며

변학도 아니 정말 웨들 이러시오?

곡 성 예. 미, 미진한 고, 공사가 있어 가오.

—그러나 미처 도망칠 사이없이, 삼문밖이 들끓으며,

소 리 암행어사 출도야—

—서리 역졸 거동 보소. 외올망건 공단쌔기 새 펴렵 눌러쓰고, 석자감발 새 짚신에 한삼고의 산뜻 입고, 룩모방치 록피끈을 손목에 걸어쥐고, 예서 번뜻 제서 번뜻, 남원읍이 우근우근, 청파 역졸 거동 보소. 달같은 마패를 해빛같이 번뜻 들어,

소 리 암행어사 출도야—

—웨는 소리, 강산이 무너지고 천지가 뒤눕는 듯, 초목 금순들 아니 떨랴. 남문에서,

소 리 출도야—

—북문에서,

소리 출도야—

—동서문 출도소리, 청천에 진동하니,
좌수 별감 넋을 잃고,
테방 호장 실혼하고,
삼색 라졸 분주하고,
모든 수령 도망할제,
부서지느니 거문고요 깨지느니 북 장고라…

—본관이 똥을 싸고, 멍석궁기 생쥐 눈 뜨듯하고, 내아로 들어가서,
「문 들어온다, 바람 닫아라. 물 마르다, 목드려라」…

《취타소리》

—3문밖으로서 류량히 울려터니, 이옥고 어사떠몽롱, 전차 후옹하고 들어와서 동헌에 좌기하고,

어사 좌우 현화 금하라—

—눈치있고 날랜 통인 당상에 뛰여올라.

통인 좌우 현화 금하랍신다—

—소리가 떨어지자 밖으로서 집사 들어와, 어사앞에 군례로 보이고

집사 순령수—

순령수 예—이.

집사 명금 삼하지하라—

순령수 예—이.

—정수 들어와서 명금 삼하에 취타소리 뚝 멎는다.

어사 3공형 부르라

통인 급창—3공형 들랍신다—

급창 예—3공형—

전원 숙이라—

—좌편으로서 3공형이 설설 기여들어온다.

급창 3공형 대령이요—

어사 3공형 듣거라. 부사 파직이니 각창 봉고하고, 즉일 문기 닦아 올리라.

3공형 예—이.

어사 옥중의 많은 죄수, 무고원수(无辜冤囚)뿐일지니 순순히 일러 백방하고, 춘향일랑 칼을 벗겨 잡아들이라.

3공형 예—이.

급창 물리쳐라—

사령들 물리쳐라—

—3공형 청령하고, 다시 설설 기여나간다.

통인 급창—, 춘향 빨리 잡아들이랍신다—

급창 (받아서) 춘향 빨리 잡아들여라—

사령들 예—이.

—이때에 남원읍 로소과부 떼를 지어 모여들어 춘향을 살리려고 어사또께 등장을 들었는데, 인물도 어여쁘고 깨끗하게 늙은 부인, 소복을 정히 하고 수태(羞态) 띠인 젊은 과부, 비부(肥肤)가 풍영(丰盈)하고 장옷 쓴 저 부인, 얼굴도 동탕하고 키꼴도 장대하고 말 잘하는 부인이며, 청상과부 팔자되여 궁태로 생긴 부인, 백묘량전(百亩良田) 밭매다가 호미 들고 오는 부인, 작반등산 뽕따다가 모양없이 오는 부인…

—수백명의 과부 동헌뜰에 가득하니,

어사 (과부들을 향하여)

어이한 부인들인고. 소회 있거든 아뢰라.

급 창 아뢰여라—

과부들 수의사또 어진 처분
모든 죄인 백방키로
응당 렬녀 춘향이도
방송하실줄 믿었사온데
다시 잡아 들이시니
어이하신 처분임을
알고저 왔나니다

어 사 (위엄을 보이며)
춘향이는 창녀로서
관정 발악 하였으니
용대하지 못하리라

—과부들 그 말 듣자, 일시에 동할적에,

—그중에 늙은 과부 좌우를 헤치며 썩 나서는데, 나이는 일백일곱살이요 피부가 윤택하고 이목이 명료하고 기운이 정정하니 심술 많고 욕 잘하고 꼿꼿하고 예손있는 모질고 독한 부인, 채머리 흔들흔들 눈섭이 꼿꼿 서서 량미간을 찡그리고 이를 오드득 갈며,

과부1 여보 어사또
이 처분이 웬 말이요
수절 부녀 잡아다가
수청 들지 않는다고
형장 쳐서 하옥하는
그 사람은 죄가 없고
렬녀 춘향 관정 발악

그게 그리 큰 죄인가
어허 우스운 공사 다 보겠소

어 사 (마음에 좋아서 고개를 끄떡끄떡)
사필귀정 할터이니
부인들은 념려 말고
다 각기 돌아가라

과부들 어즈신 처분만
엎드려 바랍내다

―이때에 춘향이 사령들에게 부축 받아 들어온다.

급 창 춘향이 대령이요―

과부1 (다시 앞으로 나서며)
여보 어사또
렬녀 춘향 백방하오
아까같이 공사했단
큰 봉변 당하리다

급 창 쉬―

어 사 춘향이 분부 듣거라―
네 하향 천기로서
관장 분부 거역하고
관정 발악 하였으니
그 죄 만번 죽어 마땅하다
본관 수청은
거역하였거니와
어사 수청은 어떠할고―

전 원 아뢰여라—

춘 향 (기가 막혀)

초록은 동색이요
가제는 게편이라
내려오는 관장마다
개개이 명관이로구나

층암절벽 높은 바위
바람 분다 무너지며
청송 록죽 푸른 남이
눈이 온다 변하리까

그런 분부 마옵시고
어서 빨리 죽여주오

—어사 말없이 고개만 끄덕끄덕…, 품으로서 리
별시에 받은 옥지환을 내여 통인에게 주면서,

어 사 네 이것 갖다 춘향 주라.

통 인 예—

—통인 지환을 받아들고 계하로 내려가 춘향 손에 쥐여준다.

—춘향이 지환을 받아들고 들여다보다가,

춘 향 오— 내 옥지환…

—한마디 중얼거리고, 어인 영문을 몰라할 때

어 사 얼굴을 들어 대상을 보라

—그 말에 춘향이, 무심히 고개들어 대상을 바라보니, 수의사또가 누구던고, 어제저녁 옥에 왔던 랑군이 분명하다.

사람이 기막힌 일을 당하면 마음이 스스로 약하여지고, 좋고 반가운 일이 있으면 자연 설음이 나것다.

ㅡ춘향이 대상을 물끄러미 쳐다보며 구슬같은 눈물이 두눈으로 줄줄 흘러 옷깃을 적시며 울음이 솟아나는데, 이 울음은 5장6부에서 나는 울음도 아니요 6천마디 뼈속에서 나오는 울음도 아니요, 이는 꼭 쓸개에서 나오는 울음이라. 아이 아이 아이 으으…, 그 자리에 폭 엎드러여 흐느낄 때,

어사 춘향아—

ㅡ어사 몸을 일어 뜰로 내려와서 그의 어깨에 손을 얹고

ㅡ춘향이 마침내 울음을 터뜨리며,

춘향 어찌 그리 무정하오—

모지도다 모지도다

서울 량반 모지도다
어제저녁 옥에 오셔
내 정상을 보셨으니
나더러만 말씀하고
마음 놓고 있으라면
지난 밤 그 간장은
안녹이고 지냈을걸…

어사

춘향아 진정해라
위로할 말이 없다
꽃다운 그 이름이
고생없이 못되나니
만고의 충렬 사기
넌들 짐작 없겠느냐

ㅡ기생과 과부들 춘향이를 옹위하여 좌편으로 들어가고,
어사 다시 대상으로 올라갈 때,

ㅡ우편으로서 향단이를 뒤딸리고 춘향모 들어온다.

월매 도사령아 3문 잡아라
어사 장모 들어가신다
요새도 문깐이 이리 뱃세냐?
몇놈이 죽으리라…
얼시구나 절시구
지화자 절시구
어제저녁 걸인 사위
어사란 말 웬 말이냐
애고 내가 미친년이지. 어제저녁 우리 사위를 욕도 많이 하고 구박도 많이 하였더니…이 빌어먹을년이 그 무슨 미친 짓이냐? … 광기의 미친 말을 부디 섭섭히 생각 마오. 섭섭하면 장모 나를 어쩔텐가?ㅡ

북두7성 자야반에
등불을 밝히고서
우리 사위 귀히 됨을
밤낮 축원 하였더니
하느님이 감동하여
어사또가 되였더라

ㅡ이때 밖으로서 방자 뿔짝쉬가 뛰여들어와, 대상을 흘껏 쳐다보고 계하에 엎드리여,

방자 오작교 넘나들며
갖은 언설 중매한 죄

한양 천리 먼먼 길에
편지 갖다드린 죄로
운봉옥중에 가두어두신
방자놈 현신이요

어사 (내려다보고 빙그레 웃으며)
오— 너 고생했다.

방자 (그제는 야속한 생각이 버썩 들어)
원 세상에 그럴 법도 있소오리까? 유공한 방자놈을 상급은 안주시고 운봉옥중에다 가두어버리시니, 그래 소인이 무슨 죄요?

어사 (다시 빙그레 웃으며)
이놈 네가 원체 경망키로 천기를 루설할가 잠시 그리한것일다.

방자 (군중을 향하여)

운봉옥중 3일 고생
강정같이 고소한 고생
이 고생이 없거드면
렬녀 춘향 가는 목의
1천근 전목칼을
누가 있어 벗기리요

(덩실덩실 춤을 추며)

페포 파립 8도 거지
수의 사또가 장관이요
거역관장 중죄인이
정렬부인이 장관이요
책방 방자 뽈짝쇠가
3문 좌기 어사앞에

꼽사춤이 장관이로다

얼사 절사 얼사 절사…

—이때 좌편으로서 기생과 과부들이 몸단장 고히 한 춘향을 전후 좌우로 옹위하고 나온다.

—춘향이 저의 모친을 보자 주르르 달려들며,

춘 향 아이고 어머니—

월 매 오— 내 딸이야—
(춘향이를 덥썩 안으며)

진흙에 핀 련꽃처럼
어여쁜 내 딸 춘향
하고한 날 옥바라지
바람 치고 비 오는 날
가지 가지 겪은 고생
춘설같이 다 녹는다

—이때 향단이가 옆에 있다 나서면서,

향 단 아씨—

춘 향 오— 향단아—

—둘이 덥썩 손을 잡고 서로 물끄러미 바라보며 가슴이 벅차서 말물을 못한다.

—기생들 다시 춘향을 옹위하여 대상으로 올며 간다.

월 매 (그대로 계속하여)

남원 로소 부인네들
이내 말을 들어보소

아들 낳기만 원치 말고
딸만 많이 낳으시되

한 태줄에 네다섯씩
쑥 쑥 내뜨리오
이 궁둥이 두었다가
논을 살가 밭을 살가
이런데나 흔들어라

일 동 지화자 지화자

—대상에서는 어사 춘향이와 나란히 서서,

어 사 명사 십리 해당화같이
연연한 내 사랑
된 서리 매운 바람
어이 이겨내단 말가

춘 향 옥중 원수(冤囚) 춘향이가
거의 죽게 되올적에

객사에 봄이 드니
리화 춘풍 반가워라

춘향과 리도령 (함께)
높고도 깊은 사랑
송죽같이 굳은 절개
바다가 마르고
산이 다 닳도록
하늘이 이 맹세를
밝히여주시리라

일 동 (받아서)
지화자 지화자
지화 지화 지화자
경사로다 우리 남원

천고의 영화로다
지화자 지화자
지화 지화 지화자
지리산이 수려하니
절대 가인 없을소냐
지화자 지화자
지화 지화 지화자
꽃다웁다 춘향 이름
천추 류전하리로다
지화자 지화자
지화 지화 지화자

—모두들 열광하여 춤추며 노래할 때.

— 막 —

창극

흥보전

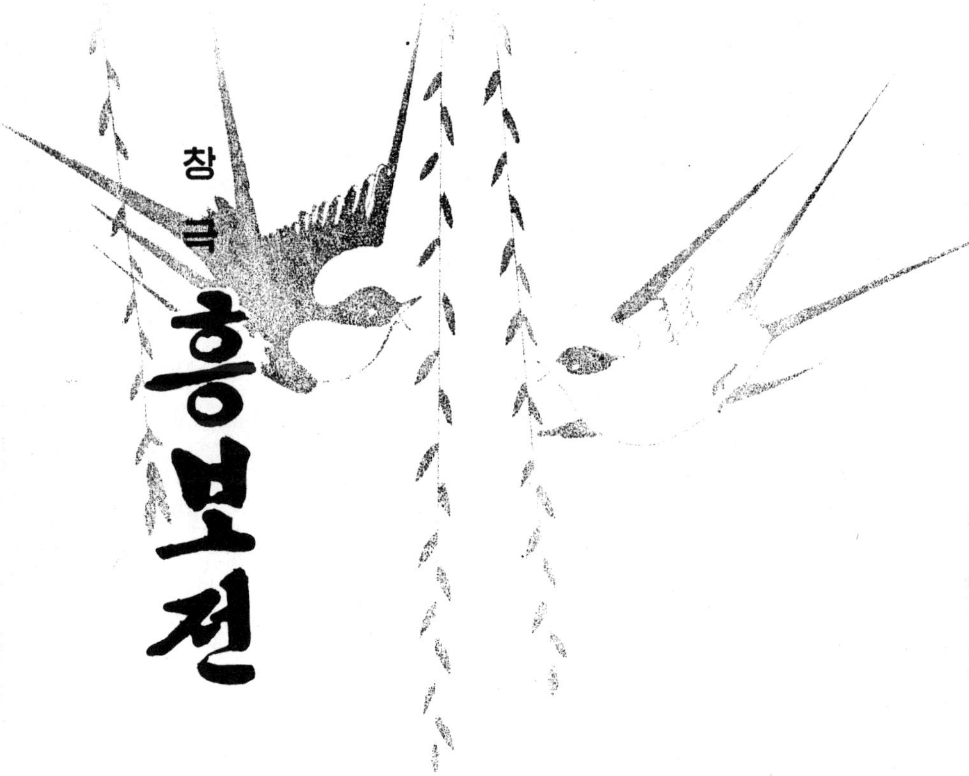

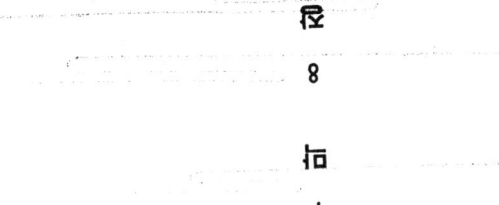

7막 8장

나오는 사람들

놀 보
놀보 마누라
마당쇠 (놀보 집 머슴. 로총각)
룡서방 (놀보 집 머슴. 이름은 방울쇠)
삼월이 (놀보 집 종)
홍 보
홍보 마누라
일년쇠 (맏아들)
이년쇠 (둘째아들)
차돌이 (셋째아들)
쇠돌이 (넷째아들)
연 이 (큰딸)
언년이 (둘째딸)
순 이 (셋째딸)
또순이 (넷째딸)
호 방
칠성이 (홍보네 이웃에 사는 총각)
점 례 (홍보네 이웃에 사는 계집애)
세 선비와 오남매와 그 하인.
——그밖에 홍보네 이웃사람들.
군평이 (놀보박 타는 삯군)
태평이 (놀보박 타는 삯군)
군중 1, 2, 3,
——그밖에 놀보네 이웃사람들.

홍보박에서 나오는——

월궁선녀와 그 하인들.

목수 이하 각색 장인.

놀보박에서 나오는——

로승과 상좌중들.

사당패와 거사떼.

풍각장이, 각설이, 외초란이.

팔도 무당들.

장군과 수하 군사들.

강남의 제비왕과 제비들.

* * *

제 1 막

계절은 겨울

놀보 집

제 2 막

(제 1 장)

그 이듬해 3월 3질

홍보 집

(제 2 장)

1장의 뒤를 이어 그날 낮때

읍내 호방 집

(제 3 장)

2장의 뒤를 이어 그날 석양

홍보 집

제 3 막

(제 1 장)

제2막에서 석달후

놀보 집

(제 2 장)

1장의 뒤를 이어 그날 석양

흥보 집

제 4 막

제3막과 같은 해 9월중순

강남 제비나라

제 5 막

제4막의 이듬해 8월 추석

흥보 집

제 6 막

(제 1 장)

제5막에서 달포후

놀보 집

(제 2 장)

1장의 이듬해 춘3월

놀보 집

(제 3 장)

2장과 같은 해 여름

놀보 집

제 7 막

다시 해가 바뀌여 이듬해 가을

놀보 집

제 1 막

계절은 겨울.
때는 석양.

놀보 집 사랑채 방과 마루.

마당에는 담불담불 로적들이 쌓여 있다.

막이 오르면

놀보 마루에 도사리고 앉아서 치부책 뒤적이며 주판을 놓고있다.
바른편에 루심해온 돈꾸레미.
무엇이 오려는지 날씨가 음산한데 이따금 바람에 락엽이 휘날리고,

밖에서는 아이들의 노는 소리 들려온다.

소 리 인경 뗑—
바루 뗑—
삼경전에
꼬꾸마니 떴—다
암행어사 출도야—

소리들 꼭 꼭 숨어라
머리카락 뵐—라
꼭 꼭 숨어라
머리카락 뵐—라
—아이들 노는 소리 차츰 멀리 사라진다.

놀 보 (치부책을 뒤적이며)

이놈 마당쇠야—
(잠간 사이를 두어 좀 더 큰소리로)
이놈 마당쇠야—

마당쇠 예—

안으로서 소리 먼저 들리고, 다음에 마당쇠 멀렁 멀렁 나온다.

놀 보 (그를 빤히 내려다 보며)
마당쇠 네 이길로
돌이한테 건너가서
계란 스물세개 값을
당장 받아오렸다—

마당쇠 (고개를 기웃하며)
샌님 그는 금시초문
계란값이 웬것이요

놀 보 지난달 열사흗날
돌이 아비 그녀석이
댁의 암탉 한마리를
사가지 않았더냐

마당쇠 샌님 닭값이야
맞돈으로 안받았소

놀 보 닭값은 받았다만
뒤에 내 들으매—
사간지 이틀만에
그 닭이 알을 낳아
그간 도합 스물세갤
받아먹었다는구나
하늘에서 떨어지랴

땅에서 솟아나랴
그 알로 론지하면
애초에 댁에서
배고 간게 적실하니
낱낱이 값을 쳐서
받아야 안하느냐

마당쇠 (너무나 어이없어 물끄러미 쳐다보다 끝 맞장구를 쳐서)
아무렴요 받아얍죠
그럼 모두 얼만가요

놀 보 알들이 크고 좋아
두푼짜린 된다마는
푼오리씩만 쳐서
1, 2, 3, 4, 5, 6, 7로
도합 서돈 너푼 하고
5리만 받으면다
그놈이 뭐라거나
네 꼭 받아오렸다—

마당쇠 그야 여부 있습니까
서돈 너푼 5리랍죠

—마당쇠 돌아서서 밖으로 나가며 혼자서 두덜두덜…

마당쇠 원 그 알들이 대체 어떤 알이라고
백죄 그놈이 공으로 먹으려 든담…

—안으로서 놀보 마누라 장죽을 손에 들고 흔들거리며 나온다.

마누라 여보 령감 작년 섣달에 섭섭이네
가 꿔여간것도 이번에 받아왔

소?

놀 보 음—받아왔지.
(돈꾸레미 하나를 집어들어 보이면서)
설흔일곱냥 닷돈…

마누라 (마루끝에 걸터앉으며) 아니 웬게 그렇게 되나? 나는 열냥 뀌여간줄만 아는데…

놀 보 허—우리 마누라가 천지만물의 늘고 또 주는 몫을 도무지 모르는군 그래.

전곤이 배판할제
만물이 번성하여
귀할손 인생이요
천할손 짐승이라
길짐승도 3백이요
날짐승도 3백인데
날짐승은 알을 까고
길짐승은 새끼 치니
내 돈 열냥인들
어이 그냥 있을소냐
(주판을 집어들며)
자—내 구구를 놀테니 마누라 보소.
4, 9 삼십륙계중에
줄행랑이 제일이요
6, 8이 사십팔자 글러
빌어먹게 마련인데
8, 8이 륙십사랑이야
어이 진작 못만났노

7, 7이 사십구곡 간장
널로 인해 다 녹는다

자ㅣ마누라 보소. 본전 열냥이 그간 1년에 알이 알을 까고 새끼가 새끼를 쳐서 설흔일곱냥 닷돈이 아니 되나.

마누라 (입을 딱 벌리고 쳐다보다가 그만 좋아서) 아이고 우리 령감이 구구도 잘 노시고 돈속도 환하시지. 원 아주버니 같아서야 열냥으로 알을 까고 새끼를 치긴세레 본전도 못건지고 번번이 떼우겠다.

놀 보 (홍 코웃음 치고) 홍보 말이지? 아 그놈이야 제 밥도 변변히 못찾아먹을놈이지…

마누라 참, 밥 얘기가 났으니 말이요. 거번에 왜 령감이 바루 재워나 줄드키 방으로 불러들였다가,

서산에 해는 지고
잘새는 날아들제
등을 밀어 내여쫓은
과객 하나 있지 않소

놀 보 (대수롭지 않게) 부모 찾아 나섰다는 총각녀석 말이로군

마누라 아니 그 총각 말고
환진갑이 다 지나서
눈섭까지 하얗게 센
령감 하나 안 있었소

놀 보 옳지 통마을 산다던가

그 늙은이 말이로군

그래 마누라

그 늙은이가 어쨌다고?

마누라 참따케 가는 사람
굳이 불러 들였다가
해 곧 지자 내쫓으니
이런 인사 또 있는가—
그 늙은이 두덜두덜
욕을 하며 나가는데
밖으로서 들어오던
아주버니 거동 보소
늙은이를 달래면서
머슴방에 끌어들여—

놀 보 (마누라 하는 말을 끝까지 듣도 않고 굼시에 안색이 홱 달라지면서)
아 그래 그 늙은일 밥을 먹였어?… 원 저런 집안 망할놈이 세상에 어디 있나?

마누라 (눈웃음 치며)
령감도 딱도 하오. 내가 있는데 군식구 밥이 왜 나가오?
아주버니 어진 마음
자기 밥 저 안먹고
그 늙은일 먹였지그려

놀 보 아니 그럼 흥보놈이 판판이 저는 굶고? — 그놈이 아무래도 성치는 않다니까…

마누라 그나 또 그뿐이요
「아이고 어르신네가

그 무거운 짐을 지고
밤길 수십리를
어떻게 가시겠소
나는 젊었거니
돌인들 무거우리」

아주버니 어진 마음 짐을 굳이 벗어
달래 몸소 지고 나섰는데 그이 집이
룡말서도 시오리나 더 간다니— 가
고오고 구십리라 집까지 바래주고
되짚어 오느라니

그날따라 강추위에
배고파 다리아파
두눈이 다 파먹은
김치독이 되였구료

놀 보 (어이없는듯 혀를 끌끌 차며)
그놈의 오장은 어떻길래 그러할가?
그놈이 아무래도 성하지는 않지그려…

—밖으로서 마당쇠, 덜렁덜렁 들어온다.

놀 보 그래 너 받아왔냐?

마당쇠 받아오긴 고사하구 물어주게 생겼쉐다.

놀 보 (금시에 눈을 부라리며) 물어주게 생겼다니 이놈아 그게 웬 말이냐?

마당쇠 무어 샌님께서 돌이 어미 품삯을 덜 주신게 있다면요?

놀 보 돌이 어미 품삯이란 올봄 잔치때에 댁에 와서 사흘동안 일한것 말이겠지 원 그놈 미쳤고나.
하루에 닷돈씩

사흘 품삯 한냥 닷돈
맞돈으로 주었는데
무에 또 남았다냐

마당쇠 샌님—
돌이 어미가 며칠전에
몸을 푼걸 아십니까
낳고보니 세 쌍둥이
모두가 딸이온데
그 당시에 그것들을
배고 와서 일했으니
세사람 품삯을
더 쳐주어야 안하겠소
돌이 아비는 그럽디다— 품삯 넉냥
닷돈에서 계란값을 예고보니 넉냥
에 귀가 달려 한돈 오푼 오리인데
어떻게 샌님께야 그걸 다 받겠느냐.
부리는 떼버리고 넉냥만 주시며는
셈이 다 됩니다구—

놀 보 그것 참…
(너무나 어처구니가 없는듯 입을 딱 벌리고 멀거니 마당쇠의 얼굴만 보며)
그러나 돌이 아비라는게 제법 그런거
궁리해낼 위인이 못되는데…
(갑자기 마당쇠를 노려보며 호령조로)
이놈—
네가 훈수나 안했더냐

마당쇠 천만의 말씀이요

마누라 (오히려 령감보다 한술 더 떠서)
무얼, 령감—

훈수커녕은
애당초에 녀석이
돌이한테는 가도 않고
제가 그저 자작으로
하는 소리 아니겠소

마당쇠 아이고 마님도…
그럴법이 있소오리까

놀 보 그놈이 정녕 그랬다면 거 참, 말 못
할놈이다.

마당쇠 말은 바로 말씀이지 참으로 말 못할
놈이지요.
(말을 마치자 어슬렁어슬렁 밖으로 나가려 든
다.)

놀 보 너 이놈 어디 가냐?

마당쇠 또 할 일 있습니까?

놀 보 할 일이라 할 일이라
할 일이라 할 일이라…
외양간 고치던전
어찌나 되였느냐

마당쇠 벌써 다 끝냈습죠

놀 보 벌써 다 끝을 냈다
도끼 베러 오란것은
또 어찌 하였느냐

마당쇠 도끼는 말도 마오
낫까지 베러 왔소

놀 보 낫까지 베러 왔으니 그럼 당장 할 일
은 없다마는…
그런 때는 슬슬 놀며 마당도 쓸고

그러는게니라.

마당쇠 (소리를 내여 껄껄 웃으며) 그래 참 슬슬 놀며 마당이나 쓸어 보자

―마당쇠 비를 들고 마당에 떨어진 락엽을 홰홰 한옆으로 쓸어붙인다.

놀 보 (또다시 돌이 아비 생각을 하고) 뛰는놈우에 나는놈이 있다더니… 원 그놈 말 못할놈이로다.

(문득 무슨 소리에 귀가 번쩍 띄여 마당을 내려다보며) 이놈아 그게 뭐냐? 돈소리가 난듯 한데…

마당쇠 (시치미를 뚝 떼고) 어디 무어 말씀이요

마누라 검불앞에 그게 뭐냐?

놀 보 옳지옳지 돈이로구나. 거 이리 가죠나라

마당쇠 오―라 이거 말씀이요? (땅에서 돈 한푼을 집어들고 들여다보며) 아이고 코가 문었고나― 건넌집 섭섭이가 어제낮에 예서 놀다 돈 한푼을 잃었다고 대고 울어 싸더니만… 이게 바로 그 돈이군.

놀 보 (손을 앞으로 내밀며) 이놈아 잔말 말고 냉큼 이리 가죠나라. 내가 봐야 알지그려.

마당쇠 자―요. (갖다준다.)

놀 보 (받아서 손에 들고 앞뒤로 살펴보며) 앞으로 살펴보고 뒤로 또 자세 봐도 성명 삼자 없었으니 뉘 돈인줄 어이 알리,

길섶의 개똥참외
먼저 본 이가 임자라고
이 돈은 내 돈일다.

여보 마누라—

내가 올봄에
립춘을 써붙이되
이글지글 좋은 글을
모두 다 마다하고,

「개문에 만복래요
소지 황금출」을
별로히 좋아라고
대문에 붙였더니,
짜장 오늘 마당 쓸다
돈 한푼을 얻었구료.

(돈 한푼 손에 들고 덩실덩실 춤을 추며)

허 허 돈 돈 돈 봐라
얼시구나 돈 봐라
절시구나 돈 봐라,

잘난 사람도 못난 돈
못난 사람도 잘난 돈
생살지권을 가진 돈
부귀공명을 말은 돈
있는 정도 없는 돈
없는 정도 있는 돈

이놈의 돈아
어디를 갔다가 이제 왔느냐

허 허 돈 돈 돈 봐라
얼시구나 돈 봐라
절시구나 돈 봐라

—안으로서 삼월이 나온다.

삼월이 샌님 진지 잡수십쇼
마님도 어서 들오세요

마당쇠 (그 말 듣자 비질하던 손을 멈추고)
저녁이 되였다니
그럼 나도 들어갈가
이번엔 슬슬 놀며
밥이나 또 먹어보자

—밖에서 아이들 노는 소리 다시 와글와글 들려온다.

마당쇠는 어슬렁어슬렁 안으로 들어가고

삼월이는 몇걸음 앞으로 나와 밖을 향하고

삼월이 아씨아씨 작은 아씨
어서 들어와 저녁 잡수
이 도련님 저 도련님
어서 다들 들어오우

—말소리가 한번 떨어지자, 사내 기집애 큰아이 작은아이 밖으로서 뒤를 이어 쪼르르 몰어와서는 다시 또 안으로 쪼르르 달려들어간다.

—놀보 어리둥절, 서서 본다.

마누라 (아이들의 뒤를 따라 안으로 들어가려는 삼월이를 흘겨보며)
아니 이년아—장난에 팔려서 놀고
있는 애기들을 그렇게 기가 나서 불
러들일건 무엇이냐?

삼월이 (어처구니가 없는듯 마님 얼굴을 빤히 마주 바라보며)
아이고 마님도… 저번엔 또 뭐라셨

소? 꼭꼭 제때에 불러들여 먹이라
고—
「언세 먹으며는
제밥 아니 먹겠느냐
오히려 허기가 지면
더 먹으려 들지그려」

마누라 아 바로 마님 입으로 그러시지 않으
셨소?
(오만상을 찡그리며)
애고 이년아 듣기 싫다. 냉큼 들어
가지 못하느냐?
—삼월이, 흥! 코웃음 치고 안으로 들어간다.

놀 보 (그때까지 흥사 얼빠진 사람 모양 멀거니 서
있다가)
아니 여보 마누라. 홍보놈의 새끼들
이 모두 몇이지?

마누라 몰라서 물으시오? 열둘이라오 열둘
이요.

놀 보 (나가 자빠질번 놀라며)
아이고 하느님 맙시사— 한죽이 넘는
구나…
(문득 고개를 기웃하고)
가만있자— 그놈이 장가든지 십년밖
에 더 되였나? 십년에 열둘이란 구
구가 안맞는데…

마누라 아이고 령감, 원체 년년생인데다 쌍
태가 두번이니 그렇게 안되겠소?

놀 보 (힘없이 그 자리에 털버덕 앉으면서)
어휴— 열둘이라…

마누라 (곁눈으로 그 꼴을 바라보며 흥! 코웃음 치고)
열둘이면 단줄 아오? 앞으로 한 십
년은 더 봐야 할걸요.

놀 보 아이고 그것들을
언제 다 키워서
사내자식 장가들여
딸자식은 시집보내…
아이고 이것들아
나를 생으로 잡아먹어라

마누라 (입을 삐죽, 코웃음 치면서)
후제 생각 하시고서
령감은 그러시나—
나는 당장 하루하루
조석쌀 낼적마다
살이 쭉쭉 내리는건
아마도 모르시리…

놀 보 저것들만 아니라면
량식도 얼마 안들렸다

마누라 아, 우리야 누가 있소
우리 식구야 단출하지

놀 보 (고개를 기웃하고 반은 혼자 말로)
내 진작 그 생각을
안한 배 아니지만
원래가 조상에게
물려받은 전장이라—

마누라 (령감 눈치를 살살 살피면서)
분재해 달랄가
겁이 나서 그러시오—
안주면 그만이지

안주는걸 굳이 달라
그럴 위인도 못됩니다

놀보 (마누라를 향하여 연방 고개를 끄덕이며)
그래그래 옳아옳아
마누라 말이 옳지그려
안주는걸 굳이 달라
그럴 위인이 못되지야
(턱으로 안을 가리키며)
그놈이 지금 있나?

마누라 (령감 서두르는 품에 도리어 놀라서)
아니 령감, 오늘로 당장에?…

놀보 (대수롭지 않게)
쇠뿔도 단김에 빼라고 안하던가…

마누라 아이고 령감, 그럼 나나 들어가전…

—놀보 마누라 허둥지둥 안으로 들어간다.

놀보 (먼 산을 바라보며 혼자서)
이놈을 불러놓고
처음에 한두마디
온언순사로
일러 안들으면—
일호 용서없이
그때는 호령이다
(중얼대며 마루에서 내려서려다가)
혹시나 이놈이 저 줄걸로나 알어라…
(돈꾸레미를 재빨리 방안에 들여놓고 대돌로 내려서며 안에다 대고)
이애 홍보야—, 홍보야—

소리 네—

—안으로서 흥보 급히 나온다.

흥 보 형님, 저 부르셨습니까?

놀 보 (입가에 뜻모를 웃음조차 띠우고)
내 네게 이를 말이 있어—

흥 보 (허리를 굽신하며)
무슨 말씀이오니까?

놀 보 (한껏 음성을 부드러이 하여)
이애 흥보야. 하도 말들이 많으니까,
너도 혹 들었을지 모르겠다마는—

너를 두고 동네서들
뭐라는지 너 아느냐

「형제라 하는것은
어려서는 함께 살되
실가를 갖춘후엔
따로 살기 마련이언만
연생원댁 작은분은
어찌 된 사람이게
형님 하날 바라고서
무위 도식 지내오니
우리네들 보기에도
가증하기 짝이 없네」
모이면 입짓 코짓
중구난방 비웃는 꼴
내사 차마 못보겠다
그려하되—, 언즉 시야로 말인즉
옳으니,
베 자수성가 기약하여
네 처자 녀 데리고

오늘 당장 나가살라

흥 보 (듣고 깜짝 놀라)
형님 그게 웬 말씀이요
형제는 수족 같다
고인도 일렀거늘

이제 우리 형제
서로 각산 하고보면
형제간의 돈목지의
어디 가서 찾으리까
종작없는 남의 공론
치지도외 하옵시고
부디 형님 다시한번
생각하여 보옵소서

놀 보 (바로 점잖게 타이르는 말씨로)
이애 흥보야 언제나 사람이란 믿는 구석이 있고보면 아무 일도 안되나니, 네 한번 따로 나서 내 말대로 하여보되—

산중대 제일촌
팔도 잡놈 다 모인 곳
으슥한 곳에 자리 잡고,
놀음판 뒤서들이
투전골패 불공빼기
갖은 안주 술상 차려
처자 시켜 팔고보면
호기있는 남자들이
술값만 내겠느냐

희학질 웃음끝에, 그저 돈을 쑥쑥 내
놀것이란 말이다. 이렇게저렇게 내 말
대로 한 삼년 해보아라.

―안으로서 마당쇠와 룡서방 나와 저만치 서서
가만히 보고있다.

흥보 (아무리 형이라도 너무나 말같지 않아)

아이고 형님―
처자 시켜 술팔라니
그게 어인 말씀이요
남의 의논 생각키로
그 말씀을 하오리까
어놈이 주려 죽는데도
그짓은 못하겠소

놀보 (그제는 불량하게 두눈을 부라리고 언성을 한층 높여)

이놈, 싫거든, 네 그만두려무나.

사람이 태여날제
분과 복이 정해있어
잘살아도 내 팔자요
못살아도 네 팔자라
만약 지체하다가는
살륙지변 날것이니
어서 빨리 못나갈가―

흥보

아이고 형님
이 엄동설한풍에
수다 식솔 거느리고
어딜 가면 사오리까

지리산으로 가오리까
태백산으로 가오리까
백이 숙제 주려 죽던
수양산으로 가오리까

놀 보 이놈—
너 갈데로 가려무나
그걸 내가 안다더냐

흥 보 (기가 막히나 할일없어 안으로 들어가며)
아이고 여보 마누라
형님이 나가라시니
이 노릇을 어이 하오

흥보 마누라 (안으로서 마주 나오며)
예서 나도 다 들었소
뉘 분부라 거역하며
뉘 말씀이라 안들으리까
그러나 여보 령감
오늘은 늦었으니
래일아침 떠나도록
그 한 말씀이나 드려보오

놀 보 (그 말 듣자 곧 목소리를 가다듬어)
이놈 흥보야. 네 지금 당장에 못나갈가?

—호령이 떨어지자 흥보 마누라 아예 단념하고 급히 안으로 들어간다.

흥 보 아이고 형님, 나갑니다.
(안으로 들어가며)

여보 마누라
형님이 당장에 나가라시니
어찌할길 있으리까
아이들이나 챙겨보오

—바람 한차례 불고 눈 뿌리기 시작하는데 흥보 마누라의 소리 안으로서 들려온다.

소리 일년쇠야 어디를 갔느냐
이년쇠야 이리 오너라.

—놀보 대돌우로 올라가서 떡 뒤짐지고 선다.
마당쇠와 룡서방, 서로 눈짓하고 놀보앞으로 나간다.

마당쇠 아뢰옵기는 황송하오
샌님 동기간에
이럴법도 있으리까
이 엄동설한풍에
방 한간 마련없이
아기들을 앞세우고
어디로 가시라오
마오마오 그리마오
동기박대를 그리마오

놀보 ……
(먼 산만 바라보고 동하는 기색이 전혀 없다.)

룡서방 샌님도 듣죠시오—
분가를 하신대도
선대조의 전장지물
앞뒤고에 쌓였으니
조금 노나드린대도
손복은 안되시리
샌님 부디 통축하오

놀보 (도끼눈 뜨고 마당쇠와 룡서방을 번갈아 내려다 보며)

허 그놈들 오지랍도 넓기도 하다. 동기간에 어찌하든 너희 알배 아닐지며

부모의 전장지물
아무리 많다해도
장손차지 당연한데

하물며 이 세간은
내가 장만하였으니
뉘라서 달라할고

네 이놈들, 냉큼 물러가지 못할가?

—마당쇠와 룡서방, 더 못 권하고 물러설 때, 안으로서 흥보 옷갓하고 앞을 서고 아이들 우줄우줄 뒤를 따라 나온다. 이사를 간답시고 흥보에게 무슨 세간이 있을고— 그저 텁수룩하니 보퉁이가 몇개… 행색이 자못 초라하다.

끝으로 흥보 마누라 젖먹이를 들쳐업고 삼월이와 나온다. 삼월이는 옷고름으로 연해 눈물코 물을 씻는다.

흥보 (처자를 놀보앞에 죽 늘어세우고)

형님 갑니다
부디 안녕히 계시옵소서

놀보 (싱그레 웃으며)

치운데 어린것들
병 안나게 해주어라.

아이들 (일제히)

큰아버지

안녕히 계십시오

놀 보 오— 잘들 가되
다시 올건 없느니라

삼월이 (앞으로 나와) 서방님 망극하오
아씨 어디로 가십니까
도련님과 아가씨들
오죽이나 치웁겠소

마당쇠와 콩서방 (앞으로 함께 나와) 초년 고생은
은을 주고 산다하니
부디 락담 마옵시고
후분을 보사이다.
아씨 서방님
안녕히 가십시오
군자같은 그 심덕에
어딜 간들 못사시리
부디 자수성가 하시여서
복 많이 누리소서

흥보 내외 (작별을 애끼며) 마당쇠야 방울쇠야
삼월이도 잘있거라
정처없는 길이어니
훗 기약을 어이 두리
나는 떠나간다마는
너희들은 언제까지
생원님 모시고서

부디 잘들 지내거라

—동지달 짧은 해라, 해가 지면 바로 밤이다. 어둠은 소리없이 발밑으로 기여들고, 흰눈은 분분히 머리우에 흩날린다.

흥보 (아이들 데리고서 밖으로 나가려다 다시 걸음을 멈추고 서서)

아이고 이를 어쩔거나
부모님 살아 생전에는
네것내것 가림없이
먹고 입고 쓰고 남아
세상 분별을 몰랐더니
흥보의 신세가
일조에 이리 될줄이야
낸들 어이 알았으랴
여보 마누라—

마누라 아이고 여보 령감—

내외 어느곳으로 찾아갈가

마누라 산중에 가 사자 한들
적막하여 살수 없고

흥보 포구도방 찾아간들
어수질 못하니 살수 없고

내외 충청도 가 살자 한들
량반 등쌀에 살수가 없으니
어느곳에 가 산단말이냐

—지향없는 발길이 갈 곳을 몰라하는데 어둠은 짙어오고 눈은 내려쌓인다.

—막—

제 2 막

제 1 장

그 이듬해 춘3월, 3월도 3질날.

산중의 흥보 집.

산중에 외따로, 초고만 언덕우에 우뚝하니 서있는 집. 판소리에 이르는바,

「…집끌이 말 안되여, 문밖에 세우 오면 천장에 큰 비방울, 부엌에 불을 때면 방안은 굴뚝 되고, 흙 떨어진 윗대 궁기 바람은 살쏘듯이, 살만 남은 헌 문짝 공석으로 창호하여 방에 반듯 드러누워 천장을 망견하면, 개천도 붙인듯이 이십팔수를 세여보니」—라는 집이다.

흥보 솜씨로 자작 지어놓은 집이 오죽하랴. 제법 반듯하게 집터를 깎을줄도 몰라, 비탈진 언덕에다 지형 생긴대로 그냥 집을 앉혀놓았는데, 량옆에 마주 섰는 소나무를 의지하여, 바른편 나무로는 그대로 한쪽 기둥을 삼아버리고 왼편 나무의 옆으로 쭉 뻗친 가지로는 들보를 삼은것이 익살맞다.

3간 두옥이라지만 이것은 방 한간 부엌 한간 단지 2간인데, 그나마 웃목 벽은 치지도 않아, 그대로 버려두면 방인지 헛간인지 분간하기 어려운걸 공석 몇잎으로 가려놓아, 바람만 조금 불어도 너울너울 춤을 추니 그리로 아이들이 무상출입하기 십상이라, 가위방 문을 걸어놔도 출입에는 거칠배 없고,

얻어다 달아놓은 헌 문짝이라고 문살은 아래두리에만 남아있어, 우에다는 거적을 달았으니, 제대로 열고 드나들면 방문이나, 문을 닫아놓은채 거적만 들치면 그때는 창이라, 방안에 앉아서도 세상일이 환하다.

왼편은 숲.

바른편은 언덕길.

터지기로 말하면 사면이 그대로 광활하나, 사람사는 집이 그래도 그럴수 없다고 길옆으로 울타리를 쳤는데 수수깡이 모자라서 그나마 시늉만 내다

말았다.

막이 오르면

화창한 봄날 아침.
무대는 비였고,
바른편 길아래 끝짜기에서 빨래방망이소리 들리다가 바로 멎는다.

—집안에서 아이들 투정하는 소리 들린다.

소리 1 나 좀 더 줘 응? 언니.

소리 2 나두 응? 누나.

소리 3 더 주고싶어도 없는걸 어떻거니…

—바른편 끝짜기로서 홍보 마누라, 머리에 빨래광주리 이고, 손에 방망이 들고 올라온다.

—방에서 그대로 아이들 소리 난다.

소리 1 난 쪼끔 주고…

소리 2 이애, 정말은 내가 그중 쪼끔 먹었단다.

소리 3 그까짓 나물 한 바구니가 얼마 되너?…가만 있거라. 그러지 말고 우리 모두 나물하러 갈가?

소리 2 그래, 그래.

소리 1 나도 가, 응? 언니.

—홍보 마누라 저모르게 한숨 짓고 울타리에다 빨래를 널 때, 부엌으로서 연이, 한손에 바구니 또 한손에 호미 들고 앞을 서고, 뒤따라 또순이는 식칼, 쇠돌이는 쇠꼬챙이 들고 차례로 나온다.

또순이 엄마 엄마, 우리 나물하러 간다—우.

마누라 오냐 착하다. 어서 많이들 해오너라.

연이 (아이들 데리고 뒤로 돌아가려다가 문득 왼쪽 숲속을 바라보고) 어머니, 아버지 들오셔요.

쇠돌이 (저도 그편을 보며) 어디 저게 아버지야 앞집의 칠성이지.

연 이 자세 보고 말을 해라. 칠성이 앞을 세고 뒤에서 안오시니.

마누라 (남은 빨래를 마저 다 널고나자, 부리나케 아이들 곁으로 오며) 아버지가 오셔? 나무해가지고?…

또순이 칠성이는 빈 지게야.

쇠돌이 아버지도 빈 지게고…나무한거 또 뺏겼나

연 이 (연이 그런말 말라고 쇠돌이보고 눈짓하고 어머니의 기색을 한번 흘깃 살핀 다음) 애들아 어서 나물이나 하러 가자.

아이들 응. 같이 가—

—아이들 뒤로 돌아가자,

숲속으로서의 흥보의 노래소리 들리며, 다음에 흥보 빈 지게 등에 지고 살구꽃 한송이를 꺾어서 손에 들고 시름없이 들어온다. 뒤따라 칠성이 역시 빈 지게로 들어온다.

흥 보 이때는 어느때뇨
3월 동풍 방춘시라
봄춘(春)자 올래(来)자는
좋을호(好)자 때시(时)자
피는것은 꽃화(花)자
우는것은 새조(鸟)자
양류간의 저 꾀꼬리
짝을 불러 노래하고
살구꽃 복숭아꽃
피여 만발하였건만
어이하여 내 가슴엔
시름만 가득한고

대성아 우지 말아
누에 쳐야 뽕을 딴다

마누라 (그사이 말없이 두사람의 기색만 살피고 있다가 마침내 입을 열어)
왜 그냥 왔소?

흥 보 ……
(말없이 먼 산만 바라본다)

칠성이 아주머니 이번에도
남 존 일만 또 했다오

마누라 남 존 일만 하였다니
이번에도 또 뺏겼어?
아이고 저를 어찌할고
뉘 산에서 나무를 했게…

—새소리를 들린다.
멀리서 소쩍새
가까이서 뻐꾹새
하늘 중천에 소리개

—흥보 노래하며 한옆에 지게 벗어놓고 돌우에 앉는다.
칠성이는 지게를 진채 그 곁에가 선다.

칠성이 (흥보의 노래를 받아)
집은 방장 새려는데
소리개는 비—우

쌀 한숨 없는데
저 새소리는 솥작작

포곡은 운다마는
논 있이야 농사짓지

칠성이 뉘 산은 무슨 뉘 산
재넘어 큰 산이죠

마누라 재넘어 큰 산이면
임자없는 산 아니냐

흥 보 (그대로 먼 산을 바라보며)
임자없는 산이라도
돈있고 세있는놈
제 산이라 우겨대고
우격으로 뺏어가면
우리같이 세없는놈
뺏겼지 별수 있나

마누라 (혀를 차며)
령감이 너무 순해
남들이 넘봅니다
아무리 말세라서
법이 없다 하기로니
그럴데가 있으리까
그게 어디 말이 되오

흥 보 허, 허, 허…
(서글프게 웃은 다음)
순하지 않으며는
무슨 도리 있으리까
최판서댁 조가라면
마누라도 알아보리

마누라 최판서댁…
(가만히 한마디 뇌여보고 저모르게 한숨진다)

칠성이 돈없고 세없는 사람은 그저 죽기로

만 마련이니, 이놈의 세상이 이래가
지고야…

마누라 그러기에 말이다.

칠성이 어머니가 기다리실테니까 그만 가겠에요.

마누라 잘 가거라.

칠성이 (흥보를 향하여) 안녕히 계세요.

흥 보 ……(생각에 잠겨 진성 고개만 두어번 끄덕인다)

—칠성이 언덕길로 내려간 뒤, 잠간사이.

흥 보 (다시 먼 하늘을 우러르며)

나 어이 살거나
나 어이 살거나

장사를 하자 한들
밑천 없어 못하겠고
농사를 짓자 한들
땅 없어 못짓겠네
개울바닥 자갈밭
산밑의 모래땅을
밭이라 일궈놓고
씨뿌릴만 하게 되니
이놈저놈 다 나서서
제 터라고 주장이요
엄동이라 설한풍에
심산궁곡 찾아들어
겨우내 해온 나무
임자가 열둘이라

어이나 살거나
어이나 살거나

—잠간사이.

마누라 (문득 무슨 좋은 궁리라도 생긴듯이)
여보 령감—

홍 보 ……
(물끄러미 마누라를 쳐다본다)

마누라 김동지집 들렸다가
소문을 들었는데
이번에 나라에서
과거를 뵌다 하여
유참봉댁 큰 자제도
수일래로 떠난다고—
우리 령감도
과거나 한번 봐 보시지

홍 보 (무슨 말을 하나 하고 듣다가 다시 먼 하늘로 눈을 돌리며)
과거를 보아라
과거를 보아라
마누라 날더러
과거를 보아라…

마누라 령감 듣조시오—
조선의 공도라곤
과거 하나라 안합디까
돈없고 세없어도
글 잘하면 뽑히겠지
이십년 배운 글을

두었다 뭣에 쓰료

흥 보 허 허—마누라
허허 우리 마누라
벼슬도 돈을 받고
팔고 사는 이 세상에
파거가 공도란 말
그도 다 옛말이라
장원할놈 급제할놈
미리 다 정해놓고
보이는 그 과거에
무슨 수로 뽑힐거며
설사 또 뽑힌대도
벼슬하기 원치 않네

3정승 6판서로
탐내느니 뢰물이요
8도 감사 각읍 수령
일삼느니 가렴주구
굶으면 내 굶었지
판 쓴 도적이야 될가보냐

마누라 (더 권하지 못하고 잠시 멈멈히 있다가)
여보 령감—
거기나 좀 가보실가

흥 보 거기라니 어디 말이요

마누라 재 넘어 형님댁—

흥 보 (어이없는듯 마누라 얼굴을 빤히 쳐다보며)

형님댁에 가보란 말
열두번도 더 들었네
형님댁에 괜히 갔다
보리나 타오라고…

마누라 아이고 령감—
배부른 소리 작작하오
쌀보다 늘우 먹고
보리며는 더욱 좋지

흥 보 (더욱 어처구니가 없어)
허 허 우리 마누라
보리라니까 마누라는
갈보리 봄보리
늦보리로 아나보이

마누라 내 말 듣소—
우리 형님 그 어른이
음식끝을 보랑이면
사촌을 몰라보고
무푸레 몽둥이나
박달나무 방망이로
함부로 치는 성품이니
그런 보리야
어느놈이 타러 가리

마누라 애고 그게 웬 말이요
동냥은 아니준들
쪽박마저 깨치리까
되나 아니되나

허사 삼아 가보시지

흥 보 …… (장히 난처한듯 땅만 내려다 본다)

마누라 주시고 안주시고
처분에 달렸으나
길을 두고 뫼로 갈가
딱한 사정 엿자옵고
전곡간에 얻어다가
굶는 자식 구합시다

흥 보 (마침내 뜻을 결한듯 고개를 번쩍 들고) 그럼 마누라, 내 나갔다 오리다.

마누라 (마음에 못내 다행하여) 지금 바로 형님댁엘 갔다 오시겠소?

흥 보 형님댁? ㅡ 아무리 생각해도 형님댁엔 못가겠고 ㅡ 줄는지 안줄는지 그건 나도 모르지만 읍내로 들어가서 호방을 찾아보고 환자나 얻어달라 청이나 한번 해보려오

(일변 말하며 집안으로 들어간다)

마누라 나중은 어찌되든 탈수만 있다면야… (령감의 뒤를 따라 안으로 들어간다)

ㅡ무대 잠간 빈다. 음악.

ㅡ이날은 바로 삼월 삼짇이라, 소상강 떼기러기 가노라 하직하고, 강남서 나온 제비 왔노라 현신할제 고대광실 다 버리고 이리저리 넘노다가 흥보 집을 찾아와서 좋을시고 지저귀며 연방 흙을 물어다가 처마밑에 집을 짓는다.

ㅡ고개너머로 쇠돌이와 또순이, 나물바구니를 좌우에서 갈이 들고 들어온다.

또순이 (문득 제비가 처마밑으로 연방 날아드는것

을 보고)

쇠돌이 야— 야— 저 새 봐라.

어디어디 무슨 새?

(저도 쳐다보고)

나는 또 뭔가 했지 제비고나 제비야…

—연이, 왼손에는 호미 들고 바른 손으로는 행주치마에 나물을 싸서 움켜쥐고 가만히 노래 부르며 돌어온다.

또순이 언니, 언니 저게 제비유?

연 이 (처마밑을 쳐다보자 금시에 눈을 반짝이며)

아이고 어쩌면… 제비가 우리 집에다 집을 짓는구나.

또순이 제비가 집을 짓고 인제 게서 살우?

연 이 그럼, 저기다 집을 짓고 알까고 새끼치고 재미나게 살지.

또순이 하, 하, 그럼 좋겠네…

쇠돌이 그래, 그럼 좋겠다…

—두 아이 좋아서, 짤짝짤짝 손벽들을 치는데, 안으로서 흥보 옷갓하고 앞을 서고, 뒤따라 마누라 나온다.

—흥보 치장이 어떠한고? 판소리에 들어보자.

「…흥보 치장 볼작시면 모자 빠진 헌 파립, 편자 터진 헌 망건 물레줄로 얽어쓰고, 다 떨어진 베중추막 열두토막 이온 떠로 흉복통 시장찮게 바드드득 졸라매고, 한손에다는 곱돌 조대, 또 한손엔 다 떨어져 살만 남은 부채 돌고…」

주제는 허술해도, 그래도 량반이라 걸음은 여덟팔자— 점잖게 걸어나온다.

쇠돌이 아버지, 제비 보세요.

또순이 엄마, 제비가 여기다 집 져.

흥 보 (아이들 곁으로 와서 자기도 처마밑을 쳐다보고)

참말… 여보, 이것 좀 보우.

마누라 (어인 까닭인지 얼굴에 추연한 빛을 띠우고, 반은 혼자말로)

아무리 미물이라지만 생각도 너무 없지…

—홍보와 아이들, 어찌하는 말인줄을 몰라, 빤히 그의 얼굴을 쳐다본다.

마누라 (애수를 띤 눈으로 제비를 쳐다보며)

앞마을 뒤마을에
고대광실 많건마는
이집저집 다 버리고
하필 여길 찾아왔니

부실한 이 집에다
네가 집을 지었다가
오뉴월 장마통에
집이 만일 무너지면

그런 낭패 또 있으랴

어서 딴델 찾아가서
완실히 집을 짓고
새끼를 치려무나

—아이들 들으며 근심이 되여 어머니와 아버지 얼굴을 연해 번갈아 본다.

홍 보 (빙그레 웃으며) 원, 멀쩡한 집을 가지고 무너지긴 웨 무너진다노?… (처마밑을 다시 쳐다보며) 저, 집짓는것 좀 보지? 하 고것들이야…

반갑고나 저 제비야
어디로서 네가 왔노

야박하다 세상 인심
부귀만 추세하여
적막한 이 산중에

날 찾을이 없었더니
고당화각 다 버리고
삼간두옥 내 집에를
네 홀로 찾아주니
반갑다 저 제비야

—아이들 좋아하며 다시 약속이나 한듯 제비 집 짓는것을 쳐다본다.

—암 전—

제 2 장

제1장의 뒤를 이어
그날 낮때.

읍내 호방 집.

바깥채 방과 마루. 우편뒤에서 앞으로 울타리 둘리고 앞쪽으로 일각대문. 담밖은 큰길에서 들어오는 골목.

무대에 불이 들어가면

일각대문 열려있고 사랑채 퇴앞에 신이 한켤레.

—호방 집을 찾아 흥보 골목안으로 걸어들어온다.

흥보

쇠전거리 들어서서
복사나무 박힌 집
복사나무 박힌 집서
두집 걸러 청대문집
청대문집 댐집이면—
바로 이 집이 기로구나

원호방이 집에 있기나 한지 모르겠다.

(문안을 기웃이 들여다보고, 퇴아래 신발이 눈에 띄자 바루 만족하여 고개를 끄덕이며)

옳지 있는게다.

(큰기침을 한번 한 뒤, 안을 향하여)

호방 있나—

호 방 (방안에서)

거 누구 왔소—

호방을 누가 찾나

흥 보 (혼자 빙그레 웃고)

호방 나야 내가 왔지

호 방 (방문을 드욱 열고 내다보며)

나라니 누구야

거주 성명도 대지 않고

나라는 사람이 누구야

흥 보 (다시한번 큰기침 하고 문안으로 썩 들어서며)

호방 나야 내가 왔지

호 방 (뜻하지 않은 손님이라 눈을 크게 뜨며)

아이고 이거

연생원이 아니시오

무슨 바람이 불었길래

연생원이 내 집엘 다 오셨나

흥 보 (퇴앞으로 가며)

호방 내가 왔지

그래 그사이
청중에 일이나 없으며
성주께서도 안녕하신지…

내가 삼십리를 왔더니마는 다리가 뻔
뻔하여, 그저 아무데고 좀 앉자.
(퇴마루 끝에가 털석 걸터앉는다.)

호방 그래 연생원
연생원이 내 집에를
오실 배 없는데
무슨 일로 와계신지
소간사를 말을 하오

흥보 소간사를 말을 해라
소간사를 말을 해라
쉬웁다면 쉬운 일
어렵다면 어려운 일
어렵다면 어려워도
쉬웁다면 쉬운 일
쉬웁거나 어렵거나
호방 처분에 달린 일
(말을 하면서도 연방 호방의 눈치를 살핀다)

호방 내 처분에 달렸다니
그게 대체 무슨 일
쉬웁거나 어렵거나
어렵거나 쉬웁거나
말을 해야 내가 알지
말을 하오 말을 하여

흥보 (차차 마음에 초조하여)
눈치속이 환한 호방

그민하면 알 일인데
정말 몰라 저러는가
알면서도 딴전하나
호방 하나 믿고 온 일
안해준다면 랑패로구나

호 방 (마음에 갑갑하여 절로 언성이 높아지며)

답답할손 연생원
내 해주고 안해주고
말을 하오 말을 하여
말을 해야 내가 알지

흥 보 (호방이 불쾌하여 하는 기색에 새로이 또 불안을 느껴)

그럼 내 말하지
호방 내가 말하지
원, 말을 하라고 해놓고, 설마하니
나 모른다 잡아떼지는 않을테지…
계도 잘 아다싶이
내 살림이 말 아닌데—
없는 사람 자식 많아
내 슬하에 열두남매
어린자식 젖 달라
큰자식은 밥 달라
징징 울고 보채는양
내사 차마 못보겠어—
그래 호방, 내 이렇게 찾아온건데—

호 방 (끝까지 듣지 않고 허, 허, 웃으며)

그만 하면 내 알았소

환자 타러 오셨구료

흥 보 (저도 좋아 같이 웃고)

옳지 옳아 환자 말이야
호방이 잘도 알아
그래 환자 타러 내가 왔어
삼십리를 허위허위
환자 타러 내가 왔어—

호 방 ……

흥 보 그래 호방— 얼마나 주겠는지? 한섬
을 줄라나 두섬을 줄라나…
한섬을 주든 두섬을 주든
호방 처분에 달렸지만—
많이 준대도 걱정일다

말이 있나 소가 있나
나 혼자서 지고 갈 일이
적지아니 걱정이로다

호 방 (어이없어 하는 얼굴로)

상말에도 이르기를 「떡줄놈은 생각
도 않는데 김치국부터 마시더라」
고— 원, 가난한 사람이 막중 국곡을
어쩌자고 달라 할고?—

여보 연생원
한섬이고 두섬이고
환자를 타 자시고
그래 무엇으로 갚으려냐
어디 말 좀 하여보소

흥 보 (새삼스레 당황하여)

가, 가, 갚는거야
아무려면 못갚을가
내가 갚지 내가 갚아
연, 연흥보가 가, 갚지그려

호방 (빙그레 웃으며 머리를 설레설레 내젓고) 그러지 말고 연생원, 매 좀 맞아보시려오?

흥보 무어, 매?— (겁이 더럭 나서, 저도 모를 사이에 비굴한 웃음이 입가에 떠오르면) 매맞는 일은 왜 하여?… 괜히 그런 얘기는 말고 환자나 타게 해주.

호방 (웃음을 거두고 정색하며) 아니 정말 매를 좀 맞으슈.

흥보 (다시 겁이 더럭 나서) 아니, 매, 매, 매라니?…

호방 곤장 말이요.

흥보 고, 곤장이라니?… 아, 나, 날더러 곤, 곤장을 맞아라?

호방 예, 연생원. 곤장을 맞았으면 꼭 좋겠소.

흥보 (호방의 말하는 품이 농담 같지도 않아, 원체 뜻밖인데다 너무나 기막히고 또한 서러워서) 아— 니 호방, 곤장이라니, 곤장이라니…

여보 호방 여보 호방
아닌 밤중에 홍두깨로
곤장 말이 웬 말이요—
내 언제 살인했나
남의 집에 불질렀나
기인취재 하였는가
주색잡기로 판들었나

술먹고 우악하여
로인 존장 몰라봤나
불충불효 아니하고
국곡투식 안했거든
곤장 말이 웬 말이요—

호방 (뜻밖에도 흥보가 격분한통에 그만 놀라고 송구하여)
아, 여, 연생원… 내, 내, 내 말씀을 좀…

흥보 (그대로 비분강개하여)

내 팔자 기박하여
남과 같이 못살고서
젊은 처자 어린 자식
날로 인해 굶주리니
그 죄로써 따진다면
유유복죄 하려니와—
그밖에는 죄가 없는
무고량민 흥보 나를
곤장이라니 웬 말인가
어디 말 좀 들어보세

호방 아, 연생원, 연생원. 그런게 아니요. 제발 좀 고정하고 내 말씀을 들어보오—

연생원도 잘 아시는
우리 고을 김좌수를
어느놈이 무고해서
감영에 가 잡혔는데—
누구든지 대신 가서
곤장을 맞고 오면

매삯으로 돈 삼십냥
맞돈으로 준다기에—
연생원을 생각하여
내 그리 말한게니
여보 연생원
부디 좀 고정하오

흥보 (듣고보니 턱없이 흥분하였던것이 제가 생각하여도 우스워, 입맛을 쩝쩝 다시면서)
에이 원, 그럼 진작 그러 말할게지,
난 또 뭐라고— 그래 날더러 매품을
팔어라?

호방 아니요 연생원. 싫으시면 그만두오.
갈 사람은 또 있으니…

흥보 아니, 뭐 싫으니 어쩌니 하는게 아니
라… 그래 참 매삯이 얼마랬지?

호방 매삯은 맞돈으로 삼십냥이요.

흥보 삼십냥 삼십냥, 맞돈으로 삼십냥이라.
그래 삼십냥 삯을 받고 매는 몇도나
맞아야 하노.

호방 (선하품을 하면서)
모르면 모르되 한 삼십도 될터이지

흥보 곤장 삼십도에 삯이 삼십냥이라면
매 한개에 꼭 한냥씩 친 모양인데, 요
새 시세가 그밖에는 더 안되나?

호방 돈이 원체 귀해놔서 그 절반 받고라
도 갈 사람은 많으리다.

흥보 시세를 모르니 그래서 한 말이요.

호방 그럼 연생원 감영엘 가보시료?

흥보 (저도 모르게 가만히 한숨짓고)
말이야 바로 하지 환자를 탄다 하고
호방 말맞다나 무슨 수로 물어놓겠
소?

호방 잘 생각하셨소.
(방으로 들어가더니 연상앞에 가 앉으면)

편지 써서 드릴테니
영문 사령 갖다주면
혹시나 매를 쳐도
제가 헐장 할것이요
김좌수도 장청에다
돈백이나 보낸다니
연생원 과도히
념려할건 없습닌다

(일변 말을 하며 일변 또 붓을 들어 두어자 적는다.)

흥보 고마운 말이요
돈도 돈이려니와
호방 편지 한장이면
별 일은 없을테지

(혼자 고개를 끄덕이다, 문득 생각이 나서)

그런데 여보 호방—
우리 동네 피쇠아비가
만약 이걸 아는 날엔
발등을 디디여
먼저 가려 들것이라…
부디 이 말 내지 마오
소문 냈단 큰 랑패요

호방 (편지를 다 써서 접으며 빙긋이 웃고)

연생원도 다심하지
글랑은 념려마오
그럼 내 돈 댓냥을
우선 내여 드릴테니

그걸로 로자하여
평안히 다녀오슈

—말을 마치자 호방, 절거덕거리며 돈궤를 연다.

—입을 떡 벌리고 목을 길게 늘이어 그편을 바라보는 흥보의 표정이 자못 복잡하다.

—암 전—

제 3 장

제2장의 뒤를 이어
그날 석양.
흥보 집.

무대에 불이 들어가면

집안에 인기척 없고, 제비들 지줄대는 소리만 들리는데,

—한편 어깨에 보퉁이 하나 걸머지고, 흥보 술이거나하여 언덕길로 올라온다.

흥보 얼시구나 좋을시고
지화자 좋을시고
아니나 노지는 못하리라
(길에가 떡 버티고 서서 집안을 향하여)
여보 마누라—
우리 마누라 어디 갔나
돈 들어가신다
거적문 열어라

—방문에 처놓은 거적이 펄쩍 들리더니, 아이 셋이 일시에 머리를 쑥 내밀고.

차돌이 야— 아버지다.

쇠돌이 밤중에나 온다고 엄마는 그러더니 아버지 일찍 왔다.

또순이 (방안을 향하여) 엄마— 아버지 일찍 왔어.

—머리들이 일시에 안으로 들어가더니, 다음에 웃목 벽에 처놓은 공석이 펄쩍펄쩍…, 차돌이 쇠돌이 또순이가 차례로 뛰여나온다.

흥 보 (혀를 차며) 원 저것들, 벽으로 드나들지 말라고 그렇게 일러도…

—방문을 떡 열고 순이가 나온다.

흥 보 (자못 만족해서) 그래도 저건 좀 크다고…

—집앞에 가 나란히 아이들 늘어서서,

차돌이 아버지 얼굴 봐라
왜 저리 빨가실가

쇠돌이 읍내에 들어갔다
무슨 무안 당하셨나

또순이 아니다 나는 알지
술먹어 빨강단다

순 이 (또순이를 돌아보며) 술먹어서가 뭐냐? 약주를 잡숴서라고 그래야지.

흥 보 (더욱 만족하여) 그렇지 약주를 잡쉈다고 그러는거다… 그런데 정말은 약주가 아니라 막걸리란다. 하, 하, 하… 아버지가 오늘 막걸리 참 많이 먹었다—

읍내서 한돈어치
작은말서 반돈어치
돈반어치 막걸리에
천하가 태평이라

—홍보 유쾌하게 껄껄 웃는데, 아이들 눈짓하고 서로 소근대다가 일시에 입을 열어,

아이들 아버지 아버지
그게 대체 뭐—유
어깨에 걸머진것
그게 대체 뭐—유
보자기에 공공 싼것
그게 대체 뭐—유

홍 보 (그제야 새삼스레 제몸을 돌아보고) 오, 이것?… 떡이다.

쇠돌이 뭐? 떡?— (혹시 제가 잘못 듣지나 않았나 하여 차돌이를 돌아보고)

차돌이 음, 떡… (아우에게 대답하며 저도 모르게 마른침을 꿀떡 삼키고)

또순이 언니—, 떡이래, 떡… 아이고 좋아라… (순이를 돌아보며 손벽을 짤짝짤짝 친다)

홍 보 (어깨에서 떡보퉁이를 끌러놓고 순이를 향하여) 배들 고팠지? 어서들 노나 먹어라.

순 이 (떡보퉁이를 받아놓고) 자— 어서 들어가자.

쇠돌이 (떡에 쳐놓은 공석을 들치고 남먼저 방으로 뛰여들어가며) 엄마—, 아버지가 떡 사왔어, 떡 사왔어.

흥보 (혀를 차며) 원 저기 어디로 들어가나?

—그 소리에 차돌이 그리로 가려다 말고 방문 열고 들어선다.

흥보 엄만 대체 뭘 하시니?

또순이 애기가 젖 잡수셔.

순이 애기가 젖 잡숫는게 뭐냐? (동생울 탄한 다음 아버지를 향하여) 애기 재우시느라 못나오셔요.

—순이 또순이가 다들 방으로 들어간 뒤, 흥보는 그대로 그 자리에 버티고 서서,

흥보 (마음에 심히 못마땅한듯) 흥, 애기를 재우시느라 못나오신다? … 흥!

—흥보 마누라 머리를 매만지며 방에서 나온다.

마누라 (령감앞으로 마주 오며)
늦이실줄 알았더니
령감 일찍 오셨구료

흥보 ……

마누라 왜 게가 서계시오
어서 들어가십시다

흥보 늦이실줄 알았더니
령감 일찍 오셨구료
웨 게가 서계시오
어서 들어가십시다
(마누라의 말을 지꿏게 한번 뇌여보고)

예라 이 사람아—
집안의 어른이
어디를 나갔다가
내 집이라 들어오면
우루루루 쫓아나와
영접을 하는게지
계집이 이 사람아
당돌히 방안에 앉아
좌이부동이 웬 말인가
예라 이 사람 요망하다—

마누라 아이고 여보 령감—
령감 오신줄
번연히 알면서도
애기를 재우느라
영접이 불민했소

흥 보 하, 하, 하, 하…
(한번 크게 웃고, 중추막을 썩 걷어치자 허리에 찬 돈꾸레미를 끌러서 손에 들고 마누라한테 자랑하며)
여보 마누라—
돈을 보소 돈을 보아
이 돈의 근본을
마누라는 모르리
읍내 행차 한번 하매
돈 댓냥이 들어왔고
이 돈 댓냥 뒤를 따라
수수십냥이 생길테니

장부다운 내 기상을
마누란들 어찌 알리
돈을 보소 이 돈을 보아
마누라야 이 돈을 보아

—흥보, 소리에 맞추어 으쓱으쓱 어깨춤을 춘다.

—마누라, 저도 입이 절로 벌어져서 보고있다가, 문득 의심이 더럭 나서,

마누라 그런데 여보 령감
이 돈이 대체 웬 돈이요

흥 보 이 돈이 웬 돈이냐
알고보면 기막히지
여보 마누라. 이 돈이 이게 실상 횡재나 다름없는 돈이라오.

마누라 (얼굴에 저으기 불안한 빛을 띄우며) 횡재나 다름없다니 그럼 길에서 줏었구료
아이고 령감—
돈 잃은 사람이야
오죽이나 원통하리
어디서 줏었는지
이길로 도루 가서
돈 임자가 와서 찾건
고스란히 내여주고
인정에 고맙다고
돈냥이나 주는것은
받아도 정당하니
어서 한번 다녀오오

흥보 (마누라의 정당한 언사에 자기도 정색하고) 마누라 말이 본받을 말이로세. 그런게 아니라 우리 고을 김좌수가 감영에 잡혔는데, 누구든지 대신 가서 볼기 삼십도만 맞고오면 돈 삼십냥 준다기에 내가 가기로 정하고서 우선 댓냥을 마삯으로 받아왔다오. 그러니 횡재나 다름없지.

마누라 (듣고나자 너무나 기가 막혀)

아이고 령감
매품 말이요—
남의 죄를 어찌 알고
매품이라니 웬 말이요
살인죄를 범했는지
강도죄를 범했는지
기인취재 범했는지
남의 죄를 어찌 아오
만일 감영에 올라갔다
여러날 굶은 끝에
영문 곤장 맞게 되면
몇 안맞아 죽을테니
마오마오 가지 마오
매품 팔러 가지 마오

—흥보가 마누라의 하는 말을 옳게는 여기나, 돈 삼십냥이 종시 눈앞에 얼른거려, 이갈고 곤장 몇개 맞았으면 그 돈을 공돈같이 쓸 욕심에 마누라를 얼려본다.

흥보 여보 마누라.

마누라 ……

흥보 마누라 혹시 볼기타령 들어봤소?

마누라 (령감의 묻는 말이 뜻밖인데다 또한 해괴하여)
애고 얄구져라 불기래력이 대체 뭐
요?

흥보 옳지 우리 마누라가 들어보지 못할
지니 마누라 들어보소—

이놈이 장원 급제하여
초원우에 앉아보며
오영문 장신되여
좌마우에 앉아보며
팔도 감사 하였으니
선화당에 앉아보며
각읍 수령 하였으니
동헌방에 앉아보며
이 고을 좌수 되였으니
향청 마루에 앉아보며
동리좌상 되였으니
동리상좌에 앉아볼가
쓸데없는 이 불기짝
감영에를 올라가서
불기 몇개만 맞았으면
돈 삼십냥 생길테니
열냥을랑 고기 사서
매맞은 소복하고
열냥을랑 쌀을 사서
집안식구 포식하고
열냥을랑 소를 사서

이십사삭 어우리 주었다가
그 소를 팔아서
맏아들 장가들여
그놈에게 아들 나면
우리게는 손주되니—
그래 마누라, 이런 경사가 어디 있단
말이요?

마누라 (말만 들어도 마음에 흐뭇하여)
일년쇠 장가들여 손주보면 대견하
죠.

흥 보 아 마누라 생각해보오. 세상 천지간
에 이렇듯 신통하고 절묘한 일이 또
있는가?
자식놈 성취시켜
그속에서 손주 나면
나는 제게 하래비요
마누라는 할멈이라
손주새끼 앞에 놓고
온갖 재롱 날보낼제…

마누라 (듣고있는중에 저도 모르게 끌려들어)
쥐얌쥐얌 곤지곤지
돌이돌이 짝짜꿍
금자동아
은자동아
은을 주면 너를 사며
금을 주면 너를 사랴

흥 보 나라에는 충신동이
부모에겐 효자동이

마누라 형제간에 우애동이
일가 문중 화목동이

내 외 네가 어디서 생겨를 났나
하늘에서 뚝 떨어졌나
땅에서 불끈 솟아났나
구름속에 싸여를 왔나
바람에 불려 날려를 왔나
어디를 갔다 이제 왔느냐
어허 둥둥 우리 손주

마누라 (문득 깨닫고 열적은 웃음을 웃으며)
아이고 참 령감도… 정말 손주나 본 듯하오

흥 보 여보 마누라— 손주 보면 좋으렸다.

마누라 아이고 령감도…

흥 보 마누라 어디 한번 바른대로 말을 하오. 손주 보면 마음에 좋으렸다.

마누라 그야 대견하죠.

흥 보 대견하다 그랬겠다—
그럼 내 다녀오리라.

마누라 (의아하여)
아니 령감—다 저녁때 어딜 간다 그러시오.

흥 보 어딜 가긴 감영 가지.

마누라 아니 령감 감영에는 뭣하러 가시려오?

흥 보 (혀를 차며)
원 이런 답답할데가… 마누라 뭐라 했소. 손주 보면 좋다 했지?

마누라 대견하다 그랬지요.

흥 보 그러니 마누라 내 말 좀 들어보소.
손주 재롱 보려며는
아들 장가 들여야지

아들 장가 들이려면
소부터 사야 하지
소 살 돈은 어디 있나
감영엘 올라가서

마누라 (무심히 듣고있다 또다시 깜짝 놀라)

아이고 령감 나는 싫소
손주 재롱도 내 다 싫소
아들 장가도 원치 않소

하늘같은 우리 가장
영문 곤장 맞았다가
골병 들어 눕게 되면
내 신세는 어이되며
슬하의 열두남매
누를 믿고 사오리까

마오 마오 가지 마오
부디 감영엔 가지 마오

흥 보 (혼자 입맛을 쩝쩝 다시면서)
허— 이거 난처하다, 가긴 가야 할터인데…
(속으로 딴 배짱이 있으면서 짐짓 고개를 한번 끄떡하고)
아따 그래라 마누라 말대로 내 가지 않겠다—

마누라 (어째 꼭 믿어지지 않아)
령감 정녕 안가시죠?

흥 보 정녕 내 안가겠소

—언덕아래길에서 부르는 소리 들린다.

소 리 아주머니—

흥 보 (그편을 바라보며)
점례가 웬 일인가?

—점례, 숨이 차서 헐떡벌며 들어온다.

마누라 너, 웬 일이냐?

점 례 아주머니 어서 오시래요.

마누라 왜?

점 례 언니가 아이를 낳아요.

흥 보 (마누라를 돌아보며)
거, 얼른 가서 봐주어야겠군.

마누라 (그 말에는 대답 않고 점례를 향하여)
네 언니가?…래월이라 하더니만 달을 잘못 잡았던가?

흥 보 남은 급해 야단인데 얼른 가 봐주지.

마누라 령감 정녕 안가시죠.

흥 보 글쎄 내 안간대도—

점 례 (사뭇 짜증을 내며)
아유 얼른 좀 가세요. 벌써 낳는지도 모르겠다.

마누라 (좀처럼 동하지 않고)
웬 초산에 그리 쉽게 난다더냐?
(령감을 다시 향해)
령감 정녕 안가시죠?

흥 보 글쎄 안간대도 그러는구먼. 난 신이나 삼을라네 짚단 남은거 어디 두었지?

마누라 부엌뒤에 있을게요.

흥 보 부엌뒤라 부엌뒤라…
(혼자 뇌며 그편으로 걸어간다)

점 례 아주머니 어서 가요.

마누라 아이고 애 성화도…

—마음을 남겨둔채, 마누라 점례를 따라서 나간다.

—흥보, 부엌뒤에서 짚단 들고 나오다가, 마누라가 나간것을 보자 짚단을 그 자리에 놓고

흥 보 (짚신 감발을 고쳐하며)

마누라 나간새 아주 떠나야겠다. 감영까지 일백이십리라…밤새 걸으면 래일아침 식전에는 들이대겠지.

—홍보, 의관을 바로하고, 바로 물을 지어 몇걸음 옮길 때.

—막—

제 3 막

제 1 장

제2막에서 석달후
한 여름 대낮.

놀보 집.

막이 오르면

빈 뜰에 땡볕이 내려쪼이고,
어디 가까운 나무에서 매암이 우는 소리 귀에 따갑다.

—밖으로서 흥보 이리 기웃 저리 기웃하며 뜰안으로 들어선다.
앞서 보면 때보다 주제가 더욱 말 아니다.
안에서 나온 마당쇠, 흥보 행색이 너무나 초초하여 처음엔 어인 과객이 왔는가 하다가 얼굴이 마주 치자 그제야 알아보고 놀라고 반가워서.

마당쇠 (와락 앞으로 달려들며)

아이고 서방님
어떻게 오셨소
서방님 나가신지
어언 일년이온데
어디 가서 살으시며
어찌나 지내시니까

흥 보 오 너 잘있었냐

나 살기는 고개너머
보덕촌이라는데 살며
지내는 형편이야
이루 말해 무엇 하리

마당쇠 (재삼스레 흥보 주제를 다시 한번 훑어보고)

세상은 공도 없소
무얼 믿고 사오리까
서방님 그 심덕에
어딜 간들 못사실가
그럴줄만 믿었더니
서방님 이리 될제
아씨께선 오죽하리

흥 보 (한숨짓고)

팔자나 한을 할가
세상 살기 어렵더라
한번 댁을 나간뒤로
살아갈 길 망연하여
우리 량주 의논하고
서로 나서 품을 팔제
마누라 거동 보소
깃만 남은 헌 저고리
앞만 남은 몽당치마
목만 남은 헌 버선에
뒤축 없는 짚신 끌고
동네 방네 다니면서
용정하여 방아찧기
술집에 가 술거르기

초상난 집 제복짓기
가고있는 집 그릇닦기
굿하는 집 떡해주기
시궁 발치 오줌치기
왼가지로 품을 파니

나도 한시 쉬지 않고
이월동풍 가래질
삼사월에 부침질
일등 전답 무논갈기
이집저집 이영엮기
날 궂은 날 멍석맺기
시장갓에 나무베기
무곡 주인 역인서기
각읍 주인 삯길가기
오푼 받고 마철박기
두푼 받고 똥재치기
전주 감영 돈짐지기
대구 감영 태전지기
왼가지로 다하여도
삼순구식도 가망 없어
그래 지난 3월에는ㅡ

(차마 말끝을 못맺는다.)

마당쇠 (마음에 의아하여) 아니 서방님 지난 3월에는 무슨 일이 있으셨소?

흥　보 (얼른 좌우를 살펴본 다음에) 이애 이건 너만 알지 아무게도 말을 말아. 지난 3월달엔 내 저엉 할수 없어 남 대신 볼기를 맞으러 감영까지 갔더니라.

마당쇠 (펄쩍 놀라) 아이고 서방님. 매품까지 파셨구료.

흥　보 복없는 사람이라 그나마 못팔았다.

마당쇠 그전 또 웬 일이요?

흥 보 나라에 뜻 아니한 경사가 났다 해서 모든 죄인 방송하니 무슨 수로 매품을 파니? 돈 삼십냥 바라고 감영까지 올라갔다 락심천만으로 돌아오는데, 향천 근처를 지내느라니, 원 세상이 고르지도 못하지, 환자받는데선 매풍이 들었더구나…

마당쇠 (저모르게 한숨 쉬며)
아이고 서방님도…

흥 보 (발머리를 돌리며)
그는 그러 하려니와
그래 그간 생원님껜
귀체 일향하옵시며
나 나간 뒤 성정이나
조금은 풀리신가

마당쇠 (고개를 모으로 내저으며)
그 어른께야 무슨 병이고
감히 얼씬이나 하오리까
일신 태평하옵시고
성정은 예전보다
삼곱절은 더하시여
이제는 명절이나
선대조 제향에도
음식장만 아니하고
모두가 대전이외다

흥 보 (접이 더럭 나서 받은 혼자말로)
세끼 굶고 누운 자식
행여나 구해볼가
처분만 바라고서

오긴 내가 왔다마는—
오는길에 장님 보고
간밤 꿈이 수상하니
아마도 뵙지 않고
돌아감이 무탈할듯

마당쇠

이애 마당쇠야
네 생각엔 어떠하냐

샌님 그 어른이
아무리 독하신들
안주시면 그만이지
별 탈이야 있으리까
모처럼 오신김에
뵙고나 가시지요

흥보 글쎄…

—흥보, 전에 형한테 맞던 생각을 하면 머리가 절로 쭈뼛 온 몸에 소름이 쭉 끼쳐, 만날가 그냥 갈가, 주의를 정하지 못하고있을 때, 안으로서 입에 장죽물고 놀보 나온다.

얼굴이 마주치자 흥보는 그 자리에 넙죽 엎드리고, 놀보는 외면하고 대돌우로 올라간다.

흥보 (그 자리에 하정배를 드리며)

형님 사또 전에
소인 흥보 문안이요

놀보 (마루끝에 걸터앉으며 외면한채)

아니 거 뉘신지요

흥보 흥보로소이다

놀보 홍보라 홍보라
홍보가 누구면가

흥보 형님 그게 웬 말씀이요
동부동모 친형제로
이름자를 항렬하여
형님 함자 놀자 보자
아우 이름 흥본줄을
잊으시다니 웬 말씀이요

놀보 (그제야 흥보를 똑바로 내려다보며 볼멘소리로)
그래 네가 흥보라면
내 집에는 어찌 왔노

흥보 아이고 형님 살려주오
밤낮으로 벌건마는
삼순 구식도 어려워서
불고 렴치 왔사오니
쌀이 되면 서되만 주시고
벼가 되면 한말만 주시고
량식이 못되거든
돈 서돈만 주시오면
품을 판들 못 갚으리
일을 한들 공하리까
그도 저도 못할진댄
찬 밥술이라도 주옵시오

—놀보 듣고나자, 바로 기가 막힌듯 허허 웃고

놀보 네 이놈 말 듣거라

쌀이 많이 있다 한들
너 주자고 섬을 헐며
벼가 많이 있다 한들
너 주자고 로적 헐며
돈이 많이 있다 한들
너 주자고 괫돈 헐며
찬밥술이나 주자 한들
너 주자고 마루아래
청삽사리를 굶기겠냐
참으로 렴치없고
이면없는 놈이로다

흥 보 아무리 그러셔도
조카자식 생각하여
전곡간에 얼마가 되나
형님 처분만 바랍내다

놀 보 (화를 더럭 내여)
이놈 마당쇠야—
(이제까지 한옆에 비껴 서있다가 앞으로 나서며)

마당쇠 예—

—흥보 길흉을 알수 없어, 눈이 둥그래가지고 형의 눈치만 살핀다.

놀 보 네 이놈 마당쇠야
광문 열고 들어가면
쌀섬이 있으렸다

마당쇠 예—

—마당쇠 대답하며 흥보에게 눈짓하나, 흥보 눈치속도 없이 혼자 좋아서,

흥 보 에구 우리 형님께서
쌀을 주시려나뵈

놀 보 (마당쇠에게) 쌀섬너머로
보리섬이 안있느냐

마당쇠 예ㅡ

ㅡ마당쇠 흥보에게 또 연방 눈짓하나, 흥보는 속도 못차리고 여전히 혼자 좋아,

흥 보 옳지 우리 형님께서
보리를 주시는군
보리는 흉년 곡식
오히려 늘우 먹고
쌀보다 낫지그려

놀 보 보리섬너머로
서속섬이 있으렸다

마당쇠 예ㅡ

ㅡ마당쇠 흥보에게 눈짓코짓 다 하건만, 흥보는 여전히 물게도 모르고 오직 혼자서, 좋기만 하여,

흥 보 예 형님 그렇습죠
정말로 늘우 먹긴
오히려 보리보다ㅡ

놀 보 그 너메 보면 한구석에 도끼자루
묶음이 있느니라
그놈 빨리 가죠너라ㅡ

마당쇠 예ㅡ
(한시 바삐 내빼라고 흥보에게 눈짓하고, 곧 뒤곁으로 돌아간다)

놀보 엇다 이 날도둑놈아—

(벼락같이 소리치며 놀보, 섬돌아래로 내려선다.)

—그 사품에 홍보 그만 얼이 빠져 그 자리에 펄썩 주저앉는다.

놀보 (손을 들어 홍보를 가리키며 추상같이 꾸짖는다)

네 이놈 들어봐라
하늘이 사람 낼제
정한 복이 각각 있어
잘난놈은 부자되고
못난놈은 가난하니
내가 이리 잘 사는게
네 복을 내가 뺏었느냐
가난 구제는
나라에서도 못하거니
이 흉년에 전곡달라
목안에 소리 치며
눈물방울 휘뿌리니
네 잔피에 내 속으랴

—이때 마당쇠 도끼자루를 들고 나왔으나, 저만치 서서 구태여 앞으로 나오려 안하는데,

놀보 이놈, 그것 이리 내라.
(마당쇠에게서 방망이를 뺏아들자)
조금 지체하다가는 잔뼈 찾지 못하리라—

—홍보에게 달려들어 뒤덜미를 움켜쥐고 둥굴기를 후려는데, 어찌된 셈인지 한번 치자 도끼자루가 두동강에 나버린다.

놀보 (어리뭉절하여 손에 남은 토막을 들여다보며)
아니 이놈이 어디서 이따위를 가져

왔나?… 이놈 마당쇠야—

—마당쇠 몸을 숨기고 대답 않는다.

놀 보 아, 이놈이 어딜 갔나?…

(잠간 찾다가 손에 남은 토막을 내동댕이치고, 그대로 주먹으로 때린다.)

이놈, 이놈…

흥 보 아이고…, 아이고…, 어머니, 나 죽소…

—놀보 강샘에 계집 치듯, 벼파강상에 물결 치듯, 함부로 치다가, 제 기운에 저 못이겨 숨을 헐떡이며,

놀 보 이놈, 다신 내 눈앞에 뵈지 말아.

—흥보를 놓고 방으로 들어가며 방문을 벼락같이 닫아버린다.

흥보, 굶은 끝에 매를 맞고 정신이 아득, 하늘이 빙빙, 땅이 꺼지는듯, 일어서려다 다시 그 자리에 쓰러진다.

—마당쇠 숨어있다 달려와서 흥보를 붙들어 일으키여, 상처도 돌보고 옷도 털어주며 밖으로 데리고 나가려 한다.

—흥보 몇걸음 끌려가다가 문득 그 자리에 우뚝 서서,

흥 보 (반은 혼자말로) 그래도 왔다가 아주머님도 안뵙고 그냥 갈수야 있나…

마당쇠 (어이없어 하며) 어서 그냥 건너가시지요.

흥 보 (고개를 내저으며) 아니다. 아래사람된 도리에 어디 그럴수가 있느냐.

—마당쇠에게 잡힌 팔을 뿌리치고, 흥보 지쳐 지쳐 부엌문앞으로 가니, 부엌에서 놀보 마누라가 마침 밥을 푸는지라, 흥보가 매 맞은것은 고사하고 여러날 굶은 창자에 밥냄새를 맡더니 금방 오장이 뒤집히여

놀 보 아이고 아주머니, 더운 점심 하셨군요.

(저모르게 부엌안으로 발을 들여놓며는데)

—안으로서 놀보 마누라의 팔이 불쑥 나오며, 흥보를 와락 떠다박질러 뒤로 자빠뜨리고,

놀보 마누라 남녀가 유별한데 어디를 들어오노.

—우르르 쫓아나와 한마디 뇌까리자, 이년 또한 몹쓸년이라, 밥푸던 주걱으로 흥보의 마른 뺨을 지끈 때린다.

흥 보 에쿠…

—흥보가 그 뺨 한번을 맞은즉 두눈에 불이 화끈하며 정신이 아찔하다가 뺨을 슬며시 만져보니 밥풀이 볼따귀에 붙어있는지라, 입으로 훑쳐넣으며,

흥 보 아주머님은 뺨을 쳐도 먹여가며 쳐
주시니
감축한 말씀이야
어이 다 하오리까
수고스러우시지만
밥 많이 붙은 주걱으로
이 뺨마저 쳐주시면
그 밥 갖다 우리 애들
구경이나 시키겠소

—놀보 마누라 밥주걱으로 또 때리려다가 그 말 듣자 홍! 하고 코방귀 뀌며 삐쭉 입을 내밀고 부엌으로 도루 들어가버린다.

—흥보 간신히 몸을 일으켜 앞으로 나오다가,

흥 보 (놀보방을 향하여)

형님 제가 잘못했소
너무 거념 마옵시고
부디 안녕히 계시옵소서

—마당쇠이 부축 받아 다시 지척지척 밖으로 향해 나오는데, 정신이 또 아득하여 그 자리에 다시 한번 힘없이 주저앉으며,

흥 보 야속하다 우리 형님
이럴법도 있을손가
전곡민 중히 알고
동기 박대 이리 하니
원통한 이 사정을
어디다 호소하리
죽어 황천 돌아가서
부모님께나 아뢰여볼가
아이고 이를 어찌할고—

—암 전—

제 2 장

제1장의 뒤를 이어
그날 석양.
흥보 집.

무대에 불이 들어가면

—흥보 마누라 갓난애를 재우느라 포대기에 싸서 안고 집앞에서 왔다갔다… 이따금 길쪽을 내여다 보군 한다.

마누라 (품에 안은 애기를 뚜덕뚜덕 하면)

자장자장 자는고나
우리 아기 잘도 잔다
은자동이 금자동이
수명장수 부귀동이
은을 주면 너를 살가
금을 주면 너를 살가
나라에는 충신동이
부모에게 효자동이
형제간에 우애동이
일가문중 화목동이
동네방네 유신동이
태산같이 높고높게
하해같이 깊고깊게
유명 천하 우리 아기
콜콜 콜콜 잘도 잔다
우리 아기 잘도 잔다

—방안에서 아이소리 들린다.

소리 엄마—

마누라 왜?

소리 아버지 그저 안오셨수?

마누라 응 인제 오시겠지.

—잠간 사이 두어 소리난다.

소 리 엄마—

마누라 …왜?

소 리 나, 배 고파…

마누라 ……

—또 잠간 사이 두어 방안에서 아이 우는 소리 들린다.

방문이 열려있어도 굴속처럼 침침한 방안을, 흥보 마누라 이만치 서서 바라보며,

마누라 우지 말아 우지 말아
우리 악아 우지 말아

어제아침 김동지 집
보리방아 찧어주고
얻어온 쌀 한되로
너희들만 끓여주고
너 아버지 너 어머닌
여지껏 잔입일다

너 아버지 고개너머
백부님댁 가셨으니
돈이 되나 쌀이 되나
량단간에 얻어오면
밥도 짓고 국도 끓여
너도 먹고 나도 먹지

우지 말아 우지 말아
우리 악아 우지 말아

—어느 틈엔가 우는 소리 안들린다. 흥보 마누라 방문앞으로 가서 기웃이 방안을 들여다본다.

마누라 탈진을 해서 자꾸 잠들만 자는구나…

(저모르게 또 한숨을 쉬다가 생각난듯 주위를 둘러보고)

이애들은 모두 어딜 갔기에 여태 안 들어오노?

(품안의 아기를 들여다보고)

너도 잠이 들었고나…

(방안으로 들어간다.)

—한 사나이가 장을 보아가지고 언덕길로 올라와서 산길로 들어간다.

홍보 마누라, 발자취 듣고 평감인가 하여, 아기를 뉘여놓고 부리나케 방에서 나온다.

마누라 (그 사나이의 뒤모양을 바라보며)

복술이 아버지구나. 모레가 혼인이라 장을 봐 가지고 오는구먼…

—처마끝 제비집에서 제비새끼들의 지줄대는 소리 들린다.

마누라 (서산에 걸린 해를 물끄러미 바라보며)

어제날은 쉬 가더니
오늘은 어이 더디 가노
무정세월 약류파도
오늘 보니 헛말이라
우리 랑군 가신 곳은
고개너머 큰댁이라
가고 오고 칠십리길
해가 져야 오실텐데
저 해야 몹쓸 해야
너 왜 얼른 지지 않고
서산에 걸려있어
내 속을 태우느냐

(다시 길쪽을 돌아보다가 급시에 반색을 하며)

오— 이제 오시는군, 약주를 자셨구
나. 이리 비틀… 저리 비틀… 약주를
자셨을젠 좋은 일이 있었겠지.
(앞으로 마주 나가며)

령감— 이제 오슈
동기간이란 좋은겔세
큰댁엘 가시더니
약주가 취해 오시는구료

—흥보, 매에 취하여 이리 비틀 저리 비틀… 몸
을 가누지 못하며 들어온다.

마누라 어서 들어가십시다
그래 무얼 주십디까
돈이요 쌀이요
쌀이거든 밥을 짓고
돈이거든—

—흥보, 돌우에 가 살초롱 접어놓듯 주저앉는다.

—마누라 저혼자 지껄이다 그제야 자세히 보니 령
감의 꼴이 말 아니여, 얼굴이 모두 붓고 류혈이
랑자하다.

마누라 (기가 막혀)
아이고 령감—
이게 대체 웬 일이요
아이고 이를 어쩌나
그 몹쓸 독한 량반이
굶은 사람을 쳤네그려

흥 보 (그 말 듣자 깜짝 놀라)
아니 마누라. 그게 대체 웬 말이요?
뉘게 당한줄 알고…

—마누라 눈도 깜박이지 않고 얼굴을 빤히 바라

만 본다.

흥 보 (마른침을 삼키고)

여보 마누라, 내 말 좀 들어보오.
내, 형님댁엘 건너가니, 굶은 동생
이 왔다고 반색을 하시며 방안으로
끌어들여 좋은 술에 더운 점심 배
부르게 권한후에—

형님 돈 댓냥에
쌀 서말을 내주시고
형수씨는 돈 석냥에
팥 두말을 주시기로

내 친히 짊어지고
허위단심 오느라니
뜻밖에도 큰고개서
도적놈을 만났구료

—마누라 그대로 령감의 얼굴만 지켜본다.
흥보 그의 시선을 피하여 딴데로 눈을 주며,

흥 보 강약이 부동으로
무수 곤욕 당한 끝에
졌던 짐 벗어주고
이 꼴로 오는게니

여보 마누라—
형님 원망은 당치않소

마누라 (비로소 입을 열어)

그만두오 내 알겠소
형님 속도 내가 알고
시아주버니 속도 내가 아오
돈 댓냥 쌀 서말이

어디 당한 말씀이요

(마누라, 다시한번 령감을 살펴보니, 전신에 성한 곳이라곤 단 한군데가 없다. 너무나 기가 막혀, 털버덕 땅에 가 주저앉으며)

애고 이것이 웬 일인가
가기 싫다 하는 가장
내 말 어려워 가시더니
이 모양이 웬 일이요

모지도다 모지도다
싀숙님이 모지도다
독하고나 독하고나
싀숙님이 독하고나
산같이 쌓인 곡식
누굴 주자 아끼여서
하나밖에 없는 동생
이리 몹시 치단 말고

남의 원망 쓸데없고
이게 모두 내탓이라

가장은 처복 없어
내 까닭에 굶거니와
철모르는 자식들은
무슨 죄로 이러는가

—마누라 울 기운도 없어 퍼더버리고 앉은채 실심한 사람 모양 먼산만 바라본다.

흥보 (도리여 마누라를 위로하여)

마누라 서러 마오
이도저도 내탓이니
남의 원망 웨 하리까?

자—마누라 일어나소. 남이 보면 우습습네.

—마누라 말없이 엉거주춤 고쳐 앉는다.

흥 보 (문득 생각난듯) 애들은 다 집에 있소?

마누라 큰 애들은 나갔에요. 어디로 싸다니는지…

흥 보 싸다닐 기운들이 있으니 좋지 않소.

—산길로서 일년쇠 이년쇠와 연이 순이, 제각기 삼태기 체바퀴 헌 바구니 등속을 들고 나온다.

흥 보 어디를 갔었니?

일년쇠 저—늪에요.

순 이 고기 잡아 가져와요.

흥 보 그래 많이 잡았니?

이년쇠 얼마나 잡았다구요. (고기 잡은 바구니를 들고 곁으로 와서 보이며) 자—요, 붕어, 미어기, 미꾸라지, 쏘가리…

흥 보 허—정말 많이 잡았고나… 마누라좀 보오.

연 이 여기도 또 있에요. (제손에 든 바구니를 한번 추슬러 보인 다음, 이년쇠를 향하여) 가지고 와. 얼른 지지게.

이년쇠 응. (누이를 따라 부엌으로 간다.)

—순이와 일년쇠, 서로 눈짓하고 저희들도 집으로 들어가려는데, 산길로서 차돌이 달려나와 곧장 제비집 있는 처마밑으로 간다. 가더니 발돋움하고, 팔을 추켜 무엇인지 제비집에다 넣어주려고 애쓴다.

—제비새끼들 일시에 지줄댄다.

차돌이 붕어새끼 하나 넣주려고…

일년쇠 바보. 제비새끼가 그런걸 먹니?

차돌이 (한마디 하고 방으로 들어가버린다.)

제비새끼가 이거 못먹우?

(순이에게 묻다가)

오, 아버지 오셨구나…

—차돌이, 아버지앞으로 가려는것을 순이가 눈짓하여 막는다. 차돌이 눈을 동그랗게 뜨고서 순이 얼굴을 쳐다보고, 다시 아버지와 어머니쪽을 살며시 본다.)

순 이 어서 들어가자.

(한마디 하고 방으로 들어간다.)

—차돌이, 순이를 따라 들어가려다가 생각난듯 뒤결으로 간다.

마누라 (머리를 들며 한숨쉬고 혼자말로)

애들이 불쌍하지…애들이 불쌍해…

흥 보 (몰끄러미 마누라 얼굴을 들여다보며)

허—그건 마누라 잘못 생각이야 애들이 왜 불쌍하오?… 이러고 앉았는 꼴을 보고 애들은 도리여 우리를 불쌍하다고 할게요… 자— 마누라, 일어나서 부엌에나 좀 가보오.

—마누라 말없이 옷고름으로 두눈을 꾹꾹 누르며 일어서는데,

—이때 제비집에 무슨 이변이라도 있는지, 제비새끼들의 지줄대는 소리 요란하게 일어난다.

차돌이 (마침 뒤결에서 나오다가)

애고, 저 뱀 봐.

흥 보 (벌떡 일어서며)

뭐?

차돌이 저, 제비새끼 다 잡아먹네.

마누라 애고 저를 어째?

—흥보 내외 달려가고 방에서 부엌에서 아이들 뛰여나오고…한동안 법석끝에 뱀을 쫓는다.

연 이 애고 제비새끼가 떨어졌네. (땅에 떨어진 제비새끼를 집어든다.)

마누라 어디 보자. (연이에게서 제비새끼를 받아들자) 아이고 이거 죽겠네.

흥 보 (들여다보고) 아야, 다리가 부러졌고나, 무얼로 좀 동여매보지.

마누라 조기껍질이 있으면… (연이를 향하여) 너, 복술이네한테 가서 조기껍질 있거든 조금만 달래오너라.

연 이 네.

—대답은 연이가 하는데, 그보다 먼저 이년쇠가 달려간다.

마누라 당사실도 아주 한바람 얻어오너라.

이년쇠 (소리만) 네—

흥 보 (빈 제비집을 쳐다보며) 그래 다 죽고 저것 한마리 남았나?…

마누라 (손에 든 제비새끼를 들여다보며)

주인이 복이 없어
너도 화를 입었고나
부모 형제 다 여의고
홀로 남은 네 신세야
그래도 죽지 말고
부디 다시 살아나서
꿈에도 그리우던
고국산천 찾아가라

—이년쇠가 얻어온 조기껍질과 당사실로 제비다리를 찬찬히 매여줄 때

—막—

제 4 막

제3막과 같은 해
9월중순.

강남 제비나라.

바른편에 전각.
왼편은 궁뜰.
정면 성너머로 남국의 야청빛 바다가 보인다.

막이 오르면

전각우 옥좌에 제비왕이 앉아있고, 좌우에 근시들 시립하여 있으며,

전각아래에는 12국에서 돌아온 제비들이 품계따라 정렬하였는데,

한옆에 늘어앉은 악공들의 륙각풍류 류량히 울린다.

—문득 바다우로 제비 한떼 날아든다.

왼편 성루우에 파수 보는 제비 나팔 불자, 풍악 그치며,
방금 돌아온 제비떼가 지줄대며 들어와 계하에서 국궁한다.

대장제비 (충충거리며 앞으로 나와)

지지지지 비비비
지지지지 비비비

산 넘고 바다 넘어
수륙 3만 6천리
류리국에 나갔다가
이제 돌아오나이다

제비왕 원로에 수고했다
비비비비 지지지

대장제비 지지지지 비비비

—대장제비 제 자리로 돌아와 서자,

정승제비 (한걸음 앞으로 나서며)
1 2국 갔던 제비
이제 다들 왔나이다
지지지지 비비비

제비왕 (옥좌에서 몸을 일어 모든 제비를 둘러보며)
비비비비 지지지
비비비비 지지지
그간 너희들이
타국에 멀리 나가
알 까고 새끼 치고
탈없이 지내다가
오늘을 기약하여
이렇듯 모되이니
나라에 이만 경사
다시 또 없으리라
비비비비 지지지
비비비비 지지지

정승제비 막비 대왕마마의
팡대합신 은덕이요
지지지지 비비비

제비들 (일시에 국궁하며)
지지지지 비비비
지지지지 비비비

—제비왕 다시 옥좌에 앉을 때, 나팔소리 또 들린다.

—흥보제비 지팽이 짚고 절뚝거리며 들어온다.

흥보제비 (계하에 부복하며)
지지지지 비비비

제비왕 비비비비 지지지
어디로서 경은 오며
다리는 웨 저는고—

흥보제비 지지지지 비비비
대왕전에 아뢰오—
신의 부모가
조선국에 건너가서
보덕촌 흥보집에
깃들이고 지냅더니
어느날 뜻밖에도
대망의 화를 입어
부모와 형제자매
일조에 다 여의고—

제비들 (흥분하여 중구난방으로 지줄댄다.)

지지지지 비비비
지지지지 비비비…

제비왕 (손을 들어 제지한다)

비비비비 지지지

—모든 제비, 일시에 소리를 그치고 다시 흥보제비를 바라본다.

흥보제비 (이야기를 계속하여)

부모와 형제자매
일조에 다 여의고
신은 땅에 떨어져서
두 다리가 부러지니
주인 흥보 지성으로
구원 곧 안했으면
어이 다시 살아나서
고국산천 보오리까

제비들 (일제히 감동하여)

지지지지 비비비…

제비왕 비비비비 지지지
주인 흥보가
사람이 어떠한고—

흥보제비 흥보로 말씀하면
위인이 충직하며

의리있고 인정있어
누구나 칭송하되

가세가 빈궁하와
주야로 품을 파나
수다 식솔 거느리고
생계가 망연하니

대왕 마마의
어즈신 처분으로
홍보의 가난을랑
면케 하여 주옵시면
신이 받은 그 은혜를
행여 갚을가 하나니다
지지지지 비비비

제비들 지지지지 비비비

제비왕 비비비비 지지지
홍보가 그렇듯이
위인이 충후하며
생계가 망연타니
그 아니 통분하랴
하물며 경에게는
재생지 은인이니
제비되여 그 은혜를
아니 갚고 어이 하리
이제 과인이
박씨 하나 줄것이니
명년 봄에 물고 나가
홍보에게 보은하라—

비비비비 지지지지
비비지지 호로로

—근시 하나이 안으로서 박씨통을 들고나와, 그 속에서 박씨 하나를 꺼내여 흥보제비에게 준다. 박씨통에는 「보은박」이라 씌여있다.

흥보제비 천은이 망극하오
지지지지 비비비비
지지비비 호로로

—악공들 주악한다. 제비들의 노래와 춤이 벌어진다.

합 창 지지지지 비비비비
지지비비 호로로
우리 나라 좋은 나라
그 이름도 강남이라

독 창 하늘은 야청빛
오늘도 맑은 날씨

합 창 지지지지 비비비비
지지비비 호로로
우리 나라 좋은 나라
그 이름도 강남이라

독 창 바다를 넘어오는
바람도 향기로워

합 창 지지지지 비비비비
지지비비 호로로
우리 나라 좋은 나라
그 이름도 강남이라

독창 끝없이 넓은 들엔
언제나 꽃이 피고

합창 지지지지 비비비비
지지비비 호로로
우리 나라 좋은 나라
그 이름도 강남이라

독창 새들은 노래하고
나비는 춤을 추네

합창 지지지지 비비비비
지지비비 호로로
우리 나라 좋은 나라
그 이름도 강남이라

—막—

제 5 막

제 4막에서 이듬해,
8월추석.

홍보 집.

막이 오르면

집앞 양지짝에,
홍보 마누라를 위시하여
큰 아이 작은 아이 일자로 늘어앉고,
그앞에는 박 세통이 가지런히 놓여있다.

쇠돌이 엄마 엄마
또순이는 어디 갔소

마누라 아버지 따라 갔지

차돌이 아버지는 어디 갔소

마누라 장목수 집으로
톱 빌리러 안가셨니

아이들 (일제히)
아버지 안오시나
얼른 오시면 좋겠는데

마누라 이제 곧 오시겠지
아버지 오시걸랑
이 박들을 모두 타서

아이들 (일제히 받아서) 속울랑은 지져먹고—
속울랑은 지져먹고

마누라 바가지는 팔아다가—

아이들 (일제히 받아서)
바가지는 팔아다가

마누라 밥도 짓고 국도 끓여—

이년쇠 (나서면서)
어머니 나 흰밥 짓고
육개장 좀 끓여주오

언년이 날랑은 열고지탕에
국수 좀 말아주오

차돌이 그럼 날랑 벙거지골에
고기 좀 지져주오

아이들 (일년쇠와 연이만 내여놓고 일제히)
네—어머니
네—어머니

일년쇠 (그래도 맏아들이라고 바로 점잖게)
철없는 소리 작작 해라
벙거지골은 어딨으며
육개장은 무엇이냐
보리밥에 고초장

팔밥에 된장이면
그저 무던하니라—

연이 (산길쪽을 보고)
아버지 오신다.

—왼편 산길로 또순이는 먹통 들고, 홍보는 톱을 메고 들어온다.

—홍보가 사는 꼴은 그러해도 아이들은 잘 가르쳐놓아서, 홍보 돌아오는것을 보자, 어머니와 함께 아이들 일제히 일어서서 맞는다.

홍보 (박앞으로 와서 톱을 내려놓고 딸에게서 먹통을 받아들며)
마누라 이리 나오.

마누라 네.

—마누라는 앞으로 나오고, 아이들은 도루 제자리에 쪼그리고 앉는다.

홍보, 박 세통에 차례로 먹줄 치고, 마누라 그것을 거들어주고 할 때,

또순이 (아이들 앞에 가 서서)
오늘이 무슨 날인줄
너희들은 아—니.

아이들 알—어 알—어
왜 몰—라

또순이 오늘이 추석이래
너희들은 몰랐—지

아이들 왜 몰라 왜 몰라
우리들도 안다—누

또순이 토란국에 흰밥 먹고
떡 먹고 파일 먹고

때때옷 곱게 입고
엄마 아빠 손 붙잡고
할아버지 산소에 가는
명절날인줄 몰랐—지

아이들 (기가 나서)
왜 몰라 왜 몰라
우리들도 안다—누

또순이 (모두 안다니까 흥이 깨져서 아이들과는 이야기를 끊고 엄마에게로 돌아서서)
엄마 엄마
덜렁쇠네 집에서는
흰 가루 반죽한걸
눈덩이처럼 뭉쳐놓고
손바닥으로 연방 비벼
한가운데 구멍 파고
삶은 팥을 집어넣어
두 귀가 뾰죽뾰죽
소반에다 놓읍디다
엄마 엄마
그게 대체 뭐—유

마누라 (빙그레 웃으며)
우리 또순이가 송편 빚는걸 보았구나. 그게 송편이라고 추석에들 해먹는것이란다.

또순이 그리고 또 엄마
대갈쇠네 집에서는
시꺼먼 쇠새끼를

묶어놓고 잡읍디다

그게 엄마 뭐—유

마누라 (명감을 향하여)
대갈쇠네, 돼지 잡읍디까?

흥 보 (박통에 연해 먹줄을 치며)
응.

—아들 삼형제를 곱게 입혀 뒤딸리고 한 량반이 언덕길로 올라오는데, 들창코 미어기주둥이에 풍신없는 사람이 의관만 번지를 하게 차려입었다.

량 반 (올라오자 잠간 걸음을 멈추고 서서)
허— 그 박 잘되였다. 대자는 여항하고 소자는 여분이라…
(혼자서 고개를 끄떡끄떡하고 바로 틀은 지어 산길로 걸어들어간다.)

—아이들 뒤로 그 집 하인이 제물과 제기를 한짐하여 등에 지고 부지런히 따라간다.

차돌이 (제 자리에서 일어서자 량반을 흉내내여)
허— 그 박 잘되였다. 대자는 맹공맹공, 소자는 징공징공…

—아이들 모두 웃는데, 흥보 마누라 홀로 한숨지으며,

마누라 남들은 추석이라고 갖은 음식 마련하고, 아이들 곱게 입혀 성묘들을 가건마는, 우리는 어이하여 이다지도 곤궁한고…

흥 보 (먹줄을 다 치고나자 톱을 집어들며 한번 허허 웃고)
여보 마누라, 그 말은 해 무얼하오? 우리는 우리대로 명절을 쇠세그려.

우리 1년 농사

논울 할가 밭을 할가
우리는 이 박 타며
톱소리나 서로 받읍시다

—마누라 령감과 마주앉아 톱을 잡는다.

흥 보 슬근슬근 톱질이야

마누라 당기여주소 톱질이야

흥 보 풍년 거지 더 설다고
중추가절 당하여서
가난 타령이 서글프다
팔자 글러 가난인가
사주 글러 가난인가
산소 글러 가난인가
벌지 못해 가난인가

합 창 (아이들까지 일제히)
이도저도 다 아니요
세상이 글러 가난이로구나
이도저도 다 아니요
세상이 글러 가난이로구나

마누라 스르스르 슬근슬근
당기여주소 톱질이야

흥 보 이 박을 타거드면
아무것도 나오지 말고
밥 한통만 나오너라
내 평생의 포한이로구나

합 창 슬근슬근 슬근슬근

슬근슬근 슬근슬근

ㅡ툭 타놓으니,

안에서 난데없는 궤 두짝이 쑥 나온다.

흥 보 (괴란하며) 내 그저 이럴줄 알았다니까… 복없는놈은 계란에도 뼈가 있고, 안되는 놈은 자빠져도 코가 깨진다고ㅡ 원 박속이나 지져먹을가 하였더니 어면 무상한 도둑놈이 남의 박속은 다 긁어가고, 뉘 집 조상궤를 훔쳐다 넣어놓았으니…

(일년쇠를 돌아보고)

이애, 너 이것 갖다 십리만큼 내버려라.

마누라 아이고 령감. 열어도 안보고 버린단 말이요?

흥 보 허ㅡ 이 사람 보게. 만약에 이걸 열어 좋은거나 들었으면 그는 무방하려니와, 언짢은게 들었으면 그때는 어찌하노?

연 이 (궤를 자세히 들여다보고) 애고 아버지. 여기 자물쇠에 뭣이라고 씌여있에요.

흥 보 (자세히 들여다보고) 어디?… 뭐? 「연흥보 개탁하라?」… 아니 날더러 열어보라고 그랬으니, 이거 참 고이하다.

마누라 그럼 더군다나 열어봐야죠.

흥 보 (마음을 결단하고) 그래 어디…

ㅡ모두들 긴장하여 빙 둘러서서 지켜보는중에, 흥보, 궤에 달린 열쇠를 떼여들자 자물쇠를 절컥 연다.

마누라 애고 저게 뭐야?

또순이 쌀이야, 엄마.

아이들 그래, 쌀이다 쌀이야.

(고개를 외로 틀고)

흥 보 쌀이 들었다?—

마누라 어서 그것도 마저 열어보우.

흥 보 그래, 여긴 또 뭐 들었느냐?

(궤 한짝을 마자 연다.)

아이들 야—돈이다.

—흥보 궤를 들어 멍석에다 돈을 쏟고 몇개 집어서 살펴본다.

마누라 혹시 못쓰는 돈이나 아니유?

흥 보 못쓰기는 웨?…

—흥보 연해 고개를 기웃거리며 다시 한번 궤뚜껑을 열어보자 어리둥절한다.

아이들 아이고 저거 봐. 돈이 또 하나 그뜩…

—마누라 말없이 앉았다가 갑자기 쌀궤를 들어 멍석에다 쏟은 다음 한번 궤뚜껑을 닫았다가 다시 덜컥 연다.

아이들 아이고 저것 봐. 쌀이 또 하나 그뜩…

—흥보 내외 약속이나 한듯이 돈과 쌀을 각각 쏟고 뚜껑을 닫았다가 일시에 다시 연다.

아이들 (열광하여) 아이고 저거 봐. 돈도 쌀도 다시 그뜩…

—흥보 갑자기 손을 내밀어 마누라 팔을 꼬집는다.

마누라 아야!

흥 보 꼬집어서 아프달젠 생시가 분명한데…

마누라 (뾰루퉁하여) 꼬집겠으면 자기 살이나 꼬집지 남의 살은 왜 꼬집노?

흥 보 나 아프라고?

(배포유한 소리를 한마디 하고)

그런데 여보 마누라. 이것이 비여내면 또 생기고 비여내면 또 생기니, 마누라는 쌀궤를 맡고 나는 돈궤를 차지하여 누가 많이 비여내나 내길 한번 해봅시다.

마누라 내기, 좋지요. 아무러기로서니 내, 령감한테야 질라고?

―흥보 내외 궤 하나씩 들고 마주 서서, 아이들 노래에 맞추어 궤를 빈다.

아이들 (좌우로 늘어서서)

엄마가 이기느냐
아빠가 이기느냐
아빠도 지지 말고
엄마도 지지 말아

비여내고 비여내고
비여내고 비여내고
궤 두짝을 톡톡 털고
돌아섰다 열고보면
쌀도 도루 하나 가뜩
돈도 도루 하나 가뜩

돈도 비고 쌀도 비고
쌀도 비고 돈도 비고
돌아섰다 다시 보면
도루 하나 가뜩 수북

이리 갔다 저리 갔다
저리 갔다 이리 갔다

비여내고 다시 보면
쌀도 돈도 하나 가뜩

흥 보 엇다 좋아죽겠다
주야장천 나오너라

마누라 애고 내가 암만해도
령감한테 질가보아

흥 보 (손을 멈추고) 여보 마누라.

마누라 (역시 손을 멈추며) 왜요? 령감.

흥 보 이거 어디 한이 있소? 우리 그만 비겼다고 하여두고, 이젠 밥 좀 지어 먹읍시다.

마누라 참말, 밥 좀 지어 먹읍시다.
령감— 그래 밥은
얼마나 지으리까

흥 보 글쎄 얼말 할가
한 열말 짓지그래

마누라 아이고 령감 딱도 하오
열말 밥을 뉘 다 먹소

흥 보 먹을 사람 많고많지
앞마을 뒤마을에
쌓였느니 굶는 사람
모조리 청해다가
밥잔치를 하여보세

마누라 그 참 좋은 말씀이요
누구누구 청해오나

흥　보　우선 앞집 칠성이네
마누라　뒤집 사는 연순이네
일년쇠　개울 건너 이쁜이네
연　이　고개너머 귀덕이네
이년쇠　강서방도 청해오고
언년이　준이 할머니도 모셔오고
차돌이　쩨보네도 불러오고
순　이　돌쇠네도 오래야지
또순이　룡이네는 안부르나

합　창　모두모두 불러오세

—아이들 열광하여 손뼉치며 좋아한다.

마누라　그런데 여보 령감.
흥　보　마누라 또 웨 그러오?
마누라　그 많은 밥을 어디다 짓소?
흥　보　동네 마솥을 빌려오지.
마누라　그릇은 또 어뎄나요?
흥　보　손님더러 제가끔 가죠라지.
마누라　밥만 지으면 어떡하오? 국도 끓여야지, 반찬은 안 만드나?…
흥　보　(아이들을 돌려보며)
너희들 다 듣거라—
오늘 밥잔치는
연이가 총찰하되

장보아 오는것은
일년쇠 주장하고
또순이와 차돌이는
손님을 모셔오렸다

아이들 네—

—흥보 내외 박 한통을 또 갖다놓고 탈 준비를 하는데,

아이들, 연이와 일년쇠를 중심으로 잠간들 소근소근 쑥떡쑥떡… 의논들을 하고나자,

일년쇠 그럼 자—가자.

—사내녀석들 돈꾸레미를 들고 와— 밖으로 몰려나간다.

연이 자— 어서 쌀부터 씻자.

—계집애들 부엌에서 그릇을 있는대로 들고나와 쌀을 퍼가지고 뒤결으로 돌아간다.

흥보 (다시 톱을 집어들며)

스르렁 슬근 톱질이야

마누라 어기여라 톱질이야

흥보 이 박을 어서 타서
은금보화가 들었으면
이 통에서 나온 보화는
형님을 갖다드릴란다.

마누라 (톱잡은 손을 놓으며)
나는 이 박 안탈라네.

흥보 ……

마누라 (어리둥절하여 마누라를 바라본다.)

여보 령감—
형제간이라 잊으셨소

서산에 해는 지고
눈보라 치던 날에
어린 자식 앞세우고
구박축출 당하던 일
굶는 자식 보다못해
형 바라고 간 동생을
박달나무 방망이로
두들겨 쫓던 일은
죽은 뒤엔 어떠할지
살아 생전엔 못잊겠네

흥 보 (화를 더럭 내여)

타지 말아 타지 말아
혼자라도 타보겠다

형님이 잘못한들
나마저 그러할가
부귀를 누린대도
형제 함께 누릴란다

타지 말아 타지 말아
혼자라도 타보겠다

마누라 (다시 톱을 잡으며)

령감 내가 잘못했소
아녀자의 좁은 소견
행여나 노여 마오

흥 보 아무렴 그래야지
슬근슬근 톱질이야

마누라 당기여주소 톱질이야

—이때 밖으로서 여러 사람의 소리 들린다.

소 리 슬근슬근 톱질이야
당기여주소 톱질이야…

—연방 톱소리들을 받으면서, 일년쇠이하로 나갔던 아이놈과 동네사람들 모여든다.
칠성이는 술을 지고,
이쁜이네 귀덕이네 그릇함지 머리에 이고,
강서방과 페쇠아버지 장봐 온 물건들을 짊어지고 걸머지고,
통이네 쇠돌이네 어른 아이 뒤섞여서 몰려들 올라오고,
끝으로 순이 할머니, 또순이에게 이끌리여 지팡이 짚고 들어온다.

합 창 슬근슬근 슬근슬근
슬근슬근 슬근슬근

—톡 타놓으니 그 통에서는 온갖 비단이 다 나온다. 모두들 환성을 올린다.

—흥보네 식구들 비단 들고 춤추며 노래한다.

흥 보 천문일사 황금방
번듯 떴다 일광단

마누라 자도중천 만고명산
하영자 월광단

흥 보 서왕모 요지연에
진상하던 천도문

마누라 남양 초당 경 좋은데
만고지사 와룡단

흥보 가는 이 손목 잡고
가지 마소 도리불수

마누라 님 보내고 홀로 앉아
독수공방 상사단

일년쇠 뜨드럭 꿉벅 말굽무늬

연이 서부렁 섭적 새발무늬

이년쇠 뭉게뭉게 운문단

언년이 만경창파 조개단

—노래하며 춤추는중에 각기 박속에서 두루마기 치마 저고리 등 옷 한가지씩 꺼내서 입는다.

—동네사람들, 황홀하여 보고 섰는데 흥보이하 식구들이 손을 잡아 끌어들여, 그들도 어울어져 비단옷들 꺼내입고 춤추며 노래한다.

—온갖 비단 나온 뒤에 또다시 꾸역꾸역, 온갖 필육이 다 나온다.

흥보 길주 명천 가는베
회령 종성 고운베

마누라 라주 샛골 십이선
강진 해남 극세목

흥보 한산 세저 진안 모시
안주 항라 표주 갑사

마누라 춘포 춘사 갈포 마포

문포 청사 곱생초

내외 그저 꾸역꾸역 나오는구나

합창 그저 꾸역꾸역 나오는구나

—조금전부터 연이 언년이 순이 또순이, 상다 차려놓았다고 혹은 손짓하여 부르고 혹은 손을 잡아끌고 하여, 손님들 춤추면서 차례차례 방으로 들어가고, 뒤에 흥보 내외만 남는다.

순이 아버지. 어머니. 어서 들어와 진지 잡수세요.

흥보 오— 이제 들어가지.

마누라 이제 들어간다. 어서 손님들 모시고 너희 먼저 시작해라.

순이 네— 끝 들어오세요.

—순이 방으로 들어간다.

마누라 령감 시장하실텐데 왜 안들어가슈?

흥보 시장하기야 일반이지, 마누란 웨 안 들어가오?

마누라 도무지 밥생각이 없으니 이상한 일이요. 앞으로 한 3년은 안먹고도 살 것 같소.

흥보 하, 하, 나도 그래. (한번 껄껄 웃고나서)

그럼 마누라—

우린 박이나 또 타보세나

—다시 톱을 잡고 흥보내외 마주앉아,

흥보 스르렁 슬근 톱질이야

마누라 당기여주소 톱질이야

흥 보　지난 고생 생각하니
산밖에 태산이요

마누라　물밖에 대해로다

내 외　산전수전 겪은 몸이
부자 될줄 몰랐구나
슬근슬근 슬근슬근
슬근슬근 슬근슬근

—툭 타놓으니, 그 통에서는 목수를 위시하여 미장이, 기와장이, 석수장이 등, 각색 장인이 돌, 나무, 기와장을 수레에 싣고 나와, 쑥싹쑥싹 뚝딱뚝딱 한동안 법석이 나더니 잠간사이에 고래등같은 기와집 수천간을 지어놓고는 인하여 간 곳 없다.

—흥보 내외 얼빠진 사람 모양, 멍멍하니 서서 볼뿐이요, 아이들과 동네사람들도 포식하고 삼삼오오 밖으로 나오다가 대궐같은 새집을 보고 모두들 꿈이나 아닌가 한다.

흥 보　여보 마누라. 저게 대체 뉘집이요?

마누라　여보 령감. 저게 대체 뉘집이요?

흥 보　제서 인제 우리가 사나?… 나는 꼭 꿈만 같네.

마누라　나도 꼭 꿈만 같소.

흥 보　가만 있자… 옳지 마누라 이리 좀 오소.

마누라　왜요?…
(령감곁으로 가려다가)
아니 왜 오라우? 또 끄집어보려고?
(그 말에는 대꾸 않고 혼자서 고개를 끄덕끄덕)

흥 보　그래, 정녕 꿈은 아니야.
(마누라를 향하여)
자—마누라. 우리 집구경이나 하여

보세.

—흥보 마누라와 함께 재집을 향하여 몇걸음 옮기다가 문득 발길을 멈추고 덤불속을 들여다 보며,

흥 보 아니 저게 대체 뭔고?

—덤불을 헤쳐보니 조그만 박 한통이 드러난다.

흥 보 (그 박을 따서 들고) 거기 또 한통 있었구면. 여보 마누라, 집구경은 천천히 하고 이 박이나 마저 타봅시다.

마누라 (어쩐지 마음이 내키지 않는듯) 여보 령감. 이 박을랑 타지 마오. 우리가 이제 또 무얼 더 바라리까? 흥진비래라고 옛말에도 하였으니, 이 박을 마저 탔다 언짢은것이나 나오며는 그때는 어찌려오.

흥 보 원, 방정맞은 소리— 언짢은게 웨 나오리? 어서 잔말 말고 톱이나 다려소.

—흥보 톱을 집어들자, 마누라 하는수없이 마주앉아 박을 탄다.

흥 보 슬근슬근 톱질이야

마누라 당기여주소 톱질이야

합 창 슬근슬근 슬근슬근
슬근슬근 슬근슬근

—툭 타놓으니 박속에서 온갖 세간이 다 나온다.

자개함롱 반다지며 롱장 봉장 화초장, 쇄금들미 삼층장 게자다리 옷거리며, 쌍룡 그린 빗접고비 룡두머리 장목비 놋촉대 백통유기 새별같은 요강 타구…

ㅡ뒤를 이어 노복들이 앞뒤로 옹위하여 사인교가 나오더니 그속에서 꽃같은 미인 하나이 라상을 검쳐잡고 땅에 사뿐 내려선다.

ㅡ흥보 내외와 모든 사람들, 멍하니 서서 본다.

미　인　(하인들을 향하여)

자ㅡ 어서 안으로들 들어가거라.

하인들　예ㅡ

ㅡ하인들 분주히 세간들을 새집으로 나른다.

ㅡ흥보 멍하니 보다가 문득 그제야 모든것을 깨달은듯 혼자서 고개를 끄덕끄덕…

흥　보　인제 정말 임자가 나왔구나. 그렇겠지. 일이 그럴게라… 대체 내게 무슨 복이 있다고 이런게 차례가 올고?

ㅡ멍석우에 쏟아놓은 돈이며 쌀이며 눈이 부시게 찬란한 온갖 비단들을 주욱 한차례 둘러보고 입맛을 쩝쩝다신 다음, 한손에 쌀궤, 또 한손에 돈궤를 집어들자, 미인앞으로 나아가 공손히 인사한후,

흥　보　정말 쥔량반이 계신줄은 모르고서 어리석은 소견에 내것만 여기여, 그만 돈 백냥 쌀 열말을 축을 내고말았으니ㅡ

참으로 불안하고
송구하기 짝이 없소
알고야 그러리까
모르고 한 일이니

넓으신 도량으로
깊이 책망 않으시면
앞으로 품을 팔아—

미인 (그의 말을 끝까지 듣지 않고 만면에 교태를 머금고) 무슨 말씀이신지 모르오나, 이 사람으로 말씀하면 월궁선녀로서 강남국 제비왕이 댁에 가서 그대의 부실이 되라 하시기로 이렇듯 왔사오니, 부디 어여삐 여기소서.

—천민뜻밖이라 흥보 듣고 좋아서 싱글벙글 하는데,

마누라 (그만 눈이 샐쭉하여) 에그 잘되였다 잘되였어. 우리가 전고에 없는 간고를 겪다가 인제 발복이 되였다고, 그래 저 꼴을 누가 보고 산단 말고. 그러기에 내 그 박을 타지 말자 안하던가…

흥보 (빙그레 웃으며 마누라의 손을 덥석 잡고) 마누라 마음 내가 알고, 내 마음을 마누라 알지. 지난 고생 생각키로 조강지처 괄시할가? 아무 념려 마소.

—정말 임자가 나온줄만 여겼을 때, 연이와 일년쇠 이하로 아이들의 락망은 말할나위도 없는 일이요, 동네사람들도 흥이 그만 깨여져 그중에는 입었던 비단옷을 슬그머니 벗어놓는 사람들까지 있었는데, 이에 이르러 다시들 찾아입으며 모두 좋아할 때

—막—

제6막

제1장

제5막에서 달포 지난

어느날 석양.

놀보 집.

막이 오르면

놀보 마루끝에 가 걸터앉았고,
그곁에 걸방이 걸린채로 화초장이 놓여있다.

놀 보 원 그래 이런놈의 정신 보았나?
일껀 잘 외고 오다가 개울을 건너뛸
제 잊어버리고는 어엉 생각이 안나니
까마귀고기를 먹었느냐?…아따 무슨
장이더라?… 가만 있자—

간장 된장 고추장
담북장도 아니요
청포장 홍포장에
초록장도 아니요
훈련대장 어영대장
좌우포장이 다 아니라

아따, 무슨 장이더라?… 애고 이거
짜장, 복장 치고 통곡할 일이다.

—마당쇠 지게 지고 밖으로 들어온다.

마당쇠 (화초장을 보고 다가오며)

놀 보 그 장참 예쁘다. (그를 보자) 옳지, 너 마침 잘 왔다. 이 장 이름을 내 깜빡 잊었는데 너 알아내겠느냐?

마당쇠 그야 알아낼수 있습죠.

놀 보 어떻게?

마당쇠 대체 이런걸 생각해내려면, 그저 무슨 장, 무슨 장, 무슨 장 하고 장자 든 이름을 수없이 대느라면 종내는 찾는 이름이 안나오겠죠니까요?

놀 보 (흥! 코웃음 치고) 그건 나도 해봤다마는, 어디 좀체 나오더냐?

마당쇠 (저도 흥! 코웃음 치고) 대체 장자 든 이름을 샌님이 아시며는 얼마나 아시겠소?

놀 보 그럼 어디 너 좀 해봐라.

마당쇠 해보라시면 해봅지요. 자아 줏어댔게 어디 맞는게 나오나 샌님 똑똑히 들어보슈.

당신 아버진 춘부장
이 사람 삼촌은 완장
우리 장인은 악장
내 남편은 가장
부형 년갑은 존장

—샌님 그래 어떱쇼.

놀 보 이놈 그건 당치않다.

마당쇠 안방에 벽장
부엌에 불장
지붕우에 기와장
방고래에 구들장

놀 보 이놈 그도 당치않다.

마당쇠 질청에 호장이요
서당에 훈장이요
늙은 중이 로장이요
키 작은놈 난장이요
글 잘하면 문장이요
쌈 잘하면 명장이라
차장 받아라 포장 받아라
상장 마장 장야 군야—

놀 보 (눈을 부라리면) 이놈아, 장기판으로 아느냐?

마당쇠 그럼 샌님— 이거 한번 들어보오
형제간에 우애 없고
로인 존장 모르는놈
태장 곤장 주장 룽장
온갖 형장 다 맞혀서
란장 박살 물고장은
—샌님, 영낙없이 맞았죠?

놀 보 (마음에 그만 선뜩해서) 아이고 이놈아, 웨 날더러 맞았다냐? 안맞았다 안맞았어.

—이때 안으로서 놀보 마누라 나온다.

마누라 사랑이 왁자할제는 아마 령감이 들어오셨나보다…

놀 보 옳지, 마누라한테 물어보자. (마당쇠를 향하여) 이놈아, 넌 썩 물러가거라.

마당쇠 (싱글싱글 웃으며) 샌님—

놀 보 웨?

마당쇠 안되는 집 내주장은 어떻소?

놀 보 예라 이놈 듣기 싫다.

—마당쇠 픽 웃고 뒤결으로 들어간다.

마누라 (화초장을 보자)

애고 령감. 저게 대체 웬것이요? 참 좋기도 해라.

놀 보 이 장 이름을 마누라도 모르겠소?

마누라 왜 몰라요 안골 정부자네 집에 이런 장이 있는데 화초장이라고 그러나봅디다.

놀 보 그래, 그래, 화초장, 화초장…
원 그게 생각이 안나다니…

마누라 (화초장을 이리 보고 저리 보며 심신이 황홀하여)

우리 령감이 복인이지
우리 령감이 복인이야
어디를 가시며는
그냥 오시는법 없지그려
수저같은걸 보시며는
행전귀퉁이에 찔려오고
화저 부삽 같은것은
괴춤에 넣어오고
주발 대접은
갓모자에 넣어오고
심지어 강아지는
소매속에 넣어오니
언제나 한번이라
허행을 않거니와—

아이고 우리 령감
가던중 제일일세
이 좋은 화초장을
어디서 가져왔소

—마누라가 제 칭찬을 하는통에 놀보 그만 입이 헤벌어졌다가 금시에 안색이 달라지며,

놀 보 그것을 곧 알량이면 이리 좀 와서 듣소. 에그 분하여라. 홍보놈이 부자가 되였데.

마누라 (저도 금시에 두눈이 샐쭉하여) 아니 그게 정말이요? 고개너머 아주버니가 부자가 되였다니—옳지 옳아 내 알았소. 도둑질을 한게로구면.

놀 보 그런게 아니로세. 얘기를 좀 들어보소—작년봄에 제비 한쌍이 홍보집에 날아들어 새끼를 쳤더니만 어느날 뱀이 나와 모조리 잡아먹고 한마리가 떨어져서 다리가 부러진걸 홍보놈이 고쳐노니, 그 제비가 은혜를 갚노라고 박씨를 물어다주어, 박 네통이 열렸것다.

곤궁한 홍보 신세
바가지나 팔아볼가
지난 8월 추석날에
그 박들을 탔더라니

천하의 온갖 보화
그속으로 쏟아져서
홍보놈이 금시 발복
억만 장자 되였으니
그래 이런 절통할 일이
세상에 또 있는가

마누라 아이고 저를 어쩌나? 우리도 천행으로 제비 다리 부러진거나 만났으면…

놀 보 내가 그래 그 말이야… 자ㅡ 마누라 일어나소. 제비 후리러 나가보세.

마누라 애고 령감 딱도 하오, 강남으로 가잔 말요? 명년 3월 되기전에야 제비가 어디 있소?… 그래 그는 그러하고 정말 사는 끌이 어떱디까?

놀 보 (금시에 또 안색이 확 달라지며)

아이고 분한지고
마누라 들어보소
흥보놈 그 주제에
맹랑하고 외람하데
고대광실 좋은 집을
입구자로 지어놓고
안팎 광에 하나 그뜩
쌓였느니 곡식이라
동편 고를 열고 보니
정조가 만석이요
서편 고를 열고 보니
백미가 오천석에
두태 잡곡 참깨 들깨
전후 광에 쌓여있고
돈이 일백 팔만량에
온갖 비단 은금 보화
다시 고에 쌓였으며
말니같은 사내종
열쇠같은 계집종
앵무같은 아이종
들며나며 사환하고

우겨부리 잣박부리
우겨지겨 실어들여
앞뒤뜰에 로적하고
담불담불 쌓였으니

—놀보, 신이야 넋이야 한동안 춧어대다 문득 깨닫고 돌아보니, 마누라 기가 차서 언제 지 모르게 까무라쳐 쓰러져있다.

놀보, 어리둥절, 그 끝을 보다가 저도 그 자리에 나가 자빠진다.

—암 전—

제 2 장

해가 바뀌여
그 이듬해 춘3월.

놀보 집.

막이 오르면

짚으로 제비집을 무수히 만들어 사랑 처마끝에다 1자로 주욱 달아놓은것이 바루 장관이라.

뜰 한가운데 조그만 3층단.

놀보 3층단우에 올라서서 이마에 손을 대고 두루 4면을 살펴보는데

마당쇠는 단아래 떠름한 얼굴로 서있다.

놀보 (문득 하늘을 쳐다보고 소리친다.)

마당쇠야 저것 봐라
하늘 중천에 높이 떠서
비우비우 우는 저 새
저게 분명 제비 아니냐

마당쇠 어디 무엇 말씀이요?… 오ㅡ 저것?
딱하도다 우리 샌님
맵시 보면 모르리까
연비려천 소리개를
제비라니 웬 말이요

놀 보 소리개라 소리개라… 옳지 저건 또 뭣이냐?
마당쇠야 저걸 봐라
양류간으로 짝을 지어
쌍쌍이 넘나드는
저 새는 제비가 분명하지

마당쇠 한심할손 우리 샌님
소리를 듣다 모르시오
이리로 가며
삐쁘리 루리루
저리로 가며
삐쁘리 루리루

놀 보 홍! 삐쁘리로구나… 옳지 이번엔 영락없다. 영락이 아니면 송락이지.
저것 봐라 마당쇠야
배나무에 홀로 앉아
까옥까옥 우는 저 새
저건 분명 제비로다

마당쇠 (어이없어 입을 딱 벌리며)
원 잘못 봐도 류만부동이지.
저 새 날자 배 떨어져
오비이락 일렀으니

까마귀가 분명한데
제비란 말 당하리까

놀보 참말 까마귀로구나. 남 재수없게 거기가 웨 앉았니? …후락 딱딱 훠—이, 훠—이. (발구르고 팔 내둘러 까마귀를 쫓고나서 아주 실심하여)

무정하다 무정하다
강남제비 무정하다
네 아무리 미물이나
남의 정을 모르는가
내가 너를 안 이후로
독숙공방 주야상사
몽매에도 잊지 않고
너 하나를 그리건만

날이 가고 달이 가도
올 기약이 어이 없나
철석같은 이 내 간장
녈로 하여 다 녹는다

—문득 제비들의 지저귀는 소리 요란히 들려온다. 놀보 그만 정신이 현란하여 4면8방을 둘러보며,

마당쇠야 마당쇠야
저게 모두 무슨 새냐

마당쇠 보다가 모르시유
오매불망 제비로구려

놀보 참말 저게 제비로다 (열광하여 뛰다가 단에서 떨어지자 그 자리에 엎드려)

아이고 제비님

소인 놀보 문안이요
강남 만리 먼먼 길에
평안히 오시니까
이번에 나오시면
소인이 뫼시고저
분벽 사창 좋은 방에
원앙 금침 잣베개를
갖추 등대 하였으니
부디 내 집에 드시여서
알 까고 새끼 치고
재미나게 사시다가
호사에 다마라고
뱀이라도 집에 들면
혹시 참척도 보실게요

요행 다 죽지 않고
한마리쯤 떨어져서
다리라도 부러지면
그때엔 상처 구완
지성으로 하겠으니
아이고 우리 제비님
어서 들어 가사이다

(땅에서 벌떡 일어나자 제비들 나르는데로 이리저리 좇아다니며)

제비 제비 저 제비야
그리 가면 죽느니라
이리 오면 사느니라

(또 다른 제비를 좇으며)

그리 가면 죽느니라
이리 오면 사느니라

(발길을 멈추고 서서)
원 저놈의 제비 좀 보지? 고대광실 좋은 집을 구태여 마다하고 다 쓰러져가는 오막살이집으로 들어갈건 뭐 있느냐 말이다.

(또 다른 제비를 향하여)

옳지 너 이리 온
이리 오면 사느니라

원, 조것도 말귀를 못알아 듣네그려… 이놈 마당쇠야, 멀거니 서있지 말고 너도 좀 불러봐라.

마당쇠 저기 저놈을 불르라오? 조기 조놈을 불르라오?

놀 보 아따 그놈 수다도 스러우이. 아무놈이고 재주껏 불러만 들이려무나.

마당쇠 제비 제비 저 제비야
그리 가면 죽느니라
이리 오면 사느니라

이리 오면 죽느니라
그리 가면 사느니라

놀 보 (무심히 듣다가 깜짝 놀라) 이놈아 꺼꾸루 말을 하면 어떡하니? 저것 봐라, 다 날러가 버리는구나…

마당쇠 웨 꺼꾸루라고 그러슈?

놀 보 이놈아, 그리 가면 사느니라 하니, 산단 말을 웨 한단 말이냐? 죽는단 말을 해야지.

마당쇠 웨 내 죽는단 말 안합디까?

이리 오면 죽느니라

놀보 아이고 이 죽일놈아. 죽는단 말을 해선 안된대도 그러는구나. 산단 말을 해야지.

마당쇠 글쎄 그러게 내 산단 말을 안합디까?…

그리 가면 사느니라

놀보 아이고 이놈아, 그게 꺼꾸루란 말이다.

마당쇠 무에 꺼꾸루라고 그러슈?… 어디 그럼 샌님 한번 해보슈.

놀보 그래, 내 하께 들어봐라.

제비 제비 저 제비야

그리 가면 사느니라

아차, 이것 잘못 됐다.

이리 오면 죽느니라

애고 이거 웬 이렇고?…이놈아, 너 때문에 나까지 헷갈리는구나.

이리 오면 죽느니라

아이고, 이거, 복통을 할 노릇이다.

—문득 제비의 지줄대는 소리 요란히 들리며 놀보가 만들어놓은 집으로 제비가 날아든다.

놀보 이애 정녕 제비가 들었지? 저게 정녕 제비렸다?

마당쇠 제비는 제빈가 보오마는, 원, **소경제**비나 아닌지 모르겠소.

놀보 글쎄—, 소경제빈지는 마치 몰라도, 이리 오면 사느니라 할제는 안들어 오다가, 이리 오면 죽느니라 했더니

드는걸 보면, 제비치고는 아주 고집 불통인가보다.

마당쇠 흥! 그 제비 샌님댁에 와서 살만 하우.

—암 전—

제 3 장

제2장과 같은 해 여름.

놀보 집 사랑채에

한낮이 기울었다.

처마끝에 주욱 1자로 달아놓았던 제비집들—정자 제비 든 집 하나 내여놓고는 다 떼였고 마당의 3층단도 치워서 없다.

무대에 불이 들어가면

마당쇠와 삼월이 나란히 서서 제비집을 쳐다보고 있다.

제비새끼들 지줄대는 소리 연해 들린다.

삼월이 아이 고것들이야…그새 토실토실 살도 찌고 날개들도 제법 컸구나.

마당쇠 크면 뭘 하노? 아직 제대로들 나르지를 못하니…

삼월이 (저모르게 한숨짓고) 그러기에 말이지…원 조렇게 귀여운 것들을 백죄 다리 병신을 만들어 노려고 뱀을 몰러 다니다니…

마당쇠 (씹어뱉듯) 죄로 가지 죄로 가.

삼월이 (지난일을 회상하여)

「부디 뱀 한마리만 집에 들어 제비집 앞으로 스스로 지나가게 하여줍시사」—하고 산신제를 다 지내고, 열두명씩 삯군을 사가지고 뱀을 몰려다니고… 참말이지 댁샌님 심보도—

마당쇠 흥! 처음엔 삯을 후히 준다는 바람에 동네사람들도 영문 모르고 따라 나섰지만, 내막을 빤히 안 뒤에야 나올 사람이 어디 있어.

삼월이 (마당쇠를 쳐다보며) 마당쇠가 나오지 말래서 그래들 안나온다고 샌님이 펄펄 뛰셨지.

마당쇠 (그 말에는 대꾸 않고) 그래 아무도 안나오니까 샌님도 할수없어, 마님하고 둘이서 룽서방을 데리고 몸소 나선겐데, 흥! 이제까지 뱀이라곤 그림자도 못봤다니 그도 참 이상한 일이야.

삼월이 샌님 심사가 하 패씸해서 아마 산신님이 뱀들을 단속하고 내놓지 않으시는게지?

마당쇠 내가 산신님이라면 의례 뱀을 내놔서 콱 물게 하겠다.

삼월이 (문득 밖을 바라보고) 애고, 저게 웬 일이야? 샌님이 누굴 업으시고—

마당쇠 (저도 그편을 보고) 샌님 등에 업힌것이 댁 마님 아니라고?…

—마당쇠와 삼월이, 마악 마주 나가려는데, 밖으로서 짚신 감발에 죽장 짚은 놀보가 마누라를 들쳐업고 허덕허덕 들어온다. 그뒤로 머슴 룽서방—한손에 점심보따리를 들었다.

마당쇠
삼월이 (일시에 내달아)

아이고 샌님—
이게 대체 웬 일이오니까

—놀보, 마누라를 업고 마당 한가운데 선채 숨이 가빠서 대답 못한다.

롱서방 (대신 나서서)
천지개벽한 이후로
이런 변이 있을손가
무지한 독사뱀이
물려건 나나 물지
쌍놈을 버려두고
량반 마님을 물었네그려

마당쇠 삼월이 아이고 저런 변이 있나
존중하신 우리 마님
그래 어딜 물리셨소

놀 보 (그사이에 숨을 돌려)
우리 인간 륙신중에
물데도 많으련만
요사스런 독사놈이
다른 곳은 다 내놓고
하필 왼발 엄지가락을
냅다 물어 제쳤고나

마당쇠 삼월이 아이고 저를 어찌 하리
오죽이나 아프실가
그래 상처는 어떠하며
독이나 안드셨소

마누라 (아주 녈치가 되여 업혀있다가 문득 고개를

번쩍 들며 소리친다)

아이고 이것들아
웬 사설이 이리 많으냐
삼월이년은 들어가서
안방에다 자리 보고
마당쇠놈은 안말 가서
최주부를 청해오고
령감을랑 날 업어다
아래목에 뉘여주오
애고애고 나 죽는다

(할 말 다 하자 다시 추욱 늘어진다)

놀보 아이고 마누라 죽지 마오
삼월아 마당쇠야
분부 거행 빨리 해라

마당쇠 삼월이 네—

—마누라를 추슬려서 고쳐업고, 죽장은 땅에 떨어뜨린채 놀보 허둥지둥 안으로 들어간다.

삼월이 쪼르르 달려 놀보보다 앞서 들어간다.

마당쇠 (룡서방을 향하여) 룡서방, 마님이 정말 물리기나 했소?

룡서방 물리기는 물렸느니… 그래도 즉시 독을 빨아냈으니까 무어 별 일은 없을 겔세.

마당쇠 거, 불행중 다행이군… 그런데 도대체 어떡허다 뱀한테는 물렸는지 어디

롱서방 한번 자초지종 이야기를 들읍시다.

응, 들어보게 기막히지…오늘도 한나절을 들로 산으로 싸다니다 뱀이라곤 도마뱀 하날 못보고 그냥 돌아오는 길에 천만뜻밖에도 해포 묵은 까치독사를 바로 큰 고개서 만났것다.

마당쇠 거짓말 조금 보태서 얼마나한놈입디까?

롱서방 거짓말 안보태고 홍두깨만한놈인데, 샌님이 보시고서 소원성취 좋아라고—

앞으로 썩 나서서
뱀보고 하는 말씀

「얼시고 이 짐승아
어딜 갔다 이제 왔나
가세가세 어서 가세
내 집으로 어서 가세
내 집으로 함께 가서
사랑채 처마끝의
제비집만 지내주면
제비새끼 떨어지는 날
나는 장자될것이니
상금으로 계란 열개
병아리 하뭇 내여주리
가세가세 어서 가세
내 집으로 어서 가세」

구변 좋은 샌님이 만단으로 달래보나 미욱한 그 짐승이 어디 말귀를 알아듣나? 그대로 세모진 대가리를 요렇게 추켜세우고 혀만 늘름거리는

판에, 곁에 있던 우리 마님이 물게를
모르고 「이놈의 뱀!」하며 왼발을
한번 땅 구르니까,

약이 오른 독사 보소
머리를 한번 흔들더니
눈결에 달려들어
마님의 발가락을
냅다 물어뗐네그려

마당쇠 옳거니—일이 그렇게 되였구면.
(고개를 두서번 끄덕끄덕하고)
그런데 널치가 다 된 마님을 샌님이 업고오셨으니 웬 일이요?…
(한마디 묻다가)
옳지. 요 앞까지는 룡서방이 업어서 모셨겠지. 수고하셨소.

룡서방 (흥! 코웃음 치고)
모르는 말이로세
량반댁 마님께서
쌍놈 등에 업히던가

큰고개서 여기까지
시오리가 잘되는데
한번 쉬도 못하고서
줄곧 샌님이 업고왔지

마당쇠 불행중 다행이요

룡서방 불행중 다행일세

—안으로서 큰기침하며 놀보 나온다.

놀 보 (마당쇠를 향하여)
네 이놈 여태 안갔더냐?

마당쇠 한달음에 뛰여갔다, 한달음에 뛰여오려고 지금 한창 기운을 가다듬는길이와요.

놀 보 네 아직 안가기를 잘했다. 최주부를 불러오고 어쩌고 하면 객적은 비용만 또 날게니 불러올건 없고, 그저 치료하는 법만 알아오되, 댁 마님이라 말고 네 누이가 물렸다면 혹시 약도 거저 줄지 모르니, 아무쪼록 녁녁히 얻어오렸다.

마당쇠 그럼 샌님, 소인의 누이년이 독사한테 되게 물려 방금 뒤여지려고 숨을 몬다—그럴갑쇼?

놀 보 아따 아무 소릴 하든 약만 많이 얻어오려무나.

마당쇠 예—

—마당쇠는 밖으로 나가고, 룡서방은 안으로 들어간다.

—홀로 남은 놀보, 제비집앞으로 가서 잠간 처다보다가 문득 무엇을 결심한듯 고개를 한번 끄떡하는데 안으로서 룡서방이 물지게 지고 나온다.

놀 보 (질겁을 하여 제비집앞에서 물러나며 생각난듯) 너 참 어딜 가겠다고 말미를 달랬겠다?

룡서방 저—생질놈의 혼인이 바로 래일이라, 그래 말씀을 사뢨으나…안가도 그만입죠.

놀 보 (바로 선선하게) 내 말미 줄것이니 곧 가보아라.

룡서방 (생각도 못하면 일이라 도리여 어리둥절하여하며) 황송하외다. 그럼 물이나 길어놓고 가겠습니다.

놀 보 가깝지도 않은터에 가느라면 어둡는다. 그냥 가거라.

룡서방 뭐 달이 있는뎁쇼.

놀 보 아따 그놈, 가라면 가는게 아니고—

(저모르게 소리를 버럭 지르다가 얼른 다시 음성을 부드러이 하여)

모처럼 경사에 일쪽어니 가 봐주려무나. 물이야 나중에 마당쇠더러 길라지…

룡서방 예—황송하외다.

—룡서방이 안으로 도루 들어가자, 놀보 다시 제비집을 처다본다.

룡서방 (지게 벗어놓고 다시 나와)

그럼 샌님, 소인 다녀올랍니다.

—놀보, 말없이 고개만 끄덕끄덕하다가, 룡서방이 밖으로 나가자, 부리나케 방에서 등상을 들고 나와 제비집아래 갖다놓고, 재빨리 사면을 둘러본 다음에 그우에 성큼 올라서며 곧 제비새끼 한마리를 집어내여 두다리를 뚝 분질러서 땅에 떨어뜨리고, 허둥지둥 뜰로 뛰여내려와 땅에 떨어진 죽장을 집어들자, 제비집아래 기둥을 딱딱 뚜드리며 고함친다.

놀 보 야—이놈의 뱀 봐라, 뱀 봐라. 막 제비집으로 들어가려고 하는구나. 이놈의 뱀, 이놈의 뱀…

—안으로서 삼월이가 부지깽이 손에 들고 급히 뛰여나온다.

놀 보 이놈의 뱀, 이놈의 뱀, 가면 네가 어딜 가랴…

—정말 뱀이라도 쫓는듯이 놀보 죽장을 둘러메고 뒤결으로 뛰여간다.

—삼월이 달려나오자, 망에 떨어진 제비새끼를 발견하고 깜짝 놀라 손에 집어들며,

삼월이 쯧쯧…이를 어째? 두다리가 똑 부러졌으니…

—제비새끼들이 그대로 놀라 지줄대는 제비집을 한번 쳐다보고, 삼월이가 다시 손에 든 새끼를 들여다볼 때,

놀보 뒤곁으로서 돌아나오며,

놀 보 원, 망할놈의 뱀, 어찌 빨리 내빼는지 그만 놓치고말았다…

삼월이 샌님, 이것 좀 와 보세요.

놀 보 (소스라쳐 놀라는 시늉을 하며) 아니 그거 제비새끼 아니냐?

삼월이 예가 떨어져있구면요. 두다리가 똑 부러져서…

놀 보 (삼월이에게서 제비새끼를 받아들자, 흘깃 한번 보고는 즉시로 외면하며) 허—가엾어라. 이거 불쌍해 보겠느냐, 그냥 두었단 속절없이 죽고말지. (혼자말처럼 중얼중얼 하고나서 삼월이를 향하여) 네 얼른 들어가서 칠산 조기껍질하고 청올치를 내여오되, 아주 넉넉히 많이 내오렸다.

삼월이 네—

—삼월이 안으로 뛰여들어갈 때, 밖으로서 마당쇠 들어온다.

놀 보 (마당쇠가 무어라기전에 얼른 앞질러) 이애 이것 좀 와서 봐라. 내 이리로 거니느라 미처 보지 못했더니, 제비집에 뱀이 들어 제비새끼가 떨어지며 두다리가 부러졌으니 이거 가엾어 어떻거느냐? 아 그 뱀이란놈이—

—마당쇠 말없이 듣고있다가, 제비집아래 등상이 놓어있는것을 보자 즉시 놀보 말을 무질러

뜨며,

마당쇠 옳지, 그 뱀이란놈이 저 등상을 딛고 올라서서 제비다리를 뚝 분질러 놓았군요?…

놀 보 (연방 고개를 끄덕이며) 그렇지, 그래 그래. 뱀이란놈이 한 짓이지, 뱀이란놈이 한짓이야.

—안으로서 삼월이가 실과 조기껍질을 두손에 갈라들고 급히 달려나온다.

마당쇠 (놀보의 얼굴을 유심히 쳐다보며 반은 혼자말처럼) 그런데 일이 장히 맹랑하다. 등상을 딛고 올라서는 뱀이란 대체 어떤 뱀인고?…

—삼월이 그 말 듣자 의혹이 버썩 들어, 새삼스레 등상을 바라보고, 다음에 놀보를 쳐다본다.

놀 보 (얼굴이 왈칵 붉어 얼른 외면하며) 이놈아 아니다. 등상 딛고 올라서는 게 뭐냐?…삼월아 거 이리 다우.

—놀보, 삼월이에게서 조기껍질과 실을 받아 제비다리를 동여주며, 바루 사람에게나 이르듯이.

놀 보 제비야 네 듣거라—

하늘에는 풍운이요
인간에는 화복이라
오늘날 뱀으로 하여
네 다리가 부러지니
이도 다 팔자 소관
속절없이 죽는 몸이
불행중 다행으로
주인을 잘 만나서
후덕하신 연생원이

네 목숨을 살려내니
네 아무리 미물이나
이 은혜야 잊을소냐
흥보 은혜 갚은 제비
네통 박씨를 물어왔으니
너는 한통 더 보태서
다섯통 박 열박씨를
부디 갖다 나를 주되
강남에 돌아가건
3월까지 있지 말고
파세 즉시 발행하여
정월 망전 당도하면
기다리기 괴롭잖고
오죽이나 좋겠느냐

(혼자 지껄이고나자 그대로 외면을 한채)

마당쇠 이애 마당쇠야, 요것이 령물이지? (한없는 분격에 불타는 눈초리로 놀보의 옆 얼굴을 노려보며)

놀　보 (그대로 외면한채) 아무렴 령물이죠. 사람보다 낫습니다. 제가 과연 령물이면 이 은혜를 알것이라…

마당쇠 (그대로 노려보며) 은혜만 알라구요? 무엇은 모르겠소?

놀　보 (여전히 외면한채) 은혜를 안다며는 제가 꼭 갚을테지.

마당쇠 (여전히 노려보며) 아무렴 꼭 갚겠죠. 아니갚고 어쩌겠소.

—놀보 문득 마음에 의아하여 고개를 돌리자, 분격에 불타는 마당쇠의 눈과 딱 마주친다. 놀보 놀라 몸서리치며, 그를 노려본다. 마당쇠 굴하지 않고 그대로 마주 노려보는데서,

—막—

제 7 막

해가 또 바뀌여

이듬해 가을.

놀보 집.

사랑채 마당에, 차일을 높이 치고 금줄을 둘렀는데,

줄안에 여기저기 멍석 덕석이 깔려있고, 한구석에 가지런히 박 다섯통이 놓여있다.

막이 오르면

박옆에 큰톱 들고 삯군 군평이와 태평이—, 태평이는 키는 작달막하니 가로만 퍼졌는데, 군평이는 빼빼 마른 사람이 멋대가리없이 키만 버쩍 컸다.

대돌우에서, 놀보가 마당쇠 룡서방 삼월이를 지휘하여 돗자리를 깔고 병풍을 둘러치고 하는 판.

동네아이들 서너명이 금줄밖에 서서 보고있다.

—안으로서 놀보 마누라 나온다.

마누라 (뜰안을 한번 둘러본 뒤, 어이가 없는듯)

아니 여보 령감—
박 멧통 타는데
웬 수선을 이리 피오
령감 환갑때나
내노려고 감춰두었던

화문석에 수병풍이
무슨 일로 나왔으며
마당에다 금줄 치고
멍석덕석 깔았으니
굿을 하나 떡을 하나
이게 대체 웬 일이요

놀 보 허허 마누라
허허 우리 마누라
박 멧통 탄다지만
이게 대체 웬 박인가
제비다리 고쳐주고
강남왕에게 받은게라
이제 이 박 타고보면
온갖 은금보화들이
쏟아져 나올게니
여기다간 돈을 받고
저기다간 쌀을 받고
또 여기단 각색 비단을
차곡차곡 쌓아놓세

마누라 (턱으로 대돌우를 가리키며)
그럼 령감—
게단 또 무얼 받소

놀 보 허허 마누라 들어보소
이 박에서 돈 나오고
저 박에서 쌀 나오면
어깨가 으쓱으쓱
신명 나서 살수 있나

그때에는 이우에서
우리 량주 손을 잡고
춤이나 한바탕 추어보세

마누라 (말만 들어도 신이 나는지) 아이고 우리 령감이 생각도 깊으시지. 그럼 어서 빨리 박을 타라시오.

놀보 가만 있어 타기전에—
(마당쇠 봉서방 삼월이를 돌아보고)
자— 너희들은 어서 줄밖으로 나가거라.

—세사람 줄밖으로 나온다.

놀보 마누라 들어보소
홍보놈이 박 탈적엔
소문이 한번 돌자
큰 마을 작은 마을
앞동네 뒤동네서
여숙이 무숙이
바금이 딱정이
아귀쇠 조각쇠
어중이 떠중이
이놈 저놈이
벌떼같이 몰려들어
그것들 섭섭잖게
골고루 노나주느라
그 좋은 보물들이
절반이나 축갔다네
홍보놈은 천치라서
그런짓을 하지마는

내야 웨 그럴손가
외인 단속 엄히 하고
이안에 떨어진건
겸불 하나 안줄라네

마누라 (열번이나 고개를 끄덕이며)
그야 다시 이를 말이요
외인 단속 잘해야지
우리게 태인 복을
끄물이라고 남을 주리

—동네사람들 차차 모여든다.

마당쇠 (어처구니가 없어서)
아이고 우리 마님도
아이고 우리 샌님도
다른 걱정은 다 하여도
그 걱정을랑 하지 마오
두분 성정 아는터에
어느 쓸개 빠진놈이
무얼 그래 바라리까
그런 걱정은 하도 마오

놀보 흥! 말인즉 그러하나, 어느 견물생심이라니…
(손을 들어 모여든 사람들을 가리키며)
저것들 좀 보지그려 벌써 모여들지 않냐?
보물박을 이제 타서
은금보화 나올진대
눈들이 뒤집혀서
무슨 짓을 할지 아나

자—삼월이는 게쯤 서고, 방울쇠는 게쯤 서고, 마당쇠는 또 게쯤 서서, 누구른 막론하고 상감님이 오신대도 금줄안에는 들이지 말고, 또 너희들도 아예 들어오려 말렸다.

—조금 모였던 동네사람들, 픽픽 웃고 침 뱉고, 철없는 아이들도 어른들의 본을 떠서 분분히 나가버린다.

마당쇠 그럼 샌님이나 마님이 이밖에 나왔다가 다시 들어가실 때는 어찌리까?

놀보 우리야 그 밖에를 뭣하러 나가느냐?

마당쇠 그럼 예선 못들어가고, 게선 또 못나오고, 아주 내외불통으로 딱 정합시다.

놀보 그래, 그래. 그게 좋으니라.
(연방 고개를 끄덕이고, 다음에 삯군들을 향하여)
군평이, 태평이, 그럼 어서 박을 타게.

군평이 (톱을 집어들며) 자— 켜세—

태평이 (톱을 잡으며) 켜세—

군평이 슬근슬근 톱질이야

태평이 당기여라 톱질이야

군평이 힘을 써서 당기여주소

태평이 어이여라 톱질이야

—놀보 내외, 손짓몸짓 하여가며,

합창 슬근슬근 슬근슬근
슬근슬근 슬근슬근

—쓱싹쓱싹 툭 타놓자, 놀보 자못 기대가 커서, 연해 두손을 썩썩 비비며,

놀보 돈궤냐 쌀궤냐
궤 아니면 비단이냐

—벌써 좋아서 혼자 싱글벙글하며, 놀보 기웃이 박속을 들여다보려는데, 안으로서 난데없이 강청으로 글 읽는 소리가 난다.

소리 맹재—견량혜왕하신대 왕왈 쉬—불원천리 이래하시니 욕장 유리어 오국호이까…

놀보 (어리둥절하여)
이거 누가 맹자를 읽지 않나?…

—군중들 아하하하 웃으면서도 역시 다들 어리둥절하여 하는 판에,

안으로서 사람들이 꾸역꾸역 나오니, 늙은 량반 관을 쓰고 젊은 량반 갓을 쓰고 새서방님 초립 쓰고 도련님은 쾌자를 입었는데, 형용은 초췌하고 의복은 람루하며 발에는 일매지게 굽이 다 닳은 나막신을 신었다.

놀보 (늙은 량반을 향하여)
어디로 백일장 보러 가시오?

늙은 량반 (유심히 놀보를 들여다보다가)
너 이놈 놀보가 아니냐? 내 바로 너를 보러 온 길이다.

놀보 (마음에 섬적하여)
누구신데 무슨 일로 오셨는지…

늙은 량반 (뱁새눈 부릅뜨며)
네 이 놀보놈아
구상전을 모르느냐
네 하라비 덜렁쇠
네 아비는 껄떡박이

이게 모두 댁 종이라
병자년 8월달에
과거보러 서울 가고
댁 사랑이 비였을제
흉영한 네 하래비
가산 모두 도적하여
철가도주를 하였더니
조선 왔던 제비편에
너희놈들 여기 와서
부자로 산다 함을
자세히 탐문하고
불원천리 온 길일다

—놀보, 흙사 대낮에 도깨비한테 홀린 얼굴을 하여가지고 멀거니 늙은 량반을 쳐다만 본다.

늙은 량반 (다시 호령조로 묻되) 네가 몇형제인고?

놀 보 (겁결에 한다는 말이) 독신이올시다.

늙은 량반 계집 동생은 없느냐?

놀 보 누이 하나이 있습니다.

늙은 량반 올에 몇살이냐?

놀 보 열여섯살이 올시다.

늙은 량반 네 집에 있느냐?

놀 보 아직 출가치 못하옵고 그저 있습니다.

늙은 량반 (좋아서 입이 벌어지며) 박통에 들어앉아, 내 심심하더니 마침 잘되였다. 그년 바삐 현신시켜라. 인물이 쓸만하면 내가 첩을 삼겠다.

—분부하기를 마치자 늙은 량반 대돌우로 올라가 돗자리우에 도사리고 앉으며,

늙은 량반 (아들과 손자를 향하여) 이리 올라와서 글들이나 읽어라.

세사람 네—

—장유유서라 젊은 량반, 새서방님, 도련님의 순서로 대돌우로 올라가서 차례차례 꿇어앉아 각기 책 펴놓고 읽는다.

젊은 량반 (사략을 읽는데) 태고라 천황씨는 이목덕으로 왕하여 세계섭정하시니 무위이화라하여 형제 12인이 각 1만 8천세하다…

서방님 (통감초권을 읽는데) 23년이라 초명진대부 위사조적 한건하여 위제후하다…

도련님 (천자를 읽는데) 하늘천 따지 가물현 누르황 집우 집주 넓을홍 거칠황…

—늙은 량반 앉아서 졸고, 젊은 량반 새서방님 도련님도 본을 받아 글 읽다 말고 차례로 끄빡끄빡 조는데,

—뜰에서는, 놀보가 겁결에 대답은 하여놓고 어디 누이가 있어야 현신을 시키지 이런 걱정이 있나? 놀보 계집이 보다가 답답하여,

마누라 여보 령감. 저 량반 수작이 전수이 트집바탈이라 돈 뺏으려 온게 적실한데, 아주버니네 잘 산단 말은 조금도 아니하고, 없는 누이는 있다고 하여 당장 현신을 시키라니, 원 이런 걱정이 어디 있소?

놀 보 (뒤꼭지를 치면) 흥보놈 망신시키자고 한다는 말이, 입밖에 나오면 딴 소리가 되고마니 어쩌나? 어쩔 도리 없으니 마누라가 머리를 땋늘이고 나가서 잠간 현신하소.

마누라 (펄쩍 뛰며)

아, 첩을 삼겠다는데 어떻게 현신을 하오? 없다고 잡아떼오.

—늙은 량반 졸다가 제풀에 놀라깨자, 다시 소리를 가다듬어,

늙은 량반 이놈 놀보야—, 네 누이년 어찌하였느냐?

놀 보 (섬돌아래 가 꿇어엎디여)

저—소인의 누이년이 놀라서 어디로 달아나고 없으니 황송하오이다.

늙은 량반 (골을 내여 호령하되)

달아나면 제가 어딜 갈고? 어서 찾아내여 바삐 현신시켜라.

—놀보 기가 막혀 마침내 돈궤를 열고 3천냥을 꺼내들자 늙은 량반앞으로 다시 나가,

놀 보 그년을 도무지 어디 가서 찾을 길이 없사오니 이걸 받으시고 부디 용서하여줍시사.

늙은 량반 그게 대체 얼마냐?

놀 보 3천냥이 올시다.

늙은 량반 (품안에서 조고만 주머니 하나를 꺼내들며)

그만 두어라, 이 주머니나 하나 꼭 채워다오.

놀 보 예—

—놀보, 이게 웬 떡인가 하여 궷돈을 헐어넣는데, 어찌된 셈평인지 넷냥을 넣어도 간데없고, 열냥을 넣어도 그만이요, 백냥을 넣어도 휑, 천냥을 넣어도 그렇고, 3천냥 5천냥 만냥을 다 넣어도 주머니는 그대로 홀쭉한채다.

놀 보 (울가망이 되여)

아이고 샌님, 이게 대체 무슨 주머니오니까?

늙은 량반 오—그게 능청주머니란다.

놀 보 샌님 제발 살려주오. 만냥이나 넣

어도 이 끝이니 소인네 살림 다 가지고도 이 주머니는 못채우겠소.

늙은 량반 (교활하게 웃으며) 오—내 이제 네 집을 알았으니 용이 떨어질만 하면 또 오고 또 오고 할 터이라, 이번에는 그만해두자.

놀 보 황송하오이다.

늙은 량반 (곁을 돌아보고) 무슨 잠들이냐—

—늙은 량반 호통 한번에 젊은 량반 새서방님 도련님이 눈은 감은채 1시에 몸을 흔들며,

도련님 하늘천 따지 가물현 누르황…

서방님 23년이라 초명진대부…

젊은 량반 태고라 천황씨는 이목덕으로…

—와글와글 한바탕 글을 외우는데, 늙은 량반 능청주머니를 품에 간직하며,

늙은 량반 이제 그만들 가보자.

—한마디 하자, 네사람 인하여 간 곳이 없다.

군중1 거, 량반 등쳐먹는 량반이 또 있네그려.

군중2 최판서댁 도사나으리 못봤나?

군중3 어이 참 말 못할…

—놀보 내외, 무엇에 홀린 사람 모양, 멀거니 마주보고 섰다가,

마누라 아니 령감, 고개너머 아주버님네는 첫통에 보물이 나왔다는데, 우리는 웬 뚱딴지같은 상전이 나와서 돈을 만냥씩이나 뺏어간단 말이요. 저 박 이제 그만 탑시다.

놀 보 모르면 모르되 흥보네도 첫통에선 량

반이 나왔겠지, 그 각다귀같은 량반떼가 게라고 안갔겠소?―인제 둘째박부터는 정말 보물이 나올테니 마누라 가만히 앉아서 보기만 하소.

마누라 정말 그렇기나 했으면…

놀 보 아따, 틀림없다니까.

(삯군들을 돌아보고)

군평이 태평이 어서 또 한통 타게.

군평이 타기야 타겠지만, 이번에 타는 박은 보물박이 분명한 모양이니, 샌님, 더 좀 생각을 해주셔야겠소.

놀 보 매 통에 스무냥씩, 다섯통삯 일백냥을 선셈 쳐서 주었는데 그게 그래 부족한가?

태평이 아 샌님, 생각해보우. 이제 이 박을 한번 켜놓고 보면 온갖 은금보화가 쏟아져나와, 샌님이 억만장자가 될판인데, 그래 단돈 백냥으로 때버릴 작정이요?

군평이 별로이 상급을랑 생각해주세야죠.

군중 1 그렇지 그래. 상급이 있서야지.

군중 2 아무렴 있어야지. 한5백냥 받아내라.

군중 3 5백냥이 말이 되나? 천냥 하나는 받아야지. 천냥도 안받고 보물박을 타?

군중들 (일제히 고함쳐)

안주거든 타지 말아, 안주거든 타지 말어. 타는놈은 인사불성, 타라는놈은 개아들이다.

놀 보 (아무래도 안주고는 못배길 모양이라)

아따 주지 주어. 상급 천냥 줄것이니 보물만 나오도록 정성들여 잘들 타게.

―놀보, 덜커덕 궤를 열고 돈 천냥을 내여준다.

군평이 상급이 나왔으니 그럼 한통 켜볼가?

슬근슬근 톱질이야

태평이 당기여라 톱질이야

합 창 슬근슬근 슬근슬근
슬근슬근 슬근슬근

—쓱싹쓱싹 툭 타놓으니, 안으로서 난데없는 소리가 들려나온다.

소 리 에랑에랑 에헤야
에헤 두견이 울었다
사랑도 매화로다

룡서방 (마당쇠를 돌아보며)
저거 누가 박속에서 매화타령을 하지 않아?

마당쇠 (군중들을 둘러보며)
이번엔 까딱하다 댁 샌님이 매화틀에 올라앉으시게 되나보다.

—군중들 일시에 웃는데 박속으로서 사당패와 거사떼, 꾸역꾸역 쏟아져나온다.

—놀보 길흉을 알수 없어 한구석에 가 눈만 깜빡깜빡하고 처박혀 앉아있다.

사당1 물 길러 간다고
강짜를 말고
부뚜막 밑에다
박우물 파려마

에랑에랑 에헤야
에헤 두견이 울었다
사랑도 매화로다

—사당패들 일제히 놀보앞으로 나오며,

사당1 소사 문안이요.

사당2 소사 문안이요.

사당3 소사 문안이요.

놀 보 (바루 틀을 차리고)
너희들이 다 무엇이냐?

사당1 소사들로 말씀하면 강남 사는 사당이온데, 특히 이번에 강남 제비왕의 분부를 뫼와, 해동 조선국에 유명짜하신 연생원님께 문안 드리러 왔나이다.

놀 보 (입이 헤벌어져 마당쇠를 돌아보며)
이애, 이제 정작 시작인 모양이지?

마당쇠 (뜻이 있어 웃으며)
이제 정작 시작인 모양이요.

놀 보 글쎄 너도 생각해봐라. 이제 온갖 은금보화가 쏟아져나올판이라, 그래 강남 제비왕이 저것들을 보내서 내게 문안을 드리게 한것이 아니겠느냐?

마당쇠 짐작은 용하게 하셨소. 하여튼 한번 놀고나 보시구료.

놀 보 (사당패를 향하여)
내 비록 벽촌에 묻혀있으나 이름은 멀리 났구나. 너희들이 모처럼 왔으니, 그럼 어디 한번 잘들 놀아보아라.

사당들 네—

—사당패와 거사떼, 자리잡고 논다.

사당2 오동추야 달 밝은 밤에
님 생각이 새로워라
님도 응당 나를 생각하리라
나니나 산이로구나

놀 보 어허 좋지. 네 이름이 무엇이니?

사당2 월하선이요.

놀 보 어따 천냥이다. 네 갖다먹어라.

사당3 천천히 완보하여
박석재를 넘어가니
객사청청 류색신은
나귀 매던 버들이요
위성조우 읍경진은
나 마시던 청파로다
광한루야 잘있더냐
오작교야 무사하냐

놀보 좋지. 넌 또 뭐라 하니?

사당3 화중선이요.

(궤를 열고 돈을 내여주며)

놀보 어따 천냥이다. 네 갖다먹어라.

—어떤 사당 노래하고 어떤 사당 단가하며 윈가지로 뛰고 놀 때,

—문득 거사놈이 나서서 사당을 얼르며 번개 소고를 풍우같이 두드리고 「산염불」 「긴령산」에 흔들거려 놀더니,

거사1 (문득 놀보에게로 와락 달려들어) 옳다 이놈, 여기서 보는구나.

—거사들 일제히 달려들어 놀보의 사지를 갈라잡고 행가레를 친다.

놀보 애고 나 죽소—대체 이게 웬 일이요? 사람이나 살려놓고 말을 해도 말을 하오.

거사1 이놈, 네 목숨 보전하려거든 돈을 어서 내놓아라.

놀보 2천냥이나 주었는데 무슨 돈을 또 내라오?

거사1 이게 만냥판인줄 네 이놈 모르느냐?

(앞으로 썩 나서며)

거사2 네가 이놈, 아무래도 좀 더 겪고싶

은게다.

놀보 애고 애고… 드리리다, 드리리다.

—놀보 황겁하여 돈을 내여주자, 사당패와 거사떼 인하여 간 곳 없다.

놀보 (고개를 연방 기웃거리며)

첫통도 만냥이요 둘째통도 만냥이라, 만냥이 시센가보니, 남은 박속에서도 그런것들이 나온다면 가산을 탕진하고 패가망신할 판이라, 대체 이 노릇을 어떡헌다?

마누라 (혀를 끌끌 차며)

아이고 령감 딱도 하지
두번이나 당하고서
그래도 오히려 부족하오
망쪼 들어 이러한걸
어찌하여 모르시나…

(마당쇠를 향하여)

이애 마당쇠야 이 박들을 말끔 들어다 십리밖에 내버려라.

놀보 허—요사스러운 계집년이
무엇을 아노라고
방정맞게 이러는고
만약에 버렸다가
그것이 보물박이면
그 노릇을 어이하리

(눈을 깜박깜박하며 잠간 궁리하다가)

옳지 그렇지, 좋은 수가 있지그려…

(마당쇠와 통서방을 번갈아보며)

너희들 두놈중에 뉘걸음이 재더라?…

…옳지 방울쇠야, 너 이길로 고개

너머 가서 서방님은 모셔오되, 좋은 일이 있으니 돈 십만냥만 가지고 빨리 건너 오십시사—고.

룡서방 만약에 서방님이 안오시면 어쩌랍니까?

놀 보 허— 서방님은 도덕군자로 효제충신을 일삼거니, 내 말이라 전하며는 제 안올리 없느니라.

—룡서방 덜레덜레 밖으로 나간다.

놀 보 (마누라를 돌아보며) 자—홍보놈을 불러다가 옆에 앉혀놓고—, 요행 박속에서 보물이 나오며는 연생원이 부자가 되시는게요, 혹시 또 앞서처럼 이상한게 나오며는, 형 대신 아우더러 좀 겪어보랄밖에…

마누라 (입을 딱 벌리고) 아이고 우리 령감이 생각도 깊으시지.

군중1 원, 저 심보들 좀 보게.

군중2 어—참 고약하다.

놀 보 자—군평이 태평이. 어서 또 한통 타게.

군평이 (태평이와 눈을 맞춘 다음) 우리는 이 박 안탈라오.

놀 보 아니 또 웨 그러나?

군평이 보물박을 탄다기에 모처럼 나섰더니 나올것은 안나오고 량반떼라 사당패라, 이상한게 몰려나와 샌님 돈만 뺏어가니—

이 박을 또 탔다가
만일 다시 봉변하면
돈 쓰는건 오히려도
샌님 매 맞는거야

어이 차마 보오리까
이 박은 못타겠소

놀 보 고마운 말일세만
아직은 돈냥이나 있으니
또 당해 불량으로
마저 타고 끝을 보세

태평이 또 당해 불량으로
마저 타고 끝을 보자—
그 말씀 듣고서야
우린 이 박 못타겠소

놀 보 허허—말이 그렇지, 그 곡경을 또 치르랴? 이번 박은 아무래도 보물박이 분명하니 그런 념려는 하도 말고 정성들여 어서 타소.

군평이 그러면 이번 박은 보물박이 분명하오?

놀 보 보물박이 분명하지.

군평이 태평이 보물박이 분명타면
타기는 타려니와
샌님도 그 대신에
생각 좀 하세야지

놀 보 (화를 더럭 내여) 이러면 저러고 저러면 이러고—어따, 갖다 먹어라.

—놀보 화김에 궤를 절꺽 열고 돈을 꺼내서 던져준다.

군평이와 태평이, 능글맞게 웃으면서 먼저 받은 돈꾸레미우에 차곡차곡 싸놓는다.

군중2 군평이 태평이가 금시 발복하는구나.

군중1 미상불 저 박들이 보물박은 박이라

니…

마당쇠 먹기는 먹는다만—, 곱게 삭힐는지 모르겠다.

—군중들 그 말에 동의하여 고개들을 끄덕인다.

군평이 (톱을 집어들며)
어느 3세번이라니 이번에는 짜장 보물박을 켜볼가.
슬근슬근 톱질이야

태평이 당기여라 톱질이야

놀보 이 박을 타거들랑
잡동산이는 나오지 말고
은금보화나 나옵소서

합창 슬근슬근 슬근슬근
슬근슬근 슬근슬근

—쓱싹쓱싹 톡 타놓자, 풍각장이 한떼가 안으로서 뛰여나와 한바탕 논다.

가야금은 둥당 정동당 당도지 다르당…
해금은 개고 개고 개고 알사…

—뒤를 이어 각설이패가 뛰여나온다.

각설이 어—허리고 정 좋다
허리고 허리고 정 좋다
품 품바 각설이
품 품바 각설이
작년에 왔던 각설이
죽지도 않고 또 왔네
어허 이놈이 이래도

정승 판서 자제로
8도 감사 마다하고
돈 한푼에 팔려서
지러구지러구 잘한다
품 품바가 잘한다

네 선생이 누구신지
날보다도 잘한다
시전 서전을 읽었는지
유식하게도 잘한다
론어 맹자를 읽었는지
대문대문 잘한다
기름동이나 먹었는지
미끈미끈 잘한다
뜨물동이나 먹었는지
걸찍걸찍 잘한다
이놈이 각설이 이래도

한장 끝만 못보면
계집자식 굶긴다
품바품바 각설이
어허 품바 각설이
그래도 이놈의 각설이
오라는데는 없어도
가리 갈 곳은 많고나

울긋불긋 황화전
버석버석 담배전
어그덕더그덕 옹기전
어느 겨를에 다 가나

품—품—각설이
허리고 허리고 잘한다

—장타령이 끝날무렵에, 외초란이가 뛰여나와 한편에서 노는데, 되게 멘 장고통을 턱밑에 딱 받치고,

초란이 광딱광딱
광굴광 광굴광…
엿소이다—, 구름같은 댁에 신선같은 나그네 왔소.
광굴광 광굴광
광굴광 광굴광…
오느라니 우리 집 마누라가 댁 문하에 문안을 날날이 전하라 하옵디다.
광굴광 광굴광
광굴광 광굴광…

놀 보 (이발을 드러내고 껄껄 웃으며)
허허 세상에, 원 저런 방정 봤나…

초란이 (이리 뛰고 저리 뛰여 오도방정을 다 떨며)
정자운을 달아보자
평양에 련광정
의주에 통군정
통천에 총석정
서울에 세검정
전라 전주 다가정
놀보 심정 불측 심정
동기 박정 무정심이라

마당쇠 (은근히 놀보에게)
샌님 이리 나오고싶지 않소?

놀 보 (바싹 달려들며)
이애 좀 내놓아다오.

마당쇠 (좌우를 둘러보며)
원 이렇게 사람들이 백결치듯하였으니…

초란이 꽁딱꽁딱
꽁굴꽁 꽁굴꽁

귀자운을 달아보자
한발 달린 돌저귀
두발 달린 까마귀
세발 달린 퉁노귀
네발 달린 당나귀
아주머니 초마귀
겹쳐놓면 두귀요
펼쳐놓면 네귄데

고집불통 미련한 귀
놀보귀는 뚫을 귀로다

—놀보, 밖으로 나오려 무한 애쓸 때, 뛰고 놀던 외초란이가 달려들며 다짜고짜로 놀보의 멀미를 잡고, 이리 치고 저리 친다.

놀 보 애고애고 초란형님
이것이 대체 웬 일이요
무엇이고 말씀하면
분부대로 하오리다

초란이 네 이놈 놀보야
돈이 중하냐 목숨이 중하냐

놀 보 사람 난뒤 돈 생기니
돈이 어이 사람보다
중하다고 하오리까
(다음에 은근히)
저—만냥 말씀이죠?

초란이 (못내 만족한양)
아따 그놈이야 알기는 잘아는데.

—놀보 돈을 꺼내 초란이를 주는데, 각설이와 풍각장이 차례로 앞으로 나서며,

각설이 이놈 놀보야. 내게도 만냥 내라.

풍각장이 이 놀보야, 잘 보아라. 여기도 또 계시다.

놀 보 (눈이 화등잔만 하여)
아, 한통에서들 나오시지 않았소?

각설이 (놀보의 멱살을 탁 잡으며)
네 이놈. 내 솜씨도 한번 보련?

놀 보 애고, 드리리다, 드리리다.
(각설이와 풍각장이에게 만냥씩 내여주고)
여보 초란형님. 앞 박통 일이나 자세 좀 일러주오.

초란이 우리는 각통이라 자세히는 몰라하되, 내 듣기에 어느 통에고 생금이 들었다니 그저 다 타고 볼 일이다.

—말을 마치자 일시에들 사라진다.

놀보, 남은 박 두통을 연해 번갈아보며,

놀 보 생금이 들었다니
금 든 통이 어느 통
이 통이냐 저 통이냐
저 통이냐 이 통이냐
옳지—, 금이 들었으면 제가 필시 무거울게라…
어디 이걸 들어보자
이크 이거 천근일네
어디 요놈 들어볼가
이도 요지부동이라
이거 어디 알수 있나…, 할수 없다
뽑아보자.

(손을 들어 두통을 번갈아 두드리며)

엇두 엇두 다—누
전라 감사 다—누
경철이 경철이
기와산이 기와산이
무릎밑에 가라판

군평이 옳지 이놈이로다. 군평이, 이놈 타게.
(태평이와 또 눈짓하고)
여보 샌님—, 이번엔 갈데없이 보물
박인 모양인데…

놀 보 (오만상을 찡그리며)
또 상급이냐? 어따 갖다 먹어라.

—궤를 털어 남은 돈을 다 내여준다.
궤에는 문시들만 남았다.

군평이 슬근슬근 톱질이야

태평이 당기여라 톱질이야

놀 보 (눈이 시뻘개 가지고 박을 들여다보며)

비나니다 비나니다
이 박을 타거들랑
천하의 온갖 보물
다 쏟아져나오시되
함부루 후뚜루
끝없이 한정없이
마음껏 욕심껏
재주껏 다 나와서
내 아우 홍보같이
한번 살게 하여주소

마누라 (썩 나서며)

내 한말씀 부탁 있소
다른 보물은 다 나와도
고개너머 싀숙님같이
첩은 제발 나오지 마오

놀보 (중을 버려 내며) 소사스레 굴지 말고 저 구석에 가 있거라. 가산을 탕진하고 상거지가 된 위인이 샘이 대체 어디서 나오노?

슬근슬근 슬근슬근
슬근슬근 슬근슬근

—쓱싹싹쓱 툭 타놓자, 박속으로서 8도 무당이 다 쏟아져나와, 징과 북을 두드리며 갖은 소리를 다 한다.

무당1 청유리라 황유리라 화장청정 세계는 대부진각시로 놀으소서
밤은 닷새 낮은 엿새 사십 룡왕 팔만 형제가 놀으소서
내 집 성주 와가 성주 네 집 성주 초가 성주 오막 성주 짚동 성주가 절절이 놀으소서
초년 성주 열일곱 중년 성주 스물일곱 마지막 성주 쉬흔일곱 성주 3위가 대활례로 놀으소서

무당2 바람아 월궁의 달월이로세 월광 산신마누라 설설이 나리소서
하루도 열두시요 한달 설흔날 1년 열두달 과년은 열석달 만사를 도와주소서

안팡당 국수당마누라 개성부 덕물
산 최령장군마누라 왕십리 애기씨
당마누라 설설이 나리소서

놀 보 (연해 에구구…소리를 지르다가)

―한창 뛰고 놀다가, 문득 무당들, 일제히 달려들어 장고통으로 놀보의 흉복통을 들이친다.

대체 이게 웬 곡절이요
죽을 때 죽더라도
원한이나 없게스리
죄명이나 일러주오

무당1 이놈, 네가 네 죄를 몰라서 묻느
냐? 네 죄는 네가 응당 알려니와―
이번에 우리가
네 집을 위하여서

굿을 많이 하였으니
그 값을 모두 치면
십만냥도 더 되리라
지금 당장 해바치되
시각 지체하다가는
죽고 남지 못하리라

놀 보 (기가 막혀)
허 허 허 십만냥이요?… 내 집의 돈
이란 돈은 앞통에서 나온 패들이 모
주리 다 털어갔소. 못믿거든 왼 집안
을 뒤져보구료.

무당2 네 이놈 놀보야
돈은 없다 하려니와
집문서 논문서가
아직 남지 않았느냐

무당들 (장고통을 들고 얼르며) 이놈 당장에 내놓지 못할가?

—놀보 끌깁에 궤를 톡톡 털어 문서를 다 내준다.

무당들 받아들고 일시에 흩어질 때, 군평이 태평이의 삯으로 받은 돈꾸레미까지 홱 채서 다 가지고 간다.

군평이 상말에도 죽을 쑤워 개 바라지 한다더니…

태평이 모진놈 곁에 있다 벼락을 맞는다고—

—군평이와 태평이, 돈꾸레미 싸놓았던 자리를 돌아보고 입맛을 쩝쩝 다시다가,

군평이 (문득 허리춤을 만져보고) 이것 봐라 맹랑하다, 엽량이 어딜갔노?

태평이 (그 말에 새삼스레 앉은 자리를 둘러보며) 어렵쇼— 내 담배대도 없어졌네.

—군중들 한바탕 웃는 판인데, 밖으로서 큰 기침소리 연방 들리며

소 리 이놈의 집이 굿을 하느냐? 떡을 하느냐? 동네 량반 낮잠도 못주무시게 떠들썩 왁자지껄 소란하기 짝없으니, 이게 무슨 행실이냐—

—머리에 관 쓰고 코우에 연경 걸고 손에는 장죽을 든 량반 하나이 꽉뒤가 세뼘씩 되는 하인 서너명을 거느리고 들어오니, 그가 곧 량반자세하고 갖은 행악 다 하기로 린근에 조명이 난 최판서댁 당대 주인 최도사라 하는 자라.

—군중들, 그를 보자 질겁을 하여 일시에 좌우로 짝 갈라서며,

군중 1 에구, 최도사나으리 오시네.

군중 2 나으리 행차합쇼.

군중 3 나으리마님 행차합쇼.

—놀보 그를 보자 자못 송구스러운 모양으로 앞으로 나오며,

놀 보 에구 도사나으리 오시는구면.

—최도사, 금줄을 넘어서려다가 잘못 줄에 걸려 앞으로 폭 꺼꾸러진다.

군중 1 에구, 저런…

군중 2 저런 변이 있나.

—군중들 더러 아하하하 웃고, 웃자 말라고 타내고, 눈짓코짓에 입들도 삐죽이 내밀고 하는데,

—하인들 달려들어 분주히 최도사를 붙들어 일으키며,

하인 1 나리마님

하인 2 어디 상처나 없으십니까.

최도사 (천둥같이 화가 나서 손가락을 들어 놀보를 가리키며)

저, 저, 저놈 잡아 꿇려라.

하인들 예—

—긴 대답 한마디로 하인들 놀보에게 달려들자, 불문곡직하고 한놈은 멀미를 꽉 잡고, 두놈은 좌우에서 각각 팔쭉지를 움켜쥐자, 번쩍 들어다가 최도사앞에 꿇린다.

최도사 (장죽을 들어 놀보를 가리키며 추상같이 호령하되)

본대 네놈이 부모에 불효하고 형제간 불목하며 일가에 불화하여 의리는 전혀 없고 아느니 재물이라, 너같은

놈 데리고서 무슨 말을 하랴마는—

네놈이 흥보네서
화초장 뺏어올제
아우가 잘사는게
네 마음에 불평하여
온갖 트집 투정끝에
밥상을 찼다 하니

밥이 얼마나 중한것이라고
밥상을 차단 말가

네 이놈— 밥이라 하는것이 나라에 오르면 수라요, 량반이 잡수면 진지요, 하인이 먹으면 입시요, 제배가 먹으면 밥이요 제사에는 진메이니, 이렇듯이 중한것을 언감생심 발로 차?—

동네가 알고보면
손도가 싸고
관가에서 알며는
볼기가 싸고
감영에서 알며는
귀양도 싸지

네 이놈—, 최판서댁 도사나으리의 솜씨 좀 보겠느냐?
(곧 하인들을 향하여)
네 저놈을 단단히 묶어라.

하인들 예—

—도사나으리의 분부를 뫼와 하인들이 놀보의 우아래를 참바 짐바 빨래줄로 잔뜩 묶을 때,

—군중들 서로 돌아보며 수근수근 쑥떡쑥떡… 그 중에 군중1, 2, 3은 최도사 들으라고,

군중1 도사나으리가 아무리 얼르면 소용있나? 샌님이 패가망신한 뒤니…

군중2 아무렴· 샌님도 이젠 속 빈 강정이라 아무것도 나올거 없지·

군중3 도사나으리도 이번엔 헛물 켰네· 마른 나무를 아무리 짜면 물이 나나?

—최도사 뒤짐지고 서서, 그들 수작에 도무지 관심이 없는듯 실상은 유심히 듣다가, 마침내 실망하는 빛이 현저히 얼굴에 드러나며 그만 화가 꼭뒤까지 치밀어서,

최도사 네 이놈 놀보야

동내 량반도 모르시게
네 패가망신 하였다니
무슨 몹쓸짓을 하였기에
이 꼴이 되였더냐
너는 네가 지은 죄로
패가망신 당연하나
네 집에 환난 첩출
동네가 혼동하여
시끄럽기 짝없으니
이럴법이 있을소냐

(하인들을 향하여)

네 그놈을 단단히 버릇을 가르쳐놓렸다·

하인들 예—

—하인들 놀보를 절구공이 찜질이며 기와장 꿇림으로 갖은 악형 다 가하니,

놀 보 에구구… 에구구… 이거 사람 죽소—

—놀보의 울부짖는 소리 집안이 떠나가는데,

—최도사는 뒤짐 지고 이리저리 거닐며 겉으로는 아닌체, 속으로는 은근히, 여기저기 살펴보나, 어질더분한 마당에 텅 빈 돈궤만 굴뿐이라 입맛을 쩝쩝다시다가, 문득 깨달으니 모든 사람의 눈초리가 저에게로 홈빡 모여 입을 삐죽 코를 찡끗, 쑥덕쑥덕, 소곤소곤…

최도사 (혼자 낯이 왈칵 붉어 돈궤앞에서 물러서며)

그만하면 버릇을 고치겠지, 오늘은
그쯤해 두어라.

—하인에게 분부하고 다시 큰기침하며 바루 틀을 지어 걸어나가다가, 또한번 줄에 걸려 꼬꾸라진다.

—동네사람들 일시에 웃음을 터뜨린다.

군중들 하, 하, 하, 하…

—최도사 또 천둥같이 화가 났으나 그냥 나가버린다. 하인들 뒤따라 나간다.

—마당쇠와 삼월이 놀보에게로 달려와서 일으켜 앉혀놓고 묶은것을 풀어줄 때,

마누라 (땅을 치며)

애고 이게 웬 일이냐
우리 령감이
허욕이 너무 많아
무망한 복록을
턱없이 바라더니
일조에 이렇듯이
패가할줄 알았으랴
가산을 탕진하고
집도 땅도 다 없으니
무얼 믿고 살아가리…

—마누라 땅을 치며 경상도 메나리조로 울제,

—놀보 원체 모진놈이라 그 곡경을 치르고도 오히려 마다 않고, 마누라를 위로하여,

놀 보 우지 말아, 우지 말아. 아직도 박 한 통이 또 남았다.

마누라 아이고 령감— 박에 신물도 아니납나? 불량한것들이나 또 나오면 어쩌라고.

놀 보 그러기에 마누라. 아직은 타지 않고 두었다가 흥보놈이 오거들랑 그놈 시켜 타보려네.

군중 1 (어이없어 입을 딱 벌리고) 저거 하는 수작 보지?… 뻔뻔하기가 양푼 밑구녕일세.

군중 2 (머리를 절레절레 내저으며) 양푼 밑구녕은 마치 자국이나 있지?…

군중들 (일시에 허둘을 내두르고) 허— 그거 참으로 말 못할놈이로군.

—이때 하나 남은 박통이 저절로 흔들흔들… 문득 통속으로서 방포 일성이 쾅!

소 리 명금 이하 대취타하라—

—통 쨍 처르르…나지나노 나누지나누… 취타소리 류창한 가운데 전차 후옹하여 한 장수가 나온다.

얼굴은 먹장갈고 고리눈 제비턱에 다방수염 거사리고, 록포홍갑에 황금투구 숙여쓰고, 강팔사모 손에 잡고 밖으로 썩 나서니, 그게 대체 누군고? 중국 삼국시절 당양 장판파 싸움에 조조의 백만대병을 호통 세번으로 물리친 장비 그 사람이라.

장 비 이놈, 놀보야—

—우뢰같은 큰소리로 천둥같이 호령하니 군평이 태평이와 놀보 마누라가 모두 놀라 자빠지고,

놀보는 그 자리에 엉덩방아 찧고 앉아 턱만 달달 까분다.

장비 아나 이놈 놀보야. 날다 뛸다 뛸다
날다 목을 늘여 창 받아라—
네 이놈 놀보야
네 죄를 네가 알리
형제는 수족 같다
예부터 이르거늘
어즌 동생 구박하며
너 혼자만 호의호식
개만도 못한 네놈
살려두어 무엇하랴

(창끝으로 놀보의 멱통을 딱 겨눈다.)

—놀보 황겁하여 그 자리에 꿇어앉아 두손을 싹싹 빌며,

놀보 장군님 용서하오
죽을 때라 잘못했소
부디 용서 합소사

장비 무어 용서?… 못하겠다.
(랭소하고 다시 소리를 가다듬어)
네 이놈 또 듣거라—
제비라 하는것은
오곡에 해가 없어
사람마다 사랑커늘
생다리를 꺾어놓은
불측한 너의 심통
욕심통을 쪼개리라

—장비가 창을 다시 꼬나잡자 놀보의 가슴팍을 딱 겨누니, 놀보 질겁하여 머리를 뒤로 제키며 두손을 홰홰 내젓고,

놀 보

아이고 장군님
제발 덕분에 살려주오
앞으로야 두번 다시
그럴법이 있으리까

한번 실수는
병가 상사라 이르오니
하해같은 은덕으로
제발 덕분에 살려주오

장 비 (그 말 듣자 대노하여)

무어 이놈. 한번 실수? … 네놈의
수작이 맹랑하다—

부모에게 불효하고
어즌 동생 구박하며
죄 없는 제비새끼
생다리를 꺾을적에
무슨짓은 안했으리

인정은 전혀 없고
재물만 중히 알며
또한 량반 자세하여
온갖 행악 다한 네놈
널로 인해 신세 망친
사람들을 어찌하며
또한 종들 대하기를
마소보다 천히 하여
갖은 학대 온갖 멸시…

네 죄를 론지하면
털을 뽑아 헤아려도

오히려 남으려든
그래도 못깨치고
무어 이놈 한번 실수?—

—이때 밖으로서 흥보 내외, 급히 달려들어 온다.

장 비 (그대로 놀보를 향하여)

동서 고금에
너 같은놈 또 있으랴
참으로 불측한놈
살려두든 못하겠다
네 이놈 목을 늘여
창 받아라—

—벼락같이 호통치며 장비가 창을 다시 꼬나잡을 때,

흥 보 (와락 내달아 장비앞에 무릎을 꿇고)

장군님 듣조시오—
옛어른 말씀에도
사람이 누구라서
허물이 없을소냐
회개 곧 할진대는
죄가 없다 하였으니
엎드려 비옵건댄
장군님 형의 죄를
용서하여 주옵소서

—흥보가 지성으로 형을 위해 죄를 빌 때, 흥보

마누라도 영감옆에 꿇어앉아 두손 들어 함께 빈다.

장비 (입가에 가만한 웃음을 띠우고 그들 내외를 내려다보며)

네가 흥보더냐
놀보 저놈에겐
너도 원한이 많으렸다
서산에 해는 지고
눈보라 치던 날에
어린 자식 앞세우고
구박 축출 당하던 일
굶는 처자 보다못해
형 바라고 찾아갔다
죽도록 매만 맞고
돌아온 일 잊었느냐

흥보

불측한 형 까닭에
갖은 설음 다 보고도
오히려 그를 위해
목숨을 비는구나
아이고 장군님
그게 무슨 말씀이요
옳고글코 형제간에
시비가 있사오며
골육의 깊은 정리
천륜을 어쩌리까
형을 용서 못하시면
저부터 죽이소서

—놀보 내외, 처음에 얼빠진 사람 모양 흥보와 장비의 주고받는 수작을 멀거니 듣고만 있다

가, 이에 이르러 지극한 감동을 받고, 너무나 참괴하여 몸둘 곳을 몰라한다.

장비 (홍보를 물끄러미 내려다 보다가 고개를 두어번 끄덕이고 놀보를 향하여)

네 죄를 생각하면
만번 죽여 마땅하나—
어즌 홍보 낯을 보아
네 목숨을 살려준다

—말을 마치며 장비 몸을 돌쳐서는데 놀보 와락 앞으로 나와 무릎 꿇고 앉아서,

놀보 아이고 장군님
이놈을 죽이고 가옵소서
죄 많은 이 인간을
살려 무엇 하오리까
천하에 몹쓸 이놈
어서 죽여 주옵소서

—놀보 눈물이 비오듯 하는데 놀보 마누라, 어느름엔가 그뒤에가 꿇어엎대여 저도 소리없이 운다.

장비 (물끄러미 내려다보며)

네 그게 진정인가? 전비를 뉘우치고
네 과연 회심했노?

—이때 밖으로서

소리 큰아버지—

소리 큰어머니—

—홍보 아이들 저마다 부르면서 들어오다가 멈춧하고 서서 눈들이 뭉그래 이 사람 저 사람 쳐다본다.
아이들 뒤로 룡서방이 령거하여 교군 두채 들어온다.

놀보 (더욱 몸둘 곳을 몰라하며)

이놈이 진심으로
회개는 하였으나
부끄러운 이 낯짝을
어디로 들고 다니오며
착하고 어즌 동생
무슨 렴치로 대하리까
이 자리에 죽이시여
후인을 경계하옵소서

장 비 (만족하여 고개를 끄떡이면)
놀보야. 네 오늘 일을 잊지 말고 부디 개과천선하여 형제간에 우애하고 이웃간에 화목하라.

—놀보내외, 황공하고 참괴하여 대답을 못하는데,

흥보내외 (대신 나서서)
황공합신 처분이외다.

—장비 허허 웃고 군사들의 옹위받아 도루 박속으로 들어가버린다.

—놀보 내외 그대로 울며 고개 들지 못하는데,

일년쇠 (동생들과 놀보 마누라의 손을 잡아 일으키며)
큰어머니 우지 마세요. 저희 집에 가서 같이 사세요.

연 이 (동생들과 놀보 손을 잡아 일으키며)
큰아버지 우지 마세요. 저희 집에 가서 같이 사세요.

놀 보 내가 너희들 볼 낯이 없구나.

흥 보 (형의 손을 잡으며)
형님—

놀 보 (아우의 손을 마주 잡으며)
흥보야—

흥 보 (춤을 추며)
어와 세상 사람들아
부모에게 효도하고
형제우애 하올세라
우리 형님 어즌 마음
오늘에야 깨쳤으니
천하보물을 나 다 준들
즐거움이 이 같으랴

아이들 얼시구나 좋을시구
지화자자 좋을시구

놀 보 (따라서 춤추며)
어와 세상 사람들아
이 내 말을 들어보소
사람 본성 착하건만
허욕으로 우악하고
고집불통 병신이라
악한놈이 선한 마음으로
오늘이야 깨쳤으니
동생 홍보 본을 받아
사람 구실 하여보리

일 동 얼시구나 좋을시구
지화자자 좋을시구

형 제 우리 형제 마주 서니
사후 영결 가신 부모
다시 뵌듯 반가워라

일 동 얼시구나 좋을시구
지화자자 좋을시구

—모두들 한바탕 명랑하게 웃을 때,

— 막 —

창극

심청전

5막 10장

곳 황주 도화동

때 리조중엽쯤

나오는 인물

심 청

심 학 규 (심청의 아버지)

귀덕어머니 (이웃집 부인)

동리 남녀로소 여러 사람

남해룡왕

옥진부인 (심청의 친어머니)

룡궁의 문무제신, 시녀들

국 왕

왕의 신하, 녀관, 궁녀들

봉사들

남경 상고선 선주

남경 상고선 선인들

몽운사 화주승

뺑덕어미 (심봉사의 후취)

제 1 막

제 1 장

때 첫여름 어느날 낮

곳 마을끝 시내물옆에 있는 한데 방아간

무대 좌편으로 한데 방아간이요, 우편으로 조그마한 정자 나무가 서있어 일하다가 쉬는 자리가 된다. 중앙으로부터 정자나무뒤로 비스듬한 언덕이 있고 그 너머로는 개울이 있어서 다리가 놓였는데 다리 건너편은 딴마을로 가는 길이다.

방아찧는 부인네들의 노래로 막이 열리면 귀덕어머니네의 보리방아를 찧는 부인네들과 심청이가 키질도 하고 부산하게 일들을 하고있다.

합창 (방아 찧는 소리)

어이유어 어기여라 덜커덩 덩덩
자주 찧자 어허 어유아 방아로다

부인1 머리를 들어서 이는양은
창해 어룡이 성을 낸듯
머리를 숙여서 내리는양은
심산 맹호가 내닫는듯

(후렴) 어이유어 어기여라 덜커덩 덩덩
자주 찧자 어허 어유아 방아로다

부인2 이산저산 뻐꾹새

풍년이 들라고 뻐뻐꾹

(후렴) 덜거덩텅 덜그렁 찧자

어—유아 방아요

심 청 앵금아 생금아 머리 깎고 중 되거라

머리 깎고 신중 되면 부모봉양 뉘가 하리

(후렴) 덜거덩텅 덜거덩 찧자

어—유아 방아요

△ 한 농부가 지나다가 그늘에 앉아 쉬며 담배 피운다.

귀덕모 고개고개 어렵기는

보리고개 넘기라더라

(후렴) 덜거덩텅 덜거덩 찧자

어—유아 방아요

농 부 (방아소리에 흥이 나 마침내 노래를 건넨다)

그 방아가 무슨 방아

부인들 보리 찧는 방아로세

농 부 보리방아 찧어내면

여름농량 든든하겠네

(후렴) 덜거덩텅 덜거덩 찧자

어—유아 방아요

부인들 꽃이 지자 속잎 나니

해도 길고 일도 많다

어유아 방아요

피꼬리 쌍쌍 나비도 쌍쌍
처녀 총각 품앗이 났네
어ㅡ유아 방아요
뉘집 뉘집 다 좋대도
내 살림만 못하더라
어ㅡ유아 방아요
년사탓은 하도 말아
게른 집에 풍년 없단다
어ㅡ유아 방아요
강산도 좋을시고
인심도 무던하구나
어ㅡ유아 방아요

농부 방아소리 홀리여서
논물대기 늦어졌네
어ㅡ유아 방아요

△ 농부 껄껄 웃으면서 종가래 둘러메고 다리 건너 가버린다. 귀덕모, 손짓하여 디딜방아를 그치게 하고 방아공이를 고입대로 피여 세운다. 부인네들 땀을 씻고 있을 사이에 심청은 귀덕모와 바꾸어서 확속의 보리를 꺼내여 둥게미에 담는다.

귀덕모 애들 썼소.

심 청 어서 들어가 보세요. 뒤일은 내가 해요.

귀덕모 그럼, 애기, 애 좀 더 써라, 얼른 댕겨나올게.

심 청 념려 마세요 까불려서 멍석에 널을테니요.

귀덕모 그래! (부인들에게)자, 어서들 갑시다. (청에게) 쑥절편 가져온거 네나 먹어라!

△ 귀떡모, 부인들 둥게미, 함지박 비자루를 들고 들어간다.
심청은 혼자서 까불질을 하고있을 때 아이들 노래하며 나온다.

아이들 딸기 따러 가자 딸기 따러 가자
산에 가면 멍석딸기 들에 가면 들딸기

앵도도 따고
오디도 따고

앵도 딸기 먹은 입은
빨긋빨긋 새빨개서 좋아도
오디를 먹은 입은
거무테테 검퍼래서 나는 싫어

앵도 따러 가자 딸기 따러 가자

△ 아이들 다리우로 올라간다.

아이1 (다리우에서 물을 굽어보고) 물 좋구나 더운데 멱감고갈가.

심 청 (까불렸던 보리를 말리려고 방아간뒤로 들어가다가) 얘들아, 거기는 웅뎅이가 져서 물이 깊어 무섭다.

아이2 어이구, 깊은데서 멱감다가는 큰일난다.

아이들 그래 그래 빠질가 무섭다, 그냥들 가자!

△ 아이들 떠들면서 그냥 다리를 건너간다.
심청 안심된듯 방아간뒤로 돌아간다.
심봉사가 지팽이를 더듬더듬 딸을 찾아 나온다. 지나가던 칠룡이와 마주 만난다.

칠 룡 심봉사님 어찌 나오셨습니까?

심봉사 어ㅡ칠룡인가, 어델 갔던가?

칠룡 네 모자리 물 보고 옵니다. 댕겨들어가십시오. (지나간다)

심봉사 어—이 한참들 바쁘겠다. 모자리보랴, 가래질하랴 머잖아 모내기가 시작되겠군! (귀를 기울여 방아간 동정을 듣다가) 방아간이 조용하니 웬 일일가? 악아, 청아! 청아!

심청 (뒤에서) 네, 아버지세요! 여기 있어요. (나온다)

심봉사 너 혼자만 있느냐?

심청 네, 보리멍석 보고있어요.

△ 심청이, 아버지의 옷을 바로잡아주자, 심봉사 딸의 손을 더듬어 잡는다.

심봉사 네 손이 왜 이리 까치라우냐

심청 보리까래기가 묻어서 그렇지요.

심봉사 수족은 멀쩡하면서도 남 다 하는 일을 못하고…

심청 아버지야 앞을 못보시니 일하실래야 하실수가 있어요.

심봉사 그러니 눈먼것이 원쑤 아니냐 애비가 소경 되여 어린 너 혼자만 고생을 하게 되니…

심청 아버지도 또 그런 말씀을 하시네. (나무밑에 아버지를 앉히고) 잠간 기다리세요. (방아간으로 들어가서 떡그릇을 들고 나온다) 아버지 입 벌리세요.

심봉사 왜 또 무어 먹을것이냐

심청 네 어서 아—하세요.

심봉사 네나 먹지 무어나 나만 주느냐 얘 남이 볼가 무섭구나. (입을 벌린다)

심청 (떡을 아버지 입에 넣어준다)

심봉사 이게 뭐냐? 쑥떡이구나.

심청 네, 귀덕어머니가 아버지 드리라구 가져온거예요.

심봉사 뭘, 너 먹으라구 가져온게지, 나두 아

까 얻어먹었어. 방아 찧노라 시장할
테니 네나 먹어라.

심 청 저는 많이 먹었어요. 아버지 잡수시면
서 기다리고계세요! (방아간뒤로 돌아간
다)

심봉사 또, 애비를 속이지 제가 뭘 먹었을게
라구 제 배는 곯리면서도 그저, 애비
봉양한다구… 기특하기도 하고, 가엽
기도 하지!

저의 어미 저를 낳고
칠일만에 황천 가며
심청이라 이름 지어
부르라고 유언 한지가
어제 일인듯 하것마는
빠른것이 세월이라
어느덧이 15세 되여
눈먼 애비 봉양하니
저의 모친만 살았드면
저로 하여 품팔게 하며
이 고생을 안시키련만
모진 목숨 죽지 않고
자식 고생만 시키는구나

심 청 (방아간뒤에서 나오며 아버지의 탄식소리를 듣고)

아버지
그런 한탄을 웨 하시오
안맹하신 우리 부친
이자식이 눈이 되고
수족 되여 조석 시중
웃음으로 날을 보내니
이런 복이 어데 있으며
이런 락을 뉘 알리까

△ 아버지를 즐겁게 하려고 지팽이를 잡아 이끌면서

둥 둥 둥 아버지
동냥젖으로 길러주신
고생스런 그 은공
태산보다 높고 높아
갚아볼 날이 있으리까
둥 둥 둥 아버지

심봉사 (딸에게 끌려나오며 어느덧, 웃음을 머금고) 원! 자식도!
둥둥 내 딸이야 어허둥둥
내 딸이야
금을 준들 너를 사며
옥을 준들 너를 사랴
남전 북답을 작만한들
든든하기가 너 같으며
산호 진주를 얻은들
사랑홉기가 너 같으랴

△ 아버지와 딸의 노래춤이 한참 어울리는판에 장승상 집 종아이 삼월이가 심봉사 나오면 길로부터 나와서 부러운듯, 웃어가며 한편에 서서 보고있다.

심청 (아버지를 싸고돌다가 비로소 삼월을 보고) 왔으면 기척을 할것이지 잠자코 웃고 섰담.

삼월 하도 부러워서요. 쇤네도 그래봤으면 원이 없겠어요.

심봉사 (놀래며) 누가 왔느냐.

삼월 네, 안녕하셨사와요…무릉촌 마님댁 삼월이옵니다.

심봉사 응?! 삼월이! 원 이런 끌이 있나 어데를 가는 길이냐?

삼 월 로마님께서 애기를 한번 보시겠다구 하셔서 제가 댁으로 찾아가던 길입니다.

심봉사 심청이를 부르시여?

삼 월 네, 애기의 소문이 하도 놀라우니 한번 보시겠다구 하시와요.

심봉사 웬, 이런 황송스러운 일이 있나! 얘 악아 청아! 재상댁 로마님께서 부르시니, 어서 가 뵈와라.

심 청 네! 보리멍석 널어놓은것은…

심봉사 보리멍석이야 내가 봐줄테니 어서 갔다가 오너라.

심 청 그러시면 귀덕어머니 나오는대로 바로 들어가셔서 채려놓은 진지 잡숫고계세요.

심봉사 오냐 내 걱정 말고 아모쪼록 말조심해라. 귀여합신다 체통없이 굴게 되면 현철하던 네 어머니 욕이 된다.

심 청 네, 댕겨오겠어요.

삼 월 안녕히 겝시오.

△ 심청, 삼월, 다리를 건너간다.

심봉사 말씀 끝나는대로 지체말고 즉시 오너라 악아 갔느냐… 사람마다 그자식 효성이 놀랍다구 칭찬하는 말씀을 들으셨던게지… 내자식이건만 기특한것이지… (중얼대며 방아간뒤로 들어간다)

△ 귀덕모와 한 부인이 바쁘게 나온다.

귀덕모 (둘려보면서) 악아 청아

심봉사 (뒤에서 나오면서) 게 누구요

귀덕모 애기는 어데 가고
봉사님이 와계시오

심봉사 귀덕모친이요
무릉촌 장승상 댁
로마님의 전갈 받고
바삐 뵈려 갔으므로
앞도 못보는 내 주제에
보리멍석 지킨답시구
앉아있는 셈이라오
하 하 하…

△ 이사이에 부인은 보리를 걷어담고 이것저것 주어모아 가지고 먼저 가버린다.

귀덕모 심청애기 인사 범절
부친 봉양 갸륵하야
둘도 없는 효녀라고
린근촌에 자자하므로
승상 댁 로마님이
한번 보시랴 부르셨군요

심봉사 나도 그리 생각하오
심청이가 사람구실
제법으로 귀염받고
눈먼 애비 봉양함도
지나간 십여년에
귀덕모친 덕택이니
사내놈만 되더라면
그 은공을 갚으련만

귀덕모 딸아이라 상심마오
그 애기의 인사범절
모친닮아 현숙하니
열 아들도 바꾸리까
고생끝에 락이 온다고
봉사님 후사 걱정없소

△ 귀덕모, 심봉사를 이끌고 왔던 길로 퇴장한다.
남경상고선 선인들과 선주가 다리우에 나타나고 동네사람들 지나간다.

선인들 우리는 배사람으로
나라의 명을 받아
바다 건너 남경으로
물화 무역 다니는데
수수만리 대해중에
임당수라 험한물목
수신님이 사납기로
처녀제수 바치려고…

농민 1 무엇이라 처녀를
제수로 바친다고…

선 주 십오세의 당년처녀
중값 주고 살터이니
인제수로 몸팔 처녀
넌즈시 귀띔만 하면
얼마든지 청하는대로
두말않고 값을 주리다

농민 1 임당수의 제수감으로
중값 주고 사람 사자고
허허 이런 세상 보게
태평세월 이고장에
사람 사겠다 뻔뻔하게
백주 대로 외고 댕기네

농민들 귀하고도 중한 목숨
천만금엔들 바꿀소냐
우리 동중 처녀들은
제수될 이 하나없다
얼씬말구 썩 가거라
팔릴 처녀 없다 없어

에이 무지한놈들!

총각1 우리같은 늙은 총각은
중값으로 안사갈랴오

총각2 돈 자랑을 암만 해도
이 근처 처녀들은
못사간다 못다친다

총각들 또다시 처녀 사겠다
주적주적 외고 돌면
노랑 하늘 볼줄 알어라

△ 농민, 총각들, 빈정대면서 퇴장.

선인1 선주님 애저녁에 딴골로 옮겨갑시다.

선주 념며들 말게 재물 가지고 하는 일에

그까짓 처녀 하나쯤 사지 못할가.

사공2 호락호락 될것 같지 않은걸요.

△ 심봉사, 떨을 찾아서 더듬더듬 나와, 방아간의 인기척 있고없음을 짐작해본다.

심봉사 청아! 청아! 너, 여기 와있느냐? (방아간 뒤로 돌아간다)

선인1 (안쪽으로 마을을 둘러보다가) 동리 이름이 도화동이라 울긋불긋 복사꽃 만발하야 아름답기도 하다.

선주 좋으면 뭘해! 들어서자마자 촌놈들한테 비양 받고 봉사를 또 만나니, 첫날 재수 더럽다…에, 퉤, 퉤 (침을 탁탁 뱉는다)

심봉사 게, 누구 있소? (나온다)

선주 지나가는 사람이요. (퉁명스럽게 내뱉이고, 선인들에게) 어쨌든 며칠 묵어보세…

△ 선주가 앞서고, 선인들 뒤따라서 동리안으로 들어간다.

심봉사 지나가는 사람이라? …웬 일일가!
이애 올 때가 지냈음직한데…

사리 밝은 로마님이
부녀 사정 짐작하고
오래 앉혀 둘리없고
저도 애비 념려하여
응당 수히 올터인데
부랑 패류 힐난으로
도중에서 욕보는가
급한 마음 바삐 오다가
실수 락상 못오는가

△ 멀리서 딸기 따러 갔던 아이들이 돌아오며 부르는 노래소리와 함께 저녁 쇠북소리 은은히 들리여 날 저문것을 알겠다.

심봉사 저게 저녁 종소린데—무슨 탈이 났지 …애, 악아 청아…애태우며 기다릴 게 아니라 찾아가보아야…오다가다 만나면 더욱 좋고…

△ 심봉사, 딸을 찾아가는양을 판소리에서 들어보면,

「…급한 마음 측량없어 딸 찾으랴 나간다 지팡막대 더듬더듬 심청아! 심청아! 더듬더듬 사립밖에 나가다가 길이 넘는 개천물에 미친듯이 자친듯이 미끄러져 물에가 풍—면상에 진흙이요 의복이 다 젖는다 「에푸, 푸, 사, 사, 사람 죽는다」 나오려고 발을 옮겨디디면 더 들어가 사방 물이 출렁출렁 물소리 요란하며 허리에 휘—터에까지 팍 차노니…」

심봉사소리 아모도 없소, 사람 살리오…아이고 나 죽는다.

△ 심봉사의 울부르짖는 소리, 애절하건만

「…아무리 소래친들 일모도궁
저문날에 태인거객 끊쳤으니
뉘라서 건져주랴…」

심봉사소리 아이고 나 죽네! 청아! 청아! 나 죽는다…날 살려라!

△ 이때에 몽운사 화주승이 나온다. 중의 거동을 판소리에서 본다면

「…중하나, 올라간다, 중 올라간다 저 중이 어떤 중인가 몽운사 화주승인데 절을 중창하랴 하고 권선문 메고 시주집 나려왔다가 청산은 암암하고 저달은 돋아올제 석경 좁은 길로 흔들흔들 흐늘거려 올라갈제 념주 목에 걸고 단주를 팔목 걸고 백세포 장삼에 실떠 눌러떠고 구리백통 은장도 고름에 느릿차고 룡두색인 륙환장 쇠고리 길게 달아 철철 늘여짚고 흐늘거려 가는양은 삭발은 도진세요(削发逃尘世) 존염은 표장부라(存髯表丈夫) 하던 사명당도 아니요 륙관대사 성진이 룡궁에 들어갔다 두치주 취케 먹고 춘풍석교상 팔선녀 희롱하던 성진대사 거동이라

나무아미타불 관세음보살 아하! 어허! 으어나아… 나무아미타불이리 한참 올라갈제 풍편에 슬픈소래 사람을 구하거늘 저 중이 우뚝 서서…」

중 이 소리가 웬 소린고
마외역 저문날에
양태진의 울음인가
여호가 둔갑하여
날 홀리는 울음인가
허허, 이 울음이 웬 울음소리…

심봉사소리 악아, 청아…나 죽는다

△ 중이 그제야 다리밑을 굽어보고 깜짝 놀래여 굴갓 장삼 훨훨 벗고 다님 버선 벗고 심봉사 건져줄 차비를 한다.

심봉사 아모도 없소! 청아! 심청아…

△ 심청을 슬프게 부르는 심봉사의 여음이 더욱 애처롭다.

—암 전—

제 2 장

때 제1장에서 바로 뒤인 황혼

곳 심청의 집안

무 대

좌편으로 심청의 집! 부엌과 안방에 얕은 마루를 사이로 하고 건넌방, 방뒤 모퉁이에 사당이 있고, 그옆에 꽃이 만발한 복숭아나무 한그루—절막한 울타리와 싸리문—문밖 한편 앞쪽으로 한데 우물—우물가에는 조그마한 향나무가 구불구불 가지를 뻗쳐 우물을 덮었다. 마루 앞구석에는 심봉사가 꼬는 총올치꾸리가 매달려있고 한구석에 식지로 덮은 밥상이 놓여있다. 몽운사 화주승의 구념소리로 무대가 밝아지면 심봉사는 옷을 바꾸어 입으며 수건으로 얼굴을 닦고있고 중은 심봉사의 젖은 옷을 빨래줄에 널어주며 구념을 외우고있다.

중 하마트면 큰 욕 보실번했습니다.

심봉사 누구를 원망하겠나, 내 눈 먼탓이지.

내 전생에 무슨 죄로
스무살에 안맹되고
중년 상처 궁한 신세가
죽지 않고 오래 살아
이 고생을 당하는고
눈깔먼놈 명도 길지

중 인과 보응 소소하야
금생에 고생이시니
부처님전 발원하고
전생 죄업 닦으시면
광명 천지 보시리다

심봉사 예 이 사람
부처님이 아무리 령험키로
삼십여년 감긴 눈이
발원한다 떠질손가

중 대자대비 아미타불
법력이 신통무량
사파중생 제도하시매
무자한이 자식 빌고
단명한이 수를 빌며
삼재팔란 도액하기
죽은 사람 극락 천도
사람마다 재를 올려
거룩합신 복 받는줄
봉사님은 모르시오

봉사님도 시주공양

발원하면 눈을 뜨시리다

심봉사 발원하면 눈을 뜬다
대사말과 같을진대
얼마나 시주하면
눈을 떠서 보게 될고

중 몽운사 소승 절에
대웅보전 퇴락하와
중창 권선 받사오니
삼백석을 시주하시면

심봉사 무엇이? 삼백석이나

중 다른 발원이 아니오라
눈을 뜨실 공양인즉
삼백석도 부족하나
봉사님은 부처님과
인연이 있으시와

심봉사 인연이라니 무슨 인연

중 오늘 일로 볼지라도
부처님이 살피시와
소승을 보내셨기에
봉사님을 구합이니
이게 어찌 우연이리까

심봉사 딴은 참 우연한 일 아니지

중 그렇기로 활인하는
부처님이라 받드옵지요

심봉사 삼백석을 공양하면
정녕 눈을 뜨게 될가

중 거짓말과 속임질은
불가 오계중 첫째온대
부처되신 제자로서
속인들을 속이리까

심봉사 그렇다면
부처님전 발원하고
덕본이가 누가 있나

중 있다뿐이오리까
허다한 선남 선녀
복과 덕을 두루 받아
곡산의 조주사 댁 작은 도령
백일불공 발원하고
곱사등을 폈사오며

심봉사 곱사등이 펴졌어?

중 앉은뱅이 리진사는
열마지기 시주하고
다리를 폈사오니

심봉사 앉은뱅이가 다리를 폈다?
시주하면 눈이 떠진다
내가 눈만 보게 되면
사지 륙신 멀쩡하니
무슨 일은 못해내며
누구만큼 못지낼가
딸 고생도 안시키지
여보, 대사!
공양미를 시주할테니
내 성명 뚜렷하게

권선책에 적어주고
불쌍한 심학규의
소원 성취 시켜주소

중 네! 적사오리다. (권선책 내여들고 써넣는다)

심봉사 내가 눈만 떠서 보게 된다면 공양미 마련쯤이야…이름 썼나

중 (쓰기를 마치고) 네, 다 썼으니 보십시오.

심봉사 허허, 이 대사

맹랑스런 소리하네
글을 볼수 있는 눈이면
미쳤다구 공양할가

중 소승이 잘못됐습니다. 읽어올릴테니 들읍시오.

「황주 도화동 맹인 심학규 눈뜨기 발원차로 공양미 삼백석 시주」라.

심봉사 (만족해서) 잘 썼구먼, 수고했네.

중 시주 날자는 새달 보름날로 썼사오니 실기 맙시오.

심봉사 아따 념려말구 눈이나 어서 뜨도록 발원이나 잘해주소.

중 네, 거룩하십니다. 그러면 백팔념주를 드릴테오니

마음을 바로잡고
념불을 뫼시면서
아미타불 청정 세계
눈에 그려 찾으시면
자연이 눈앞이 환해져올겝니다

심봉사 념불이라니?

중 나무아미타불, 관세음보살 이렇게 외

시면서 념주를 세이십시오

심봉사 나는 대사만 꼭 믿고 념불 외면서 눈 떠지기만 기다리겠네.

중 거룩하십니다, 소승도 그리 알고 물러갑니다.

심봉사 어이, 조심하시게—밤길 걷는데는 봉사만 못할걸세…

△ 몽운사 화주승, 대문밖으로 빨리 나가버린다.

심봉사 (백팔념주를 주물럭거리면서)

내 평생 소원이
이제야 성취 되는가부다
나무아미타불 관세음보살
나무아미타불 관세음보살

△ 심청의 동무 처녀 을순이가 보리쌀 담은 바가지를 들고 들어온다.

을순 청아! 청아!

심봉사 (정신없이 나무아미타불을 외우다가) 누구 왔느냐.

을순 을순인데요, 청이 없어요?

심봉사 오, 저, 어디 갔다.

을순 어저께 청이가 저의 보리방아를 찧어 주었다고 저의 어머니가 보리쌀을 보내세요!

심봉사 저런 고마울데가!

을순 마루에 놓고 갑니다. 청이 오거든 저녁에 수놓으러 오라구 그래주세요!

심봉사 오냐!

△ 을순, 바가지를 마루끝 구석에 놓고 나간다.

심봉사 (더듬더듬 바가지를 찾아 만지고) 방아삯으로 보리쌀을 가져왔다…련일 삯방아 찧느라고 우리 청이가—

(문득, 물러앉는 바람에 바가지가 엎어지며 보리쌀이 마루아래로 흩어져 떨어진다)

그런데 내가…삼백석을 공양한다고 적어놨지! (스르르 염주를 떨어뜨리면서) 삼백석이 어디 있다구…이런 미친짓이 있나!

허허 내가 미쳤구나
정녕 내가 환장했지
무남독녀 다 큰자식
품팔이로 먹는놈이
제형세는 생각지 않고
눈뜰 일에만 정신 홀려
삼백석이 얼마라고
호기있게 적어가랬노

여보 대사 내 눈 안뜨겠으니
권선문에 내 이름 지워주소

아이고 이를 어쩔거나
왼 세간을 다 팔아도
석섬 곡식 못될테니
이노릇을 어이할고

눈먼것이 한이 아니라
전곡 없는게 원쑤로구나

이런줄을 딸자식이 알게 되면
애통상심 할것이니
애비 원망이 어떠할고

△ 심봉사 이처럼 탄식할 때에 심청이가 앞서고 삼월이는 보퉁이 이고 바쁘게 들어온다. 심청 삼월에게서 보퉁이를 받아든다.

삼 월 안녕히 계세요. (바로 간다)

심 청 저문데, 조심해 가!

심봉사 (반가운소리로) 악아 인제 오니?

심 청 네! (들어오면서 줄에 걸린 의복들과 아버지의 꼴을 보고 놀래여 보퉁이를 한편에 놓으면서)
아니 아버지
이 모양이 웬 일이요
이웃집 가시다가
저 모양을 당하셨소

심봉사 방아간뒤 개울에서
발씻다가 미끄러졌다

심 청 저를 어쩌나!
얼마나 놀래시고
상처진데나 없으시요

심봉사 별일없다 걱정말아
그나저나 이리 늦게
무슨 일이 있었더냐

심 청 승상댁 로마님이
슬하에 말벗 없이
고적하게 지낸다고
저 다려 수양딸 되여
부귀영화 누리자고
간곡하게 청하십디다

심봉사 천한 너를 수양딸로!
그래 무엇이라 여쭈었느냐

심 청 앞 못보시는 늙은 부친
홀로 집에 계시온즉
자의 대답 못드리겠다
사정대로 여쭈었드니
아버지의 여름옷으로
상하일습 해드리라
광목 두필 주십디다

심봉사 늙은것까지 생각하시니
고맙기가 짝이 없구나

△ 심청 광포를 보에서 꺼내여 아버지 손에 쥐여드리나, 심봉사 만져본체 만체한다. 심청 다시 밥상 식지를 들쳐보고 심봉사가 밥먹지 않았음을 알게 된다.

심봉사 참말 네가 그런 댁에
고임딸로 태여났드면
부귀다복 호강할것을
눈먼 애비 딸이 되여
끊임없는 고생을 하지

심 청 아버지, 알고보니 그렇지도 않어요.
로마님과 그 댁 사람
웃고 즐길 일이 없어
성난 사람 모인듯이

서로 묵묵 심심컷만
오붓스런 우리 살림
거친옷과 나물밥에
조석으로 즐기오니
술가락춤이 절로 나지요

△ 아버지의 손을 잡고 일어서서 춤추이며 다음 노래를 부른다.

(사설민요 조)
열두 광문 열쇠 쌈에
륙간 대청 들보 기둥이
와르르 쩽쩽 울리는데
행랑 뒤골 오막집엔
태평 년월 웃음꽃이
송아리 송아리 만발이로다
에야데야 에헤야
바가지 장단을 쳐주소
비지전골에 술가락춤이 절로 나네

△ 심청, 아버지의 웃기를 바랬으나 종시 웃지 않고 시색이 풀려져있음을 보고 혼자 웃던 웃음을 그치고 아버지에게 다가선다.

심 청 아버지, 기색이 왜 좋지 않으세요. 진지도 안잡숫고—

심봉사 (얼른 천연스런체하며) 응? 내 기색이! 그럴리 없다.

심 청 제가 늦게 왔다고 역정이 나계시요.

심봉사 아니다, 그런게 아니다! 너 알아야 쓸데없는 일이다.

심 청 아버지!

아버지는 저를 믿고
저도 또한 아버님을
바라옵고 뫼시면서
대소사를 의논터니
제가 불효녀식이라
그리 말씀 하시옵니까

심봉사 악아, 너, 우느냐, 허, 그자식!

악아 청아 우지 말아
내가 어찌 널 속이랴
네가 하도 안오기에
너를 찾아 나섰다가
개천물에 몸이 빠져
꼼짝없이 죽게 된것을…

지내가던 몽운사 화주승이 나를 건져 업고 나와…

심 청 고맙기도 해라. 게까지는 고마운데,

심봉사

전생 죄를 닦지 못해
병신이 되였다고
공양미로 삼백석을
불전에 시주하면

이내 눈이 떠진다고…

심　청 아버지 눈이 떠진다구요! 그래, 어찌 하셨어요.

심봉사 꾀임 꾀임 호리는통에
권선문에 덜컥 적고
새달 보름에 바치겠다
헙헙하게 장담했으니
이런 미친짓이 있느냐

심　청 아버지 잘하셨어요, 아버지가 눈을 뜨셔야지요!

심봉사 눈뜬다는것은 좋지마는, 삼백석을 바칠도리가 있느냐! 에이 내가 몽운사에 가서 권선문 에워버리고 와야. (일어선다)

심　청 (얼른 아버지를 잡으며) 다 저문데 십리길을 어떻게 가신다구…나서세요.

심봉사 아따 내게는 밤이나 낮이나 일반이다.

심　청 그래도 안돼요 아버지 눈뜨실 일이니 설마 무슨 수가 있겠지요. 제가 주선 해볼테니 걱정마세요!

심봉사 네 말은 기특하다마는 네가 삼백석을 어떻게—하기야 암만 적었드래도 없어서 못내면 그만이지 제가 목 빼갈테냐! 아예 걱정말아 (방안으로 들어간다)

△ 심청, 불쌍한 아버지를 생각하여 괴로워하다가 부엌으로 들어가서 정화수 그릇을 들고 나오더니 복사나무밑 반석밑에 놓고 축원한다.

심　청 비나이다 비나이다
하나님전 비나니다
사람의 두눈이란

일월과 갈사온데
일월이 없고보면
천지 분별 어쩌리까
명천이 감동하사
애비 눈을 띄워주시면
소녀 비록 백번 죽어도
아무 한이 없사오니
천지 신명 제불 보살
가궁이 굽어 살펴
애비 눈을 띄워주소서

△ 심청이 머리를 들어서 절하며 합장하고 꿇어앉는다.

△ 심봉사 딸의 축원하는 소리를 듣고 마루로 나온다.

심봉사 (가슴 벅차게 끓어오르는 애정을 느끼며) 청!

△ 하늘에는 별만 총총 사방은 잠든듯 고요하다.

— 막 —

제 2 막

제 1 장

때 제1막 제2장에서 한달쯤 지낸 어느날 아침.

곳 제1막과 같은 심청의 집.

처녀들의 물긷는 노래로 막이 열리면, 심청과 처녀들, 우물가에서 드레박질하며 노래한다.

처녀들 에헤야 물을 긷자
에헤야 물을 긷자
감천수가 넘치노나
봄바람은 산들산들
홍도화는 방실방실
향기 좇아 나난봉접
도화촌을 노래하네
에헤야 물을 긷자
에헤야 물을 긷자
감천수 넘치노나
섬섬 옥수 번듯 들어
바가지에 가득가득
은빛같은 맑은 물이
동이 동이 넘실넘실
에야 에야 에헤야
감로수가 넘치노나

집집마다 연기 올라
아침해빛 아롱아롱
뭉게뭉게 피여올라
꽃가지에 서리누나
에야 에야 에헤야
감로수가 넘치노나
들창마다 웃음소리
외양간에 풍경소리
년사풍등 알리는듯
도화동에 봄이로세
에야 에야 에헤야
감로수가 넘치노나
내 고향에 봄이 드니
도화꽃이 만발했는데
우리 님은 어데 가고
화류할줄 모르는고

△ 처녀들 웃어대며 물동이 이고 흩어져나가자, 처녀1이 급히 등장.

처녀1 (아직 가지 않은 부인에게)… 배사람들이 그저 쏘대는데요.

△ 심청, 물동이 이고, 집으로 들어간다.

부인1 그놈들이 그예 무슨 동티를 낼 작정인가… 뱅뱅 돌구있게—

△ 부인2가 역시 물동이 이고 물길려 나온다.

부인2 처녀 산다는 그놈들이 아직도 떠나지 안았구먼!

처녀1 하느니 그 말이라오, 무서워죽겠어요.

부인2 오면서 보니까 그것들이 (처녀2에게) 너의 집 울타리너머 끼웃끼웃거리며 쑥덕대드라.

부인1 저런…얘, 조심해야겠다 병아리처럼 휘익! 채여갈라.

처녀2 (자즈러지게 소리치면) 싫어요. (처녀1의 뒤에 숨는다.)

△ 부인들 깔깔 웃고, 심청 나온다.

처녀2 가슴이 두근두근하네.

심 청 무슨 재미진 얘기들을 하고,
깨가 쏟아지는듯이
간지럽게 웃어대오
우물고기 놀랬겠소

처녀2 깨알재미가 무엇이냐
간이 달랑 콩알 되고
깨알소름 끼치도록
나를 놀려 웃는단다

부인1 남경장사 선인들에게
채여갈가 혼자 겁나
가슴 쥐고 저런단다

심 청 아직도 안가고 묵어있나요.

처녀2 가기는커녕 선달 호랑이처럼 어슬렁 어슬렁 골목골목 휘 돈단다, 정말 겁나죽겠다.

부인1 (동이 이고 퇴장) 그렇게 무서우면 문밖출입을 말지!

△ 뻐꾸기소리, 여기 저기서 들린다.

부인2 (물동이 이고 퇴장) 년사 잘되라고 뻐꾹 뻐꾹 잘도 운다.

처녀1 삼봉이 칠룡이 그애들이 잔뜩 벼르고

있다드라.

심 청 옳지, 삼봉이는 네가 어떻게 될가봐 서…

처녀1 그애는…그럼 칠룡이는,

노가지 낡에다
은색 당사실로 쌍그네 매고
너하고 나하고 단 둘이 뛰자

하는 새이가 돼서 두팔 걷고 나선거냐.

심 청 하 하 하 하 아이구 이런,

아야고개 큰애기처럼
망건 뜨기를 배웠느냐
읽어대기도 잘한다

(한편을 가리키며)

처녀1, 2 배사람들 저기 온다.

2 (놀래여 돌아보고) 정말! 호랑이도 제말하면 온다구…

△ 처녀들, 바쁘게 물동이 이고 달음질쳐 들어간다.
심청, 천연스러이 드레박질하는 사이에, 선주와 사공들 나온다.

선 주 안성맞침인데—

선인1 그림의 떡이요!

선인2 이번 행보는 암만 해도 어렵겠어 어려워!

선 주 에헴 (헛기침을 해가며, 선인들과 눈약속을 한다)…먼저번 처녀에게는 삼백석 쌀을 주었겠다…(심청에게) 물 좀 청합시다.

심 청 (말없이 동이속의 바가지로 물을 떠서 준다)

선 주 (물을 마시고) 어—물맛 좋다. 왕운 터진 집 물맛이 좋다는데—(일부러 한모금 떠

마시고 바가지를 주면서)…대동청 로적가리만한 쌀데미를 어떤 복 많은 애기님이 차지할텐고—

△ 선주, 심청이 들으라는듯이 눈독들여 말을 건네고, 선인들을 눈짓하여 데리고 나간다.

심 청 (유심히 선주 말을 듣고, 혼자말로) 삼백석을 주겠다고…나도 삼백석만 있으면… (긴 한숨 쉬이고 집안으로 들어간다)

△ 심봉사, 이웃집에서 총올치 한묶음을 얻어들고 마당으로 들어서자 몽운사 화주승이 다른 편에서 들어온다.

중 나무아미타불, 관세음보살, (문밖에서부터 허리를 굽히고, 두손 합장하며) 거룩하신 시주님댁에 소승문안이요.

심봉사 (거북스럽게) 몽운사 대산가?

중 네, 그저 무궁복록 점지합소서 (마루에 걸터앉으며) 그새, 념불 많이 되셨사옵니까.

심봉사 하노라구 하네마는—

△ 심청, 부엌문을 반쯤 열고 근심스러운 얼굴로 듣고 섰다.

중 일심으로 뫼시옵시오…소승도 벌써부터 공양발원 올리옵니다.

심봉사 공양미는 바치지도 않었는데—

중 권선에 올리신거야 바치신거나 다름없삽지요.

심봉사 고맙군…(어색하게 하품을 하고) 권선에 써올리고도 부득한 사정으로 못바치는 사람도 더러 있을테지…

중 그런 시주님이야 만에 혹 한분 계실가 말가입지요마는, 부처님 속인 죄

심봉사 로 단단히 벌을 받으시지요.

중 (뜨끔해서) 거짓말한 죄로 벌을 받어? 받다뿐이오리까. 소승이 개법사에서 상좌로 있을적에 목견한 일이온데— 어느 부자댁에서 시주 권선 적어놓고 이내 치패해서 못바친것이 죄가 되여, 그 댁 삼형제 아드님이 모두 절름발이, 곰배팔이 봉사님으로 병신이 되셨답니다.

심봉사 아들에게 벌이 내렸단 말이군

중 그렇습지요, 부처님께서 제일 미워하시는것이 거짓말, 속이는 것이오라, 벌역도—

심봉사 대사, 그, 끔찍스럽게 벌이니 뭐니 아예 그런 소리 꺼내지도 말소.

중 허, 허, 허, 죄송하옵니다. 다른 댁에 볼 일이 있사와 소승 물려가옵니다.

심봉사 잘 가시게.

중 안녕히 계시오. 나무아미타불 관세음보살 (왔던 길로 되돌아 나간다.)

△ 심청, 중의 말을 들은배라, 실망과 두려움에 쌓이여 우물가로 가서 괴로워한다.

심봉사 (중을 보내놓고 기가 막혀서) 이놈신세 잘돼간다.
살지도 못하게 됐네그려.

살자 하니 공양미를
못바치는 죄가 두렵고
죽자 하니 불쌍한 내 딸자식,
나를 대신 모진벌을 당할테니
아이고 아이고 어쩔거나

안해 곽씨 살았던들

내 눈뜨기 원도 않고
이런 탈도 없을것을
아이고 여보 마누라
임자 간데가 어디기에
늙은 나를 혼자 두고
진작 아니 데려갔소

어면 사람 팔자 좋아
이목구비 완연하고
수족이 구비하며
재물 곡식 넉넉하야
저 할 일을 다하것만
나는 홀로 무삼 죄로
이 몰골이 되였난가
아이고 아이고 내팔자야

△ 심봉사, 가슴치며 자탄하다가, 방안으로 들어간다. 심청, 아버지의 애통함을 듣고 애가 타서 조바심한다.

심 청 …삼백석을 바치면 눈을 뜨시게 되고 못바치게 되면 벌을 받으신다?… 삼백석! 삼백석만 있고보면 아버지가 천지일월, 훤한 광명을 보시겠구나…

(한번 굳게 결심하고, 쏜살같은 걸음으로 아까 선주가 나가던데로 뛰여나간다)

△ 귀덕모가 상치쌈 소쿠리를 들고 들어온다.

귀덕모 악아, 청아!

심봉사 (방문 열고) 어서 오시오 부엌에 없소?

귀덕모 없는데요! 애기가 상치쌈을 먹어지라 구해서 오는 길에 가져왔지요! (부엌문을 열고 들여놓는다)

심봉사 원… 자상스럽기도 하시오! 이웃사촌이라지만 친사촌보다 더하오그려!

귀덕모 꽃분이가 시집가기로 폐단을 받았다

니까 바느질거리를 얻으러 갔나.

심봉사 남들은 시집이니 장가니 영화를 보건마는 우리 청이는 이 늙은것때문에 손발이 부릍도록 죽을고생을 하니.

귀덕모 고진감래란 옛말이 있지 않아요? 애기의 효성이 지극하니 고생을 면하고 복 많이 받게 될것입니다. 앉아계세요 갑니다. (나간다)

심봉사 (마당으로 내려서면서)…청아! 말도 없이 어디를 가서 애비를 기다리게 하노… (언덕우로 올라서서) 정말 꽃뿐네 집엘 갔나…(언덕너머로 더듬더듬 찾아간다)

△ 심청과 선주, 선인들 들어온다. 심청이, 몸을 팔기로 약속하고 오는 길이였다.

선　주 (희색이 만면해서) 그럼, 몽운사로 곧 실어다올리도록 하리다, 그저, 우리 행선날자도 보름날이니 그날이나 어기지 마시오.

심　청 자청해서 중값 받고 팔린 몸이 실기하겠소.

선　주 그럼 떠나는 날 아침에 뫼시러 오지요.

심　청 네—(집안으로 들어와서 방안의 아버지 기척을 살핀 다음 부엌으로 들어간다)

선　주 (길게 숨을 내쉬이며) 에이, 이제야 두다리 쭉 뻗고 잠자게 됐다.

선인1 놀라운 처녀인걸요! 몸을 팔아서 불전공양을 하겠다니…

선인2 출천지대효일세. 그런데 정말 눈이 떠질가?

선　주 불공발원해서 눈이 떠진다면 소경될 사람 하나도 없게…

선인2 그럼, 심소 저만 헛죽음하게요?

선인1 중놈들만 잘 처먹게 될테지!

선　주 남이야 어찌되든 말든 자네들더러

그런 걱정하랬나! 우리 일 폐였으면 그뿐이지!

△ 선주가 한편을 바라보다가 깜짝 놀래여, 선인들을 눈짓해서 가자고 한다. 심봉사, 언덕너머에서 돌아온다. 선주, 심봉사를 피하는듯, 살몃살몃 눈여겨보면서 선인들을 재촉하여 나가버린다.

심봉사 (마당안에 들어서면서) 이애가 왔나?

(마루에 올라선다)

심 청 (부엌에서 나오면서 주저하다가) 왔어요! 아침진지가 늦어서 시장하시지요?

심봉사 너를 찾아갔다가 꽃뿐네 집에서 먹고 온다마는 말도 없이 식전에 어디를 갔댔니?

심 청 네 저…아버지 쌀작만이 됐어요.

심봉사 무슨 쌀이?

심 청 공양쌀 말씀이예요.

심봉사 (놀래여서) 무어?

심 청 아버지 (치밀어오르는 울음을 참고)
공양미 삼백석을
주선하와 몽운사로 보내였소

심봉사 허허 네 말이 맹랑코나
너의 말이 참이라면
어느 누가 선심써서
삼백석을 널 주드냐

심 청 무릉촌 로마님께
수양딸 되기 말씀하고
삼백석을 돌려여서
몽운사로 보냈사오나
아버님께 의논없이
자의 행사 죄만 하오

심봉사 얘야 그 일 잘됐구나

기특할사 내 딸이야
어린 소견 무던하다
명문으로 팔자 고쳐
네 일생이 귀히 되고
애비 눈도 뜨게 되니
부녀 일이 다 좋구나

어느날로 데려가신다드냐

심 청 보름날에 사인교를
보내신다 하셨에요

심봉사 날 택일도 잘하셨다
바루 우리 재올릴 날이구나
내가 눈을 뜬 다음에
무릉촌 훤한 길로
휘적휘적 너 보러 가지

이자식 네몸 귀히 되였다고
애비 푸대접 아예 말아
허 허…
딸의 덕에 부원군 된다
옛말이 있지마는
부원군이 내가 된들
이 기쁨에 더 할소냐

심 청 아버지
아침후에 주과 포혜
작만해서 어머니 산소에
마지막 성묘 가십시다

심봉사 오냐 그 생각 잘도 했다
네 어머니 살았드면
오작이나 기뻐하겠느냐

△ 딸의 머리와 얼굴을 어루만져보다가 딸이 눈물 흘리고있음을 감촉하고

아니 이자식 너 우는고나
자식도…원…그댁으로
시집간다 셈치려무나
늙도록 평생 애비앞에
응석으로만 안지낼 일이니

심 청 (참다못해서 아버지 무릎에 쓰러지면)
아버지의 쌀걱정이 없게 되여
너무 기뻐서 웃고있에요.

심봉사 참으로 네가 웃느냐
우리 애기 어디 보자

△ 손으로 딸의 헛웃어보이는 얼굴을 만져보고

옳지 참으로 웃는구나

내가 너를 키울적에
동냥젖 얻어 먹이고
둥둥 내새끼 어허 둥둥
내 딸이야
악아 악아 네 웃어라
악아 악아 날 보아라
날아가는 청학이냐
언덕밑에 귀남이냐
설설이 기여라 어허둥둥
내새끼
어려서 고생을 많이 하면
부귀 다남을 하느니라
어허둥둥 내 딸이야
이렇게 덕담도 하였더니
과연 네가 오늘날에

귀히 되여 승상댁으로 가는구나

△ 심청, 아버지의 지난날 저를 키우노라, 고생하던 일이 회상되고 저를 극히 아껴주는 애정과 오늘의 아버지 즐거워함에 모든 생각을 다 잊어버리고, 오직 아버지의 즐거움을 돕기 위하여 저도 모르게 잠드는체 눈을 감는다. 심봉사도 애기를 안은듯한 소감으로

악아 네가 잠자는구나
자장 자장 우리 애기 잘도 잔다
악아 악아 울지 말고 잠자거라
네가 울면 내 목이 메인다

형제간에 우애동
이웃간에 화목동
부모께는 효자동
나라에는 충신동
자장자장 자장개야

황천가고 없난 에미를
엄마 엄마 찾지 말고
아침 해당화 숙인듯
목음 그늘에 농군 자듯
잠 잘자고 어서 커서
애비한테 귀염을 뵈여라
자장 우리 애기 잠 잘자고 잘 크거라

△ 심봉사와 심청, 옛날로 돌아간 기분에 잠기였다.

—암 전—

제 2 장

때 제1장에서 며칠 지난 보름날

새벽, 즉 행선할 날.

곳 제1장과 같이 심청의 집. 다른것은 변함 없고, 복사꽃이 거의 지고 잎이 피여나기 시작했다.

무대가 밝아지면 심봉사는 마루에서 잠자고있고 심청은 건넌방 문앞 등잔밑에서 아버지의 창옷을 바느질하고있다.

달은 이미 기울어져 그 빛이 약해져있고 별도 희미하게 반짝여보인다.

개구리, 맹꽁이, 여름벌레들의 울음소리, 소쩍새 울음이 사람의 심회를 자아내게 한다.

심청 (울음을 참아가며, 눈물로 흐려지는 눈을, 몇번이나 닦으면서 바느질을 한다)

심청의 오늘 심정을 판소리에서 노래하되,

「…눈어둔 백발부친 영결하고 죽을일과 사람이 세상에 생겨났다가 한때를 못보고 십오세에 죽을일에 정신이 아득하야 이리하여도 뜻이 없고 저리하여도 생각이 없네 식음을 전폐하고 수심으로 지내다가 다시 돌려 생각하니 엎지러진 물이 되고 쏘아놓은 살이로다. 내몸이 살았을제 부친의 의복이나 지어두리라, 춘추의복 상침겹옷 백함에 대려넣고, 갓 망건 새로 사서 끈을 달아 걸어두고 행선일자 기다릴제 하로밤이 격한지라, 밤은 적적 삼경인데 은하수는 기울어져 초불이 희미할제 두무릎을 쪼그리고 아무리 생각해도 심신을 난정이라, 부친이 깰가 크게 울지 못하고 속으로 느껴울며 부친의 수족도 만져보고 얼굴도 대여보고…」

심청 오늘 내가 죽어지면
애닯도다 우리 부친
뉘를 믿고 살으실가

내가 철을 안 연후로
새벽서리 찬바람
저문날 궂인비에
이집저집 밥을 빌어
지성공양 하였더니
내 몸 하나 죽게 되면
춘하추동 사시절에
동네 걸인 되시겠구나

△ 바느질하던 창옷을 개여들고

우리 부친 내가 뫼셔
백세토록 봉양타가
천붕지통도 망극하려던
생리별, 이 설음이
고금 천지 또 있을가

△ 아버지의 곁으로 와서

아이고 아버지
나를 볼 밤이 몇밤이며
날 볼 날이 몇날이요
애달픈 부녀 리별
오늘밤이 망종이요

△ 엎으러져 흐느껴운다.

△ 원촌에서 닭의 울음소리—새벽빛이 점점 엷어간다.

심청 닭아 닭아 닭아 닭아
우지 말아 반야진관에
맹상군이 내 아니다
네가 울면 날이 새고

날이 새면 나 죽는다
나 죽기는 설잖으나
의지없는 우리 부친
어찌 잊고 가잔 말이냐

오늘밤 지는 달을
중천에 머무르고
래일아침 돋는 해를
부상끝에 잡아매면
하날같은 우리 부친
하루라도 더 보련만
밤 가고 해 돋는 일
어느 뉘가 막아주리

△ 먼동이 트기 시작한다. 심청, 부엌으로 들어가자, 개짖는 소리 요란하며 선주와 선인 두어사람이 들어온다.

선인2 새벽녘이라 으스스한걸 (집안을 기웃거려보며) 괴괴한게 아직도 자는 셈인가! 오늘 날자를 잊어버렸나.

선 주 설마 잊어버렸을나구 어서 불러내게.

△ 선인들, 차마 부르지 못하고 주저할즈음에 심청, 물동이 들고 나오다가 선인들을 보고, 아버지에게 들리지 않게 하려고 우물가에로 발을 옮기면서

심 청 조용히 말씀하세요 아버지가 곤히 주무시니요.

선 주 떠날 채비가 다 됐소.

심 청 아버지 아침진지나 지어드리고, 떠난다는 인사라도 여쭙고 가게 해주세요.

선인1 아직도 여쭙질 않았단 말이요.

선 주 (선인1을 말리며 가장 인정있는 체) 인정간에 그렇기도 하겠소. 우리도 잔입대로니, 해장이나 하고 다시 오리다. 그저 물때나 놓치지 않게만 해주시오.

△ 선주가 선인들을 데리고 왔던 길로 되나간다.
심청, 선주의 뒤를 떨거니 바라보고있을 때에, 귀덕모 역시 나오다가 가는 선인들을 바라본다.

귀덕모 악아 청아
네가 정말 갈것이냐

심 청 쌀을 받고 팔렸으니
아니 가고 어쩌리까

귀덕모 네 몸 하나 죽어지면
너의 부친 눈을 뜬들
뉘게 의탁 지내시랴
다시 한번 생각 돌려
가지 말아 가지 말아

심 청 한번 엎쳐 헤친 물은
다시 담기 어렵다오
눈뜨기전 내 아버지
의식범절 일체 일을
아주머니께 부탁합니다

귀덕모 네가 부탁 아니한들
그 일이야 범연하랴
내 젖 빨고 자란 네가
생죽음 가는 길을
힘이 없어 못잡으니
정 붙인게 원망스럽고
가난한것이 한이로다

심봉사 (잠표대로 팔을 내두르며) 안된다, 못간다,
못가, 청아!

△ 심청과 귀덕모 놀래여 바로 뛰여와서 심봉

사의 잠꼬대입을 알게 되자, 심청은 부엌으로 들어가고 귀덕모는 마루끝에 걸터앉는다.

심봉사 (계속해서)…날과 같이 가자! 청아! (자기 소리에 놀래여 일어나서 둘러보며) 청아!

심 청 (부엌에서) 네

심봉사 난, 또, 어디를 갔다구…

귀덕모 아침밥 짓는중이라오.

심봉사 내가 때도 모르고 늦잠을 잤군 세수를 해야지…

△ 귀덕모가 심봉사를 부축해서 부엌뒤로 돌아간다.

심 청 (밥상을 들고나와서 사당문을 열고 앞에 놓고 절한다)

선대조 할아버지 선대비 할머니
그지차 불쌍한 어머니
불효녀식 심청이는
애비 눈을 띄우랴고
임당수에 제수되여
오늘 죽으러 가옵니다
애비 눈이 떠진후에
조상향화 끊치지 않게
굽어살펴 점지하소서

△ 심봉사, 귀덕모에게 이끌리여 나온다. 귀덕모는 부엌으로 들어간다.

심봉사 …늙으면 그저 죽어야…
오늘이 바로 보름날이라
우리 애기 무릉촌으로
가는 날인줄 잊어버리고

△ 아침 까마귀 우는 소리

심봉사 아침 까마귀 저녁 까치는
불길조라는데 우리 애기 경사 날
방정맞게 왜 우는고
에이 튀, 튀, 튀…

(문설주에 걸어두었던 념주를 떼여 들고 념불을 입속으로 외운다)

△ 심청도 까마귀소리에 놀래여 사당문을 고이 닫고 밥상을 들여다가 아버지앞에 놓는다.

심청 아버지, 진지 잡수세요.

(숟가락을 아버지 손에 쥐여주고, 이것저것저가락질해서 아버지 입에 넣어준다)

심청 (먹어가면서) 오늘 네가 가는 날이라고 건건이를 많이 채렸구나!

심청 아버지, 달게 많이 잡수세요.

심봉사 오냐, 네가 공양미를 바친 뒤로는 걱정거리가 없어서 입맛 달게 늘 잘 먹는다. 악아 너도 어서 먹어라!

심청 저도 먹어요.

심봉사 든든히 먹고 가야지. 그 댁에 가면야 무슨 음식이 없으랴마는 가는 첫날부터 체면없이 주섬주섬 먹을수야 있나… (혼자 하는 말로) 그래서 꿈도 그렇게 꾸어졌군.

귀덕모 (숭늉그릇을 가져다가 놓아주며) 무슨 꿈을 꾸시였소.

심봉사 아까 바로 잠깨기전에 우리 애기가,
찬란스런 금관을 쓰고
오색 꽃수레 높이 앉아
하늘로 덩실 올라가뵈니
수레라 하는것은
귀인이나 타는것이라
우리 애기 가마타고

귀히 간다는 꿈 아니요

△ 귀먹모 차마 못듣겠다는듯, 돌아앉아서 눈물 짓는다.

심 청 (참다 참다 못하여 아버지 무릎에 쓰러져 울며)
아이고 아버지

심봉사 (놀래여) 응? 별안간 왜 이러느냐 봉사 딸이라고 누가 욕하드냐?!

심 청 아버지 불효자식이
아버지를 속이였소

심봉사 이자식아 네가 나를 속였기로
그게 무슨 대단한 일이라고
이래도록 놀래게 하느냐

심 청 무릉촌 댁에 수양녀로 간다함은
거짓말이였소

심봉사 무엇이라고? 그렇다면
공양미 삼백석을 뉘게 얻어 바쳤단
말이냐
답답하다 이자식아 시원하게 말을
해라

심 청 남경장사 선인에게
삼백석에 몸을 팔고
임당수에 산 제수로
오늘 죽으러 떠옵니다

심봉사 무엇이 어쩌고 어째
한시름을 잊었드니
네가 이게 웬 소리냐

심 청 제가 몸을 아니 팔면
공양미를 못바치고
아버지 눈을 못뜨실테니…

심봉사 네가 살고 내 눈 뜨면
그는 응당 좋을 일이요
내 눈 팔아 너를 사려던
에이 철없는 이자식아
애비 의견 물어도 안보고
네 맘대로 했단 말이냐
너 하나를 보랴 하고
명산 대천 공을 들여
천만 의외 너를 낳고
너의 모친 죽은후로
어린 너를 품에 품고
동냥젖 얻어 먹여
이만치나 자랐기로
너를 팔아 내 눈 뜨면
그 눈 떠서 무엇 하랴

△ 이사이에 선주와 선인들이 다시 나타난다.

선 주 물때 늦어지니 어서 떠납시다.

심봉사 (선주의 말소리를 듣고) 옳지, 네놈이 바루
배놈이로구나
에이 천하 몹쓸 선인놈들아
장사도 좋거니와
앞못보는 무남독녀
철모르는 어린것을
남모르게 유인하야
산제수로 죽이다니
생사람을 죽이며는
대전 통편 률 있느니라
안된다 안되 내 딸 청은
못데려간다

(심청을 잡고 놓지 않는다)

심 청 이 일이 남의탓이 아나오니
아버지 이리 마오

선 주 (선인들에게) 무엇들 하고있어! 어서 끌어내지 않고—

△ 선인들, 주저주저하다가 심청의 팔을 잡아 당긴다.

심봉사 (미칠듯이 날뛰면서) 이놈들아! 나도 죽여라, 내 평생 맺힌 마음 죽기가 원이였다. 청아!

심 청 (선인에게 잡힌 소매를 뿌리치고 아버지에게 달려들면서) 아버지!

심봉사 (딸을 매둡어 안으며) 청아! 나, 눈 안뜰난다. 내 눈 안뜨면 그만아니냐! 못간다. 못가!

△ 이때에 동네사람들 몰려나온다.

귀덕모 공양미 삼백석으로 해서 생사람들이 죽는구나 아이구 억울해라.

선 주 심랑자! 봉사님 후사를 생각해야, 백미 백섬 돈 삼백냥 마포 백목을 따로 동중에 들여서 의식 걱정 안하시게 할터이니, 어서 떠납시다.

심봉사 이놈들아!

천석 만석 쌀도 싫고
백만냥도 나는 싫다
고대 광실 금의옥식
세상것을 다 준대도
내 딸하고는 안바꾼다
나를 죽이면 모르거니와
살려두고는 못데려간다

심 청 (아버지에게 절을 하면서)

아버지 불효녀식
이생의 하직이요
부디 눈을 뜨옵시고
좋은 배필 속현하야
래래 안강 하옵소서

(조용히 일어나서 목메인 소리로 한마디 남기고 선인을 따라 나선다)

심봉사 기막히는 말을 말아
처자 있을 팔자 되면
이런 일이 있겠느냐
죽어도 같이 죽고
살아도 같이 살자
나 바리고 못가리라

(두팔을 허위적대며 딸을 찾는다)

심 청 (동네사람들에게)

동네 남녀 어른네들,
혈혈단신 우리 부친
동중만 믿사오니
깊이 생각 하옵소서

심봉사 아이고 여보 눈뜬 동네사람들
우리 딸 좀 찾아주오
청아 청아 이자식아
네가 진정 날 바리고 갈테거든
나도 가서 같이 죽어
창파 강상 넋이라도
부녀함께 떠다니자
청아!

△ 동네사람들 서로, 눈물 지으며, 엎어졌다 자빠졌다 하는 심봉사를 잡아 만류한다.

심청의 소리 아버지!

심봉사 청아!

심청의 소리 아버지… (그의 소리 점점 멀어진다)

심봉사 (더욱 정신없이 가슴터지는 울음에 잠기여) 심청아!

(한마디 마지막 간절히 부르고 부들부들 떨면서 넋빠진 사람같이 서있다)

—막—

제 3 막

제 1 장

때 제2막 2장에서 바로 뒤.

곳 강언덕 선창.

언덕우에는 수양버들이 줄줄이 늘어져있고 아래턱에는 갈대가 무성해보인다.

선창에는 지금이 만조인데 남경선인의 당두리배가 거만스럽게 커다란 선복(船腹)을 불쑥 내밀고 룡의 대가리를 새긴 배머리를 언덕우로 높이 뻗쳐들고 떠있다.

언덕과 배사이에는 오르내리는 발판이 걸치여있다.

막이 열리면 선인들이 출선 준비를 하느라고 제각기 코노래를 부르면서 분주하게 일을 하고있다.

멀리서 북소리와 함께 고기를 잔뜩 잡아 돌아오는 어선의 봉축노래가 들려온다.

선인 4 (돛줄을 졸라매다가 바라보면서) 신나게도 떠들어 오누나.

선인 5 (발판에 올라서서 역시 바라보면서) 어찌나 많이 잡아 실었던지 배전이, 물속으로 들듯말듯 하네그려!

선인 4 물생선은 참으로 끔찍이도 많은 나라야.

선인 5 많다마다.

삼면 바다 우리 나라
물고기도 새록새록
칼치 민어 홍어 조기는
서해바다 명산이요

남해바다는 대구 멸치
해삼 전복 고장이요
동해로 휘돌며는
오징어 청어 문어 고등어
가재미 명태 물철 따라
밀고 들고 깔렸는데
대하 장강 단 물에는
잉어 숭어 가물치 새우—

선인6 (아까부터 혼자서 웅얼대면 코노래를 별안간 소리 높여 크게 부른다)

일 봉래 이 방장과
삼 영주 이 아니냐
죽장 집고 풍월 실어
봉래산을 구경 갈제

선인5 (자기의 소리에 쐐기를 쳤다 해서 약간 볼멘소리로)

야 이 사람 시끄럽네
삯품살이 사공놈에게
풍월이 부당커던
어쭙잖고 주제넘게
봉래산은 웬 찾는가

선인6 물 생선도 흖거니와
강산 경치 장히 좋거든
관동 관서 량 팔경과
영남 호남 처처 절승
삼천리를 수놓은듯
아름다운 이내 고향

이 터에서 내 못살고
물길 따라 표박 서남
지옥문을 드나드니
어찌 아니 원통한가

선인5 이제라도 뭍에 올라
산수간에 터를 잡고
산 절로 수 절로
절로 절로 살게그려

선인6 산수간에 살자 하니
산중 맹호 두려웁고
거리 좌상 읍에 살자니
인 호랭이 둥쌀대고
땅이나 뒤져 살자 하니
뿔난 샌님 코물 호령
향교 대청 위풍통에
농군살이도 못배겨낼네

선인4 그래서 좌판, 호미 동댕이치고 로
잽이로 나섰네그려.

선인6 넓은 바다 좁은 배속에서야 설마 어
떠랴 했더니 고개너머 산이드라고
선주놈 거드름 빼는 꼴에는 작년 팔
월 올벼 송편이 올라올 지경이라…

선인5 그런데, 참 심처녀 데리러 간 선주가
웬 일로 이때껏 오지 않을가?

선인4 주리대 경을 치나! 물때 늦어지면
큰일인데…

선인6 아따 오늘 못가면 래일 가지.
래일도 못가면 모레 가지
쇠털같은 이 세월에
지옥 극락 모르는 길
더디 간들 어떠하리

△ 이사이에 봉죽 노래 점점 가까이 들며오고, 동리사람들이 바쁘게 지나간다. 돌병 장수 녀인이 짝패 녀인과 깔깔대면서 술병 들고 지나간다. 남자1, 2가 망태를 걸머지고 나온다.

남자1 (선인들에게) 오늘 행선하오?

선인5 그럼 참이요.

남자1 소문을 듣자니까 도화동에서 당신네 일행이 처녀는 도루 뺏기고 총각을 대신 사온답디다.

남자2 꿩 대신 닭이로군 하하하…

△ 남자1, 2 웃어대면서 가버린다.

선인4 좋은 놀림감으로 여기는군.

선인6 처녀 사가는 놈들이라구 괄세가 대단한걸! 가나 오나 팔자 더럽다.

선인5 팔자 한탄할것없이 이제라도 물에 올라서 산수간에 터를 잡고 산 절로 수 절로 살게나그려!

선인들 하하하…(웃는다)

△ 이때에 선창에 배를 대인 어부들이 오색 명주 길다랗게 주렁주렁 매여달은 봉죽기를 높이 들고 풍물을 울리면서 노래에 맞추어 춤추며 나온다.

《봉죽노래》 (이 노래는 서해안 어부들이 풍어일 때에 부르는 구전 민요임)

어기여차 더기여차
닻 둘러메고서
연평 바다로
돈 실러 가자누나

(후렴) 지화자 어아 아하아 **더하요**

연평 칠산에 뜬 조기는

한쌍만 남기고
다 잡아 싣고서
우리 배 고물대에
봉죽을 받었구나
(후렴) 지화자 어아 아하아 뎌하요
달도 밝고 서리찬 밤에
이 닻 저 닻 다 감아싣고
만경창파 넓은 바다
조기떼 찾아서
돛 높이 달어라
(후렴) 지화자 어아 아하아 뎌하요
밀물 썰물에 뜬 조기는
안팎 이물 고물에

철이 철철 넘누나
지화자 좋구나
큰북소리 울려라
두리둥둥 울려라
연평바다에 도장원하였다
봉죽을 질러왔네
봉죽을 질러왔네
수만 수천냥
보 봉죽 질러왔다네
지화자자 좋다 어그야 저그야 지
화자자 좋다
돈 실어왔네 돈 실어왔네
연평 바다에 돈고기 실어왔네.
지화자자 좋다 어그야 저그야 지화
자 좋다

십리밖에서
북소리 둥둥 울리면서
선창머리에
배 들여매였네
지화자자 좋다 어그야 저그야 지화
자 좋다

고향 선창에 배 들여매니
우리 뒨댁 아주머니
콩나물동이 옆에 끼고
대리날끝에서 엉치춤 추노나
지화자자 좋다 어그야 저그야 지화
자 좋다

△ 어부들 한동안 신나게 춤추며 놀다가 한편으로 몰려 나간다. 선인들도 한때 얼려서 춤추다가 어부들이 나간 뒤에도 흥에 겨워서 우쭐대고있다.

선인5 (문득 한편을 바라보고) 선주가 저기 온다, 처녀 데리고—

선인6 두다리 멀정해보이나.

선인5 쉬—

△ 선주를 선두로 심청, 귀덕모친, 선인들이 들어온다. 심청은 지성으로 봉양하던 눈먼 아버지를 생리별하고 오는 길이라, 한걸음에 눈물이요 두걸음에 돌아보며 끌리는 치마자락 한손으로 걷어안고 한가닥 두가닥 헝클어진 앞머리를 한손으로 치켜올리며 따라오는데 귀촉도 두견성은 남의 근심 돕는듯 한에 맺혀 울어예고 무심한 꾀꼬리는 저혼자 흥에 겨워 짝을 찾아 노래하며 양류간으로 넘나든다. 선주가 선인들에게 눈짓해서 심청을 맞이하여 배에 올려라 할 즈음에 심청의 동무 처녀들이 뛰여들어온다.

처녀1 청아!

처녀들 네가 부친 위하여서

죽으러 간다 하니
네 효성은 지극하나
그게 차마 할 일이냐

심 청 춘산에 지는 꽃이
지고싶어 떨어지며
낸들 어이 죽고싶어
생죽음을 하랴마는
자세가 부득하니
수원 수구 어이하랴

처녀들 하늘도 무심하고
인사도 야속하다
효자 충신은 하늘도
굽어살펴 아신다더니
네 일 보니 헛말이로다

심 청 김동지 댁 작은 악아
작년 오월 단오일에
앵도 따며 노던 일을
네가 행여 생각느냐—
천명이 이뿐이라
나는 오늘 죽거니와
팔자 좋은 너희들은
보모님 뫼시고 잘 있거라

처녀들 네가 오늘 액사하니
각시놀음 소꼽질로
같이 자라 놀던 정회
언제 다시 풀어보며
상침질 수놓기는
눌과 같이 의논하랴
도화동이 이로부터
적적 무인 쓸쓸하겠다

심청 옛정을 생각커든
내가 죽은후에라도
불쌍한 우리 부친
나부르고 애통할제
너희들이 위로하고
시시봉양 돌보아다고

△ 심청과 처녀들 서로 붙들고 흐느껴 울음 운다.

선주 (호령조로 선인들에게)
어서 빨리 끌어올리지 못하느냐! 물때가 기다려줄줄로 알고있는가!
(소리를 버럭 지른다)

△ 선인들이 심청의 손목을 잡아끌어 배에 올리려 하고 한편에서는 닻줄을 다리려고 하는 판에 동네사람들, 어부들이 데머리에 몽둥이 들고 고함치며 나온다.

군중들 안된다, 못데려간다.
우리 고을 효녀 심청을
인제수로 죽이다니
안될 말이다, 못데려간다
효녀 심청 살려내자

어부1 에이 천하 몹쓸놈들아!
우리들도 1년 3백6십일에
사자밥 등에 지고
만경창파 넓은 바다
고기따라 떠다녀도
사람사다 제 지낸다
듣고본 일 바이 없다
무슨짓을 못하여서
생사람을 죽이랴느냐

선 주 관가의 명을 받아
버젓한 공문 가지고
외국 물화 무역하는 일
누가 감히 막을텐고

어부2 관가의 공문?

군 중 허허 이런놈의 세상 인심 보소
가난하고 약한자는
제자식도 못키우고
생죽음을 시켜야 한다네
상고선을 바수어라
효녀 심청 살려내자

△ 군중들 아우성치면서 몽둥이를 휘두르며 배에 뛰여오르려 하니 선인들은 얼굴이 새파랗게 질려서 제각기 숨을 곳을 찾아 헤매고 선주는 어찌할줄 몰라 씨근 벌떡이고있을 뿐이다.

심 청 (재빨리 발판우에 막아서서)
참으시오 동네분들
나의 길을 막지 마오
아버지의 철천지한
눈을 띄여 드리려고
자청해서 몸을 팔아
인제수가 되여가니
오늘 일을 헤살치면
우리 아버지 눈 못뜨오

총각1 갸륵한 너의 효성
목석도 감동이나
황주골의 자랑이요
우리 동네 효녀 너를
모르는체 죽게 하랴

군중들 공양미 삽백석을
각자 추렴 낼것이니
선주에게 돌려주고
오늘 일을 작파하여라

심청 여러 어른 높은 의리
뼈에 깊이 느끼오나
행선날에 못간다면
처자 신의 어긋나고
공것으로 공양하면
그 정성 몇몇하리까
내가 응당 가야 하오
내가 죽어 마땅하오

로인 어버이를 위한 지성
효와 신을 함께 세워
인자 도리 지키랴 하니
잡을수는 없다마는
방년 효녀 너를 죽인
우리 동네 면목 없구나

△ 동네사람들, 심청의 어진 마음에 감동되여, 속으로는 느껴울면서 한걸음 두걸음 물러선다.

심청 (귀덕어머니 앞으로 가서)
아주머니 평생 은덕
못 다 갚고 가거니와
양아자도 부모시라
어머니로 대신 여겨
마지막 하직하오

(울음을 억제하고 절한다)

래래 안강 하옵시고
가엾으신 우리 부친

시시때때 보아주시고
임자 없을 모친 산소
춘추로 살펴주시면
하해같은 그 은공을
황천에서 갚으오리다

귀덕모 청아! 참으로 네가 가느냐

무단한 비바람이
명화를 휘뿌리쳐
바다에로 떨어치니

마디마디 맺힌 한과
굽이굽이 쌓인 설음
천추에도 못잊을손
삼백석이 원쑤로구나

이사이에 선인들 돛을 올리며 닻을 감아 당기고, 선주는 안심된듯 한편에 비켜섰다. 심청, 발판을 지내여 배에 오른다.

군중들 산은 첩첩 천봉이요
물은 술렁 아득한데
연파 만리 너 가는길
강초 넌넌 푸를 때마다
오늘 리별 눈물 되리

너의 부친 로래 봉양
우리들이 살필테니
살신 성효 네 뜻대로
거룩한 길 잘 가거라

△ 심청은 배우에서 고개숙여 절하고 귀덕모를 비롯하여 여러 사람들은 눈물을 씻어가면서 손을 들어 전송하는데 배는 스르르 미끄러지듯 언덕에서 떨어져나간다.

—막—

제 2 장

때 제1장에서 며칠 지난후,
황혼에서 밤을 지나, 새벽까지.

곳 망망한 황해바다.

아득한 지평선에 구름장만 오락가락 저녁노을에 물들어있다. 북소리와 사공들의 노젓는 소리, 파도소리 뒤섞인 중에 무대 밝아지면 남경 상고선이 한창 행선중이라 선인들은 량편에 갈라서서 노질을 하고, 심청은 배머리아래, 시름없이 앉았는데 선주는 거만스럽게 배를 내밀고 돛대옆에 서서 바다를 내다보며 만족한 웃음을 띠워보인다.

선인1 망망한 대해중에
탕탕한 물결이로구나

(후렴) 어기야 헤—야 에—야하—
어기어차 어기어차

선인2 장산곶에 날 저물어
산촌 모연 어렸구나
낚시 걷은 어옹들은
행화 문전 배를 매노나

(후렴) 어기야—헤—야 에—야하—
어기어차 어기어차

선인3 유유 할손 점점 어화
십리 파광 뻗쳤어라
큰북소래 두리둥둥
칠산 조기 봉죽 받았네

(후렴) 어기야—헤—야, 에—야—하—
어기어차 어기어차

선인4 강화문석 짜는 처녀들
병자 국치를 잊었는지
십오월야 왕굴 캐며
메나리만 화답하누나

(후렴) 어기야—헤—야 에—야하—
어기어차 어기어차

선인5 흑산바다 지냈으니
입맛 도는 홍어회를
명년에나 먹어볼가

선인6 일상 별러 침 생키던
령광 명산 굴비맛을
금년에도 놓쳤구나

선인7 푸진 소리 작작 하소
열두반상 대모반에
천일주나 걸드런듯
홍어 굴비는 웨 찾는가

선인들 옳다 그 말 잘 맞쳤다

선인8 천일주에 어회 굴비는
팔포대상 입치레요
텁텁 걸직 막걸리에는

선인들 두부지짐이 제안주라
장 고추 꾹 꾹 주먹밥에
이마땀이 방울방울
살이 되고 기름 지지

(후렴) 어기야—헤—야 에—야하
어기어차 어기어차

선인 9 돌이 많다 바람도 센가
제주섬이 눈앞일세
한라산아 잘 있거라
돌아올 길에 다시 보자

(후렴) 어기야—헤—야 에—야하—
어기어차 어기어차

△ 문득 거세인 바람이 물결을 휩쓸어 일으키며 박제상의 혼령이 물우에 나타난다.

박제상의 혼령 저기 가는 심효녀야
네가 나를 알겠느냐
나는 신라 눌지왕때
박제상의 원혼이로라
왕제님 미사흔이
왜왕에게 볼모 잡혀
십칠년을 고생하기로
왕제님을 구하고저
왕명을 받들어서
왜국땅에 들어가니
불태워 나를 죽이고
다시 물에 던졌으니
저주스런 왜놈 원쑤
철천한이 아니되랴

효녀 네가 지내기로
충효는 일반이라
이내 속을 하소하노니
고귀할손 그대 효렬
헛된 죽음 될가부냐
그때 마침 왜적왕이
신라 침범 출병차라
나를 반겨 왕제님과

길잡이로 선봉내기에
고기잡고 노니는체
왕제님을 어선에 태워
고국에로 따돌리고
내가 홀로 남았더니
속은것에 성난 왜왕
목도섬 찬서리밤에
수로 만리 좋이 가거라

△ 박제상 혼령이 어느덧 사라지며 물결이 다시 잔잔해진다.

심청 박제상 저 어른이
돌아가신지 천여년에
청사에 빛난 충절
후생 가슴에 유전이라
넋이 내게 현성함은
내가 죽을 징조로구나

(후렴) 어기야—헤—야 에—야하—
어기어차 어기어차

선인1 우아래로 별이 총총
물과 하늘 겹쳐있고
눈앞에 험한 물길
고국 산천이 아득하구나

(후렴) 어기야—헤—야 에—야하—
어기어차 어기어차

선인2 여기가 어데냐

선인들 숨은 바위다

선인2 숨은 바위면 배 다칠라

선인들 아마 그것은 념려말아
어야 뒤야 하—어야 뒤야 하—
에 헤 헤 헤—에야뒤야
에—허기야 허기야 허기야 헤에헤
헤—

△ 선인들 기운차게 노질을 빨리 하여 한곳에 다달으니, 바람소리 요란해지며 바다를 뒤집을듯, 성난 물결 배전에 부닥치며 뢰성번개 우르르 번쩍 비방울이 후두둑 휘갈겨 떨어지니 여기가 바로 임당수라 선주와 사공들 황겁하여 북새질이다.

선 주 임당수다, 어서 닻 내리고 고사 올려라. (고함친다)

△ 선인들 닻을 내리고 닻을 주며 도사공은 북을 치며 고사 덕담을 한다.

도사공 헌원씨 배를 무어
이제 불룡한 연후에
후생이 본을 받아
이 나라 저 나라로
물화 서로 교역하며
해로 만리 풍랑중에
상고선이 왕래할제
임당수의 수신님이
인제수를 받삽기로
십오세의 당년처녀
산채로 올리오니
만만 흠향 하옵시고
수수 천리 대해중에
무사행선 왕환토록
네리 굽어 점지하소서

△ 이사이에 선인들, 심청에게 소복을 갈아입히고, 제물을 물에 던지며 굽실굽실 절을 한다.

선 주 어서 빨리 물에 들라

심 청 여보시오 사공님네

선인들 왜 그러시오

심 청 우리 나라 우리 고향
도화동이 어데쯤이요

선인들 저 건너 검정 구름
그밑이 도화동이요

심 청 (선인들이 가리키는 곳을 향하여 두손 모아 절을 하고)
아버지
불효녀식 심청이 지금
이 자리에서 죽사오니
부처님의 령험으로
하루속히 감은눈 뜨시여서
천지 만물 보옵소서

선 주 물때 제워 랑패로다, 어서 급히 물에 들라

심 청 여보시오 사공님네
만리 행선 좋이하여
억십만금 퇴를 내서
고국으로 돌아갈제
도화동을 부디 찾아
우리 부친 생사존망
눈뜬 여부 알었다가
다시 이 물 지낼적에
제문 지어 알려주면
혼이라도 한 없겠소

선인들 그러리다 념려마시오

선주 어서 어서 물에 들라

심청 유유창천 하느님
애비 위해 지정바쳐
소녀 몸이 죽사오니
어여삐 살피시와
애비 눈을 띄워주소서
아버지—
로래 부디 만수무강하옵시오

△ 심청, 치마를 둘러쓰고 물에 떨어진다. 폭풍우 더욱 맹렬해지며 배가 금방 뒤엎어질듯, 이리 밀리고 저리 밀린다. 선주는 배가 쏠리는대로 이리 굴고 저리 굴며 죽을둥살둥, 선인들은 모두 두손 빌며 절을 한다.

— 막 —

제 4 막

때 제3막에서 몇시각 지난후.

곳 남해 룡궁중의 수정궁,

집치례가 장히도 황홀하다. 천여간 수정궁에 호박기둥 백옥주추 대모란간 산호주렴 광채 찬란하고 서기가 반공이라, 이른바 주궁패궐은 옹천상지 삼광이요 비인간지 오복이라 동으로 바라보면 삼백척 부상가지 일륜홍이 푸여있고 서으로 바라보면 오색 무지개 다리 되여 뻗쳤으니 천상 선녀왕래하는 길이요, 북으로 바라보면 일발청산 뾰죽뾰죽 푸르렀다.

막이 열리면

구석구석 놓여있는 향로에서 향연이 무럭무럭, 오색 구름 란간사이로 얼른거리는데 넓고넓은 영며전 한가운데 룡상높이 룡왕이 걸터앉았고 좌우로 반렬지어 모셔있는 문무 백관 직합대로 살펴보면

영의정 거북, 좌의정 고래,
우의정 악어—삼 정승과,
리조판서 잉어, 호조판서 민어,
례조판서 가재미, 병조판서 농어,
형조판서 준치, 공조판서 병어—륙판서라
대제학 붕어며 부제학에 문어요
직제학 넙치와 대교 청어
교리 은어, 주서 오징어,
선전관 전어, 정언 모라무지
훈련대장 대구요, 어영대장 미어기

포도대장 칼치, 금군별장 고둥어
방첨사 조개, 금부도사 명태
원참군 남생이, 주부 자라
오영문 군졸 새우 송사리라

△ 악공들은 절탕한 수궁 풍류를 아뢰고 시녀들은 뜰아래에서 춤추며 노래부른다.

시녀들 합창
남해바다 물속 천리
고기나라 보배나라
산은 본시 수정이요
바위마다 산호나무
자개 진주 덩얼덩얼
보배구슬 깔려있네

시녀1 모래밭에서 일을 하고
미역 그늘 몸을 쉬여
흉년 가물 걱정없이
누리느니 태평이로다

시녀들 누리느니 태평이로다
우리 나라 보배나라
부상높이 해가 둥실
달은 항상 물에 떠있네

시녀2 먹고 쓰고 살림 푸져
인간 오복 부러워 않고
부자 가난 네니 내니
시비 쌈이 없는 나라

시녀들 시비 쌈이 없는 나라
우리 나라 보배나라
부상높이 해가 둥실
달은 항상 물에 떠있네

시녀3 춘하추동 철이 없어
세월무정 탄식 않고
천년 만년 길이 살아
죄도 벌도 없는 나라

시녀들 죄도 벌도 없는 나라
우리 나라 보배나라
부상높이 해가 둥실
달은 항상 물에 떠있네

△ 해운공 방게가 밖으로부터 살살 기여들어와서 뜰아래에 국궁한다.

방 게 해운공 방게 아뢰오. 임당수에 떨어진 심청소저를 좋이 뫼셔 이제 궁문밖에 이르렀나이다.

도미승지 (룡왕에게 허리 굽혀 뵈이며) 심소저 궁문밖에 이르렀다 아뢰오.

룡 왕 상제의 칙령이 지엄하시니 귀빈 소저 대접에 소홀함이 없게 하라.

△ 좌우 라졸 소라가 고동을 불며 호기있게 들어와서 량편으로 갈라서자, 판서 잉어가 도미승지와 시녀들을 데리고 심청을 맞이하려고 나간다. 심청을 인도하여 들어오는 행렬의 노래소리가 가까이 들려오며 사수(射手) 자개사리가 갑주 궁시에 방패를 추켜들고 위풍이 름름하게 앞을 서고, 원접사 인어가 악공 시녀들을 거나려 심청을 옹위해서 차례로 들어온다.

시녀들 오시도다, 오시도다
귀빈 소저 오시도다
인간세상의 출천대효
우리 수궁 귀빈이실세

시녀1 시중 호걸 리태백은
흥에 겨워 달 따라오고

시녀들 홍에 겨워 달 따라오고

시녀2 청산 록수 토생원은
자라 등에 업혀오고

시녀들 자라 등에 업혀오고

시녀3 출천 대효 심소저는
살신성효 수궁 왔네

시녀들 살신성효 수궁 왔네

시녀1 심소저의 장한 효성
사해 룡궁에 떨쳤어라

시녀들 심소저의 장한 효성
사해 룡궁에 떨쳤어라
우리 나라 귀빈으로
길이 뫼셔 즐기오세

△ 시녀들이 심청을 인도하여 룡왕에게 뵈게 한다.

시녀2 부귀 빈천 분별없이
상하 동락 우리 나라요
소망대로 마음 편히
함께 즐겨 사샤이다

△ 시녀가 차를 내여와 룡왕과 심청에게 올린다.

룡왕 옥황상제께옵서 금일 오시초에 출천 대효 심소저가 임당수 물에 떨어질 것이니, 수정궁에 영접하고 다시 령을 기다리라 분부가 겝시여 소저를 뫼셔온것이니 풍랑중 놀랜 마음 진정하고 칙령 다시 나리기를 기다리시겨오.

심청 진세 천골에게 파하신 대접 오직 감격하여이다.

룡왕 허허허허 오히려 소홀한듯하오. (제신에게) 수궁의 풍류와 노래, 춤으로써 소저를 즐거이 뫼시거라.

△ 악공들 명을 받고 룡궁의 자랑거리 풍악 처용무곡(处容舞曲)을 아뢰자, 시녀들은 노래부르고 처용무수가 나와서 춤춘다.

《처용노래》

신라 성대 사십구대
현강대왕 태평세라
십팔만 와가 집이
서울 장안 련달렸네

우순 풍조 세화 년풍
집집마다 살림 늘고
국태 민안 빛난 문물
골목골목 노래러라

오년 삼월 꽃바람에
흔연할손 거동 행차
동해 고을 두루 거쳐
개운포에 머무실제

상서 구름 뭉게뭉게
동해 룡왕 현신하고
일곱 룡자 춤을 추어
찬덕 노래 올리노나

어깨 반쯤 운포(云袍)걸쳐
자락 자락 향기 풍기며
어가 뫼시여 서울 드신
괴기스런 말째 룡자

그 이름이 처용애비

노래 능한 처용이라네
그 이름이 처용애비
춤에 익은 처용이라네

헌강왕님 가상이 여겨
벼슬 주어 머물리고
고운 안해 짝 맞추어
새살림을 채려주셨네

일색 얼굴 처용안해
절색 태도 처용안해
열병 신이 흠모하야
밤중 몰래 앗었어라

(처 용) 동경 달 밝은 밤에
밤새도록 노닐다가
들어와 내 자리 보니
다리 가랭이 넷이로세

아으, 둘은 내해어니와
둘은 뉘해인고
본대 내해다마는
애였으니 어이하리

(열병신) 천금을 드리라다 처용애비여
칠보를 드리리다 처용애비여

(처 용) 천금 칠보 다 그만두고
열병신아 물러가라

(열병신) 산이며 들이며 천리밖에
처용애비 피하여 달아나자
아바 화상 뵈이는 곳
내 다시 안들리다
아바 화상 뵈이는 곳
내 다시 안들리다

△ 쥐용 춤이 끝나자 뒤이어서 해파리, 문어의 쌍무와 아울러 고기들 춤이 시작된다. 여러 고기들 좋아라고 소리치며 한창 놀적에 무지개 다리가 일층 더 빛나지면서 옥진부인의 천상 시녀가 하늘로부터 내려와서 다리우에 머물러선다.

천상시녀 옥진마마 행차시오.

도미승지 (되받아서) 옥진마마 듭신다 아뢰오.

룡 왕 아차… 과인이 하마 잊었고나 (심청에게) 지금 듭시는 옥진부인께서 소저를 만나시겠다는 전갈이 계시였소.

심 청 그 부인이 뉘시온데요?

룡 왕 옳거니! 모르시겠군. 다른분이 아니시라, 바로 소저의 친생 모친님이시외다.

심 청 네, 저의 어머님이요?

룡 왕 소저 오심을 아시고 모녀지정을 풀랴시는게요. 반가이 맞어 뵙시겨오. (좌우 제신에게) 우리들은 자리를 사양해드리자.

△ 룡왕과 제신들, 시녀만 남겨두고 안으로 퇴장한다.

심청, 어쩔줄 모르고 바라보니 오색채운이 벽공에 어려지면서 류량한 풍악소리 공중에 랑자하며 우편에는 단계화요 좌편에는 벽도화, 청학 백학 옹위하고 공작은 춤을 추며 기러기가 앞을 서서 온빛으로 찬란스럽게 차림한 옥진부인이 무지개 다리를 밟아 내려온다.

옥진부인 (바삐 둘러보며) 나의 딸이 어나곳에… (심청을 보고) 심청이가 그대인가

심 청 제가 바로 심청이와요

옥진부인 네가 나를 모르리라
너의 어미 내가 왔다

심 청 아이고 어머니!
(반겨라고 우르르 달려들어 모친 품에 안기 운다)

옥진부인 (심청의 머리를 쓰다듬으며)
너 낳은지 칠일만에
산후탈로 병이 들어
앞 못보는 가장에게
어린 너를 맡겨두고
영결종천 죽어지니
가장 생각 유아 걱정
일시인들 맘이 뇌랴
연연 정회 한없더니
오늘 너를 만나보니
애자지정 풀리노라

심 청 어머님은 쓰지 못할
저를 낳고 돌아가시여
홀아버니 뫼신 살림
가난스런 십오년에
눈나리는 얼음길과
찬비젖는 가을밤에
남의 모친 바라보며
부러운 눈물 흘리였소

옥진부인 (심청의 손을 어루만지며)
우자 말아 내 딸이야
귀여울사 내 딸이야
안아볼가 업어볼가

얼굴 전형 웃는 모양
너의 부친 흡사하고
손길 발길 고운것이
어찌 그리 날 같으냐

어쩌서 크면 일을
네야 어찌 알랴마는
너의 부친 고생살이
응당 많이 늙으셨지

뒤동리의 귀덕모친
네게 매우 극진터니
지금까지 살았느냐

심 청 아버지의 고생살이
생각사록 뼈아프고
태산보다 높고 높은
귀덕모친 전생 은혜
삼생엔들 갚으리까

옥진부인 고사리라 곱던 손길
마디마디 굳었으니
고해중에서 부친 공양
네 고생을 짐작하겠다

심 청 자나깨나 몽매간에
그리웠던 어머니
오늘 이곳 뵙게 되니
평생 원이 풀리였소
길이 함께 뫼셔있어
모친곁에 살아지이다

△ 옥진부인의 시녀가 상천시각 다 되였음을 부인에게 알려운다.

옥진부인 우리 모녀 사정이야

네나 내나 일반이나
유명의 길이 달려
전생 인연 끊어졌고

옥황상제 처분으로
맡은 직분 허다하야
나는 이제 상천하니
에미와는 리별이나
후일에 부녀 상봉
인간 영화 극진하리라

심 청 수수만리 이곳 와서
간곡한 모녀지정
풀어볼새 바이없이
가시다니 웬 말씀이요

옥진부인 모녀지정 서운하나
정한 시간 총총 하야
나는 이제 떠나간다

갸륵한 너의 효성
상제께서 가납하사
인간 환송 허하셨으니
인간 복록 극할지라
부친 뫼셔 잘 살거라

△ 옥진부인, 심청의 손을 잡고 차마 떼치지 못해하다가 스르르 놓고 일행과 더불어 공중에 올라 인홀불견 사라진다.

심 청 (무뚜뚜름히 옥진부인의 올라가는 양을 바라보며)
어머니
생시에 못뵈온 얼굴
맘속으로 그리웠드니
꿈인듯이 뵈였다가

바람인듯 가시였네

△ 룡왕과 룡궁 제신들, 다시 나온다.

룡 왕 속세 인연이 따로 있음이오니 너무 서운해 마시겨오

△ 하늘로부터 옥황상제의 칙사 선관이 무지개다리에 나타난다.

칙 사 옥황상제 칙지요

△ 룡왕이하 모두 절을 하며, 도미승지가 칙사 앞에 가서 공손히 칙지를 받는다. 칙사는 어느새 사라졌다.

도미승지 (칙지를 펴서 읽는다) 살기를 즐겨하고 죽기를 싫어함이 끝 인간들의 상정이였만 심청의 수정같이 맑고 깨끗한 마음, 오직 그 어버이의 광명을 구하고저 스스로 몸을 팔아 어복의 혼이 되니 기특할손 빛날 효행이 아닐소냐! 어버이에게 효함이 끝 나라에 충함이라, 남해 룡왕은 심청을 인간세상으로 환송하여 극진한 영화로써 그 여생을 즐기게 할지여다.

룡 왕 상제의 칙령을 일시각도 지체하지 못하리니 심소저 뫼실 련봉수레를 빨리 등대케 하라. (심청에게) 소저는 인간으로 되나가셔야 되겠소이다.

도미승지 (절하고 시녀들을 데리고 안으로 퇴장한다)

심 청 룡왕마마의 성덕으로 죽은 목숨 다시 살아 인간으로 환송되오니 재생지은 백골난망이로소이다. 수궁 복록 길이길이 누리시와 성수무강하옵소서.

룡 왕 인간의 부귀 만복 길이 누리시겨오.

△ 도미승지가 시녀를 거나려 련봉수레를 밀고 나와서 심청을 련봉속에 태운다.

도미승지 (시녀들에게) 뫼시는 절차 이미 분부했거니와 입당수로 돌아가는 남경 선인들로 하여금 나라에 진상케 할것이매 시각을 어기지 말고 물에 띄우되 소저몸에 한점 물이라도 범하게 했다가는 중책을 면치 못하리라.

△ 시녀들, 절하며 대답한다.

룡 왕 어서 떠나거라, 심소저여! 조선 나라로—

시녀들 (련봉수레를 밀기 시작한다)

가세 가세 심소저 나라
조선 나라로 어서 가세

룡 왕 원생 고려국하야
일견 금강산이라던

일 동 조선 나라 심소저 나라
산도 곱고 물도 맑고
사람마다 인정 있어
살기 좋은 나라라네

도미승지 장백산의 장한 줄기
처처 명산 지령이요
삼천리라 금수강산
곳곳마다 옥야라더라

시녀들 가세 가세 심소저 나라
조선 나라로 어서 가세

거북승상 삼면으로 둘린 바다
온갖 해물이 기름지고
산나물과 들곡식
해해 풍년 살찐다네

일 동 조선 나라 심소저 나라
산도 곱고 물도 맑고
사람마다 인정 있어
살기 좋은 나라라네

시녀1 산지 조종은 백두산이요
수지 조종은 압록수라
집집마다 충효렬부
사람 사람이 인걸이라네

시녀들 가세 가세 심소저 나라
조선 나라로 어서 가세

시녀2 꽃 떨어진 도화동에
심소저가 환송되니
가지 가지 재봉춘
효행 꽃이 만발하리라

시녀들 가세 가세 어서 가세
금수강산 조선 나라로
수궁밖에 몇 천리
효녀 환송 바쁠세라

일 동 가세 가세 조선 나라로
꽃봉수레 밀고 댕기고
살기 좋은 조선 나라
조선 나라로 어서 가세

△ 시녀들, 련봉수레를 밀며 나서고 룡왕과 여러 문무 제신들, 팔을 들어 전송한다.

— 막 —

제 5 막

제 1 장

때 제4막에서 달포쯤 지난 뒤
달밝은 밤

곳 왕궁안 비원.

좌편으로 비원안에 있는 한 전각의 일부분이 보이고 우편으로는 왕후상사를 당한 왕이 수란한 마음을 위로하려고 여기 저기 심은 각색 화초, 향기롭게 만발하였는데 남경 선인들이 임당수에서 건져다가 진상한 강선화가 뚜렷하게 한 복판에 피여있다.

막이 열리면

궁녀들이 꽃가지를 꺾어들고 달아래 꽃사이로 거닐며 노래한다.

궁녀들 모란은 화중왕이요
향일화는 충신이로다
련화 군자요
행화 소인이라
국화는 은일사요
매화 한사로다
박꽃은 로인이요
석죽화는 소년이라
계화 무당이요
해당화는 창녀로다
이중에 리화 시객이요
홍도 벽도 삼색도는
풍류랑인가 하노라

△ 궁녀들, 희희락락 웃어대며 재미나게 놀고

있을즈음, 안에서 《상감마마 납시오》 전갈소리 들려면서 류량한 풍류에 맞추어 녀관이 먼저 나와서 국궁하자, 왕이 궁녀에게 부액되여 천천히 나온다.

왕 다사로운 밤인지고. 달도 밝을세라!

(꽃밭사이로 거닐면서)

달은 본시 하나건만
보는자는 둘이로다
기쁜이는 잔을 들어
명월시를 노래하고
슬픈자는 한숨 지어
지는 달아래 거닐도다

녀관 꽃들이 제법 색스러이 보이는구나. 상감마마 즐기심을 도웁고저 만백성들로부터 진상되온 여러 꽃들이 고움을 시새오와 향기를 자랑하옵니다.

왕 제아무리 향기를 자랑하잔들 화무섭일홍이라거니 제 생명이 길지 못하려면, 어이 이 마음의 적요함을 풀어줄소냐. 그저 그 모양, 그 향기…

녀관 아니옵니다. 새로이 진상되온 꽃들이 많사옵니다.

왕 일러보아라

녀관 네—

삼천리에 봄이 드니
먼저 붉은 진달래꽃
년년 삼월 다시 피는
명사 십리 해당화
청실이야 황실이야
희고힐사 배꽃이요

오월단오 청화한데
향기로운 창포꽃

탐스럽고 고울세라
화중지왕 모란꽃
붉은 뜻을 알아주소
가슴 벌린 석류꽃

깊은 골에 절로 폈전만
십리 문향 란초꽃
봉래산 제일봉에
독야 청청 송화꽃

구월 상풍 두려워할가
홀로 피인 국화꽃
봄소식을 뉘 전할고
눈속에 피는 한매화

왕 그 역시 모두 범상한 꽃들이야! 움직일듯 말할듯, 고귀하고 천연스런 교태, 그 이름 강선화인저.

녀관 남경 상고 선인들이 바다를 덮어 진동하는 향기를 좇아 난데없이 물우에 떠있음을 보옵고 신기로이 여기와 진상하온 꽃이오라, 과연 기이하여이다.

왕 뿌리도 가지도 없이 오직 한떨기 꽃송이 물우에 피여날수 있으리라고 너는 믿느냐?

녀관 몽매하온 소인이야 강선화의 소자출을 어찌 안다 하오리까만, 배사공들이 언감생심 헛된 말로 기망했사오리까.

왕 목격했다는 사공의 말을 아니 믿을수도 없기는 하다마는, 이 필경, 하늘꽃이 그릇 약수에 떨어져 흘러온배

녀관 아닐진대, 룡신의 조화이리라. 중전마마 지당합신 분부로 뫼시옵니다. 중전마마 승하 합신후 상감마마 곤전의 적막을 느끼시오매 상천이 수렴하사 하늘 꽃을 나리신줄로 아뢰오.

△ 2경 종소리 은은히 들려온다.

왕 2경 종소리 아니냐?

녀관 —네 어제밤 그 시각이옵니다.

왕 (이윽히 강선화를 바라보다가) 조용해라, 강선화가 움직인다… 오늘밤에는 기척을 숨기여 놀래지 않도록 하자!

△ 왕, 녀관, 궁녀들 발소리 죽이고 강선화를 바라보며 살금살금 전각뒤로 숨는다. 가볍고 은근한 음악에 따라서 강선화 봉오리가 살며시 벌어지며 룡궁에서 환송된 심청이가 살풋 나온다.

심청 (어데인줄 몰라서 주위를 휘둘러보다가) 인간으로 환송이라기에 도화동일줄 알았더니 이곳이란 어드메인고.

(눈에 서투른 풍광에 황홀하여 여전히 두리번거리다가 비로소 현실 세계의 대기속에 서있는 줄을 감촉하게 되자 재생된 기쁨을 걷잡지 못하여, 생기있는 걸음으로 휘돌면서 이꽃 저꽃 만져보기도 하고 버들잎도 훑어본다)

수를 놓은듯 고운 물색
생기 펄펄 즐기는양
인간 일시 분명하니
내가 정녕 살아왔구나
도화동이 어느 편인고
가고지고 우리 고향
보고지고 우리 부친
불효자식 나를 잃고
뉘게 의탁 살으신가
어이해야 아버지앞으로

돌아가서 위로봉양하여볼고
일각삼추 바쁜 이 마음
날개 없음이 한이로세

△ 심청이 이렇듯이 탄식할제 왕과 궁녀들이 가만가만 나와서 심청을 둘러싼다. 심청, 놀때여 다시 꽃속으로 들고저 했으나 꽃봉은 벌써 오무라졌고 왕이 또한 그앞을 막고 서있다.
심청, 갈바를 알지 못하여 부끄러이 고개숙이고 섰을뿐이다.

왕 (심청에게)
화중의 귀인이여
놀래지 말지어다

녀관 이곳은 대내 비원

왕 이 몸은 이 나라의

궁녀들 만백성을 거나리신
상감마마님이시요

왕 그대는 어느곳 귀인이기
어인 일로 꽃속에 잠신하야
이곳에 이르렀나뇨

△ 이날에 입직했던 근신들이 들어와서 국궁하고 왕의 좌우에 모여선다.

심청 네, 소녀는 황주 고을
도화동에 거주하는
심학규의 외딸로서
강보중에 어미 잃고
애비는 안맹하와
철천의 한이옵더니
몽운사 부처님께
공양미 삼백석을

향안에 시주하면
감은 눈을 뜬다 하오나
가세가 빈천하와
판출할길 바이없어
남경 장사 선인에게
삼백석에 몸을 팔아
부처님께 공양하고
임당수에 빠졌더니
룡왕님의 도움으로
꽃속에 담기워서
인간에 환송되온바
비원을 더럽힐줄은
천만의외 일이외다

왕

알겠도다 알겠도다
이 나라의 장한 효녀
널리 선포 빛내주고
소원 성취 시켜주라

룡왕마마 뜻이 있어
짐짓 내게 보내심이라
효녀 원이 무엇인고
어려 말고 말을 하라

심청

소녀 집을 떠나온지
두어 해가 넘었사오니
홀로 남은 눈먼애비
생사존망이 념려오라
어서 만나 보옵기가
오직 하나의 원이로소이다

왕

파연 효녀 말이로다
밝는 날 조회끝에
감사에게 전지하야
사실하라 명하리니
궁중에 몸을 쉬여
하회를 기다리라

심청 고마우신 처분, 오직 황공하여이다.

근신1 상감마마 전 주달하오.
중전마마 승하하신후
녀공 교화 그치오매
상천이 수렴하시와
룡신의 조화로써
요조 효녀 보내심이니
중전마마로 간택하시와
내궁 수범 세우심이…

근신들 국가의 복이 올줄로 아뢰오.

왕 봄빛 잃은 대궐안에
장한 효녀 찾아드니
나라가 태평하고
문물이 빛날지라
경의 뜻이 그럴진대
원로 대신 뜻을 물어
가부를 정하리니…
(녀판에게)
우선 편히 쉬도록 네 각별 거행하거라.

△ 녀판이 명을 받자 궁녀들이 심청을 둘러싸고 춤추며 노래한다.

궁녀들 피였네, 강선화—
강선화가 피였네
강선화는 효녀꽃
남해룡왕 조화로다

궁녀1 고우실사 효녀 심청
뎡기 뎡실 강선화 타고…

일 동 강선화는 효녀꽃

궁녀2 향기로울사 만만 화기
남 볼세라 자취 숨켜…

일 동 강선화는 효녀꽃

궁녀3 봄빛 잃은 대궐안에
상감마마 뵈오러 왔네

일 동 강선화는 효녀꽃
남해룡왕 조화로다

왕 의젓하고 얌전할사
천생 려질 귀한지고
효행은 백행 근본
높은 지조 어진 덕이…

근신들 녀인 교화 수범일시
묻지 않어 믿어워라

전원일동 피였네, 강선화—
강선화가 피였네
강선화는 효행꽃
남해룡왕 조화로다
봄빛 잃은 대궐안에
상감마마 뵈오러 왔네

△ 근신들, 궁녀들, 왕과 심청을 둘러싸고 노래 춤이 한창 어울려진다.

—암 전—

제 2 장

때 5막 1장에서 1년쯤 지난
6월 어느날, 늦은아침.

곳 서울로 가는 길거리,

원편쪽으로는 아담한 주막집이 자리를 잡았는데, 얕으막한 울타리안으로 안채가 보이고 울타리밖으로는 아람드리 정자나무가 몇백년이나 묵은듯한 굵은 뿌리를 드러내고 섰는데 가지와 잎은 일산같이 퍼져있다. 우거진 이 나무 그늘이 바로 행인들의 쉴 자리가 되는 것이다.
바른쪽으로는 얕으막한 언덕밑에 박우물이 있고 집뒤로 무대를 가로질러서 언덕우로 서울 가는 큰 행길이 보인다.

매암이소리 새소리 요란한중, 무대가 밝아지면 동리아이들이 나오는데, 선두의 첫 아이만 제대로 섰고 둘째 아이부터는 제각기 제앞 아이의 허리를 잡고 고개를 파묻은채 발맞추어 노래부르며 나온다.

뒤아이들 어데만큼 왔느냐

앞의 아이 안직 안직 멀었다

뒤의 아이들 어데만큼 왔느냐

앞의 아이 외나무다리 왔다
한짝 발을 들어라

△ 모두 한발로만 뛰며 다리 건느는 시늉을 한다.

뒤아이들 어데만큼 왔느냐

앞의 아이 고개길에 왔다
엉금 성금 기여라

△ 모두 기여가는 시늉.

뒤의 아이들 어데만큼 왔느냐

앞의 아이 이력 저력 다 왔네
고목나무 아래다

△ 모두 고개를 쳐들고 한번 휘둘러보고는 다시 엎드려서 빙빙 돌며 「동굴때」 놀이로 넘어간다.

앞의 아이 장잠아!
끝의 아이 우 우 왜!
앞의 아이 앞남산으로 도토리
따먹으러 가자
끝의 아이 써서 싫어
앞의 아이 뒤동산으로 감살
따먹으러 갈―가
끝의 아이 이빨이 아파 싫어
앞의 아이 그러면 나는
너 잡아먹으러 가지
끝의 아이 피가 나면 어떠카고
앞의 아이 피 나면 씻지
끝의 아이 잡아먹을테면 잡아먹어라
앞의 아이 어느 편으로…?
끝의 아이 왼편으로…!
아이들 둥굴때 둥굴때
둥굴때 둥굴때

△ 앞의 아이가 끝의 아이를 잡아먹으려고 이리저리 왔다갔다하다가 넘어져버린다.

아이1 자, 인제부터는 술레잡기다
아이들 이 거리 저 거리 각 거리
청사 맹조 도맹조
수머리 박고 돗박고
짝 발려 휘양 끈

도리 줌치 장도칼
룡두 머리 사리양

아이3 (재가 걸려서 머리를 긁으며 눈을 감고 술래가 된다)

아이1 인경 뎅 바라 딩
삼경전에 끄꾸마 뗬다
암행어사 출도야

△ 아이들 모두 흩어져 숨는다.

△ 여기서 저기서
꼭 꼭 숨어라
머리카락 보인다
쥐가 물어도 꼭 꼭

△ 술래가 된 아이3이 이리저리 춤추듯이 뛰여다니며 하나씩 잡아다가 고목나무아래 앉혀놓고는, 다른 아이를 잡으려고 주막집안으로 들어가더니 조금 있다가 안마당에서 와지끈 뚝딱 장독 깨여지는 소리 요란하며 숨었던 아이, 술래아이 모두 당황해서 우르르 몰려나온다.

주막주인 (방문을 열고 뛰여나오며) 어느놈이 남의 장독을 깨뜨렸느냐.

△ 아이들 질겁을 해서 뿔뿔이 흩어져 도망가자 봉사 1, 2가 나온다.

주막주인 달아나면 내가 못잡을줄 알구. (언덕우로 쫓아간다)

봉사1 예서 서울이 몇리나 되오?

주막주인 (못마땅해서) 백리남짓 하오.

봉사2 (퉁명스럽게 대답한다) 거진 온 셈이군 어서 가세.

주막주인 (언덕밑으로 달아나는 아이들을 향해서) 갈데거든 장독값 물어놓고 가거라.

봉사1 (가던 걸음을 멈추고 돌아서며) 뭐? 장독값이라니?… 아닌밤중에 홍두깨도 유만부동이지 길가는 봉사더러 무슨놈의 장독값을 내라는거야.

주막주인 봉사보고 한 말 아니니 남의 약받치는 소리 그만두고 갈길이나 어서 가슈! 앞도 못보면서 오지랍 넓게 세상일 다 챙견할나오? (볼멘소리로 쏘아붙인다)

봉사2 허, 그분 성미 팔하기도 하다. (동무에게 손짓하며) 어서 갑시다!

△ 봉사 1, 2 중얼대며 퇴장한다.

주막주인 에—망할놈의 새끼들! 홍정도 부실한판에 남의 세간사리 부셔대고 지랄들이야! 에, 참, 재수없다.

△ 봉사 ㄱ, ㄴ 더듬더듬 나와서 정자나무아래 쉬이며 한다.

주막주인 이런 제기 또 봉사로구나. 하나만 보아도 재수가 없다는 봉사를 석달 남아 날에 날마다 줄봉사를 보아노니 장사가 될게 뭐야… (두덜대면서 집안으로 들어가버린다)

봉사ㄱ (나무아래 앉아 부채질하며) 어—등어리가 시원해오는군!

△ 황아장수가 비지땀을 흘리면서 황아짐을 지고 나오더니 나무아래 짐을 벗어놓고 「싸구려」를 한바탕 외여댄다.

황아장수 황아요 서울 황아,
오방 황아가 싸구려

삼승버선 볼 받이
세세 상침 가는 바늘

갈포 마포 거침새
금침 꾸미개 왕바늘

바늘 가면 실도 가지
이겹 삼겹 당사실
알쌍 달쌍 오색 수실
은실 금실 결 드렸소

황아요 서울 황아
오방 황아가 싸구려

물색 고운 서울 물감
갖추 갖추 열두 색
빗치개 쪽집게
미지 장분 얼레빗
참빗이면 다 진짤가
아주먼네 속지 마오
령암 소산 되매기가
정말 진짜 참빗이라오

황아요 서울 황아
오방 황아가 싸구려

관자 당줄 살쩍 동곳은
새 서방님 소용이요
젊은 과부 흑각잠
늙은 총각 곱돌대
부산쟁인 백통대
령광 물방아등 담배대
도적놈잽이 철편대
호사치레 은삼동이요

황아요 서울 황아
오방 황아가 싸구려

설대도 가지 가지

양철 간죽 소상죽
간지 설대 백간죽
소용대로 골라잡으소

종이와 대가 연분맺으니
바람이 선들 전주 미선
여름 소낙비 변덕스럽네
갓모 없이는 길 가지 마소

쌍고 느짓 치레 좋구나
주홍당사 염낭끈
귀주머니 쌈지끈은
목팔사가 제격이요

쥐일쌈지 부석쌈지
단방치기 부싯돌

별의별것 다 있구려

골라잡소 서울황아
싸구려 오방 황아
되는대로 막 파는구려

△ 황아장수 목청 좋게 엮어대건만 류월 염천 불같이 더운 때라, 서울 가는 봉사들외에는 다른 행인이 없었으니 물건 사줄 사람 또한 없다.

봉사ㄱ (혼자말처럼) 가진게 다 많어도 봉사 눈은 없구먼!

황아장수 (「싸구려」 웨는 투로) 없기야 웨 없겠소 덧보기 눈이 있지요.

봉사ㄱ 눈이 있다? 값은 얼마요?

황아장수 값은 무값이외다.

봉사ㄱ 어데 봅시다.

△ 지나가던 선비 한사람, 초라한 중추막에 행전 치고 새까맣게 때묻은 손수건으로 땀을 씻으며 쉬일 참으로 나무그늘 한편에 앉는다.

황아장수 팔릴것 같지 않아서 넘겨오지 않았소.

봉사ㄴ 참말 어데 있읍데까.

황아장수 봉사님들도 아마 서울 봉사잔치 가는 길이지요?

봉사ㄱ 그렇소. 고을에서 이름 점고하고 로자돈 주어서 가는 길이요.

봉사ㄴ 그래, 눈을 파는데가 어데요.

황아장수 서울 종로 네거리 동상전에 가보시오. 머리카락이 솔잎처럼 보이는 경주 남석 돌알눈이 있습넨다.

봉사ㄴ 그거야 돋보기안경이지 눈이요.

봉사ㄱ 우리 놀려대는 수작이요. 타 낼것 없소이다.

봉사ㄴ 예기, 봉사를 속이고 놀리면 벌받는 법인줄 모르나.

봉사ㄱ 갑시다. 보지 못하는 신세니 대들수도 없고— (봉사ㄴ을 이끌고 일어선다)

봉사ㄴ 판수 점패풀이버텀 일쑤 잘 꾸며대는걸

△ 봉사 ㄱ, ㄴ 더듬더듬 언덕길로 가버린다.

황아장수 허, 허, 허 점패풀이버텀 더 잘 꾸며댄다구…허, 허, 허.

△ 봉사 한떼가 또 지나가고 한편에서 늙은 농부가 괭이 메고 지나다가 그늘에 앉아서 담배를 피우며 다리를 쉬인다.

황아장수 서울서부터 길에 깔린것이 그저 봉사뿐이니, 홍정이 있을수가 있나!

늙은이 (혼자말처럼) 서울에 무슨 일이 생겼기루 쇠경마다 서울 간다구 길이 메여터지게 발동인고.

황아장수 명감은 아직두 모르시오.
서울에서 각도 각읍
팔도 장님 불러다가
맹인잔치를 채린다오

늙은이 팔도 맹인 잔치라니
듣는이 처음이요
어느 누가 그런 존일
적선 삼아 한답데까

황아장수 나라 기구 아니고야
삼정승 륙판서면
엄두나 낼 일이겠소
상감님이 상년 가을
중전마마를 맞이셨는데…

늙은이 옳지 옳지 꽃속에서
나왔다면 선녀색시…

황아장수 일국 왕후 호강속에
무슨 한이 계셨던가
일년내내 시름이요
웃는 빛이 없으므로
소회를 물으신즉
팔도 맹인 잔치 채려
구제함이 원이라고…

늙은이 올봄에는 홀애비 과부
부모 없는 고아들에게
쌀과 옷을 나리시더니
소경잔치 채리시니
인자하신 마마시요

황아장수 각도 각읍 곳곳마다
거리 거리 게시하야

로소 맹인 올려올제
병든 소경 약을 먹여
조리 시켜 올러가고
그중에도 요부한자
좌우 청촉 빠지랴다가
볼기 맞고 올러가고
젊은 맹인 늙은 맹인
가난한이 의판 주고
로자 주어 올려보내니
지팽이 소때 우박치듯
서울 장안이 소경판이라오

선 비 (혼자말로) 흥! 장차 국사를 다사릴, 글읽는 선비에게는 붓 한자루 종이 한장 하사하지 않고 병신들을 모아다가 잔치를 채련다… 피망스런 일이로군.

늙은이 (선비의 말에 아니꼬운 생각이 나서 눈을 톡바로 뜨고)
그말 듣기 피이하오
선비님들 지필묵은
동네마다 추렴 놓아
서원에서 당하는데
무슨 하사를 또 바라오

황아장수 속담말에 이르기를
살진놈 부어죽는다
줄수록이 냥냥이라지요
하, 하, 하, 하…

△ 선비, 속으로는 괘씸히 여기나 대꾸할 말이 없어서 한편으로 돌아앉아버린다. 봉사들 한떼 또 나온다.

봉사ㄷ 잔치가 글피까지라니 쉬여서 가는게 어떻소.

봉사ㄹ 맘 들여 쉬엽쉬엄 갑시다.

△ 봉사들 이리저리 앉을 자리를 찾느라고 선비의 다리를 밟기도 하고 혹은 지팡이로 선비의 갓을 건드리기도 하고 혹은 선비의 앞을 막아 앉기도 한다. 그럴 때마다 눈살을 찌프리며 이리저리 피하다못해 마침내 벌떡 일어선다.

선 비 (그래도 점잔을 빼노라고) 땀들였으니 가볼가.

늙은이 생원님도 서울 가시나요.

선 비 눈 뜬 사람이 봉사틈에 끼워 서울 갈가… 묘향산으로 글 읽으러 가는 길이지.

늙은이 아직 과거를 못보시였군.

선 비 이 나이에 못보기야 했을가만 두번이나 락방하고 다시 글 읽으러 가는 길이지. 과거보기란 참말 어려운것이거든—(휘적휘적 가다가 돌쳐서서 황아장수에게) 합죽선 있는가.

황아장수 네, 라주 담양 골라뽑은 합죽선은 다 팔아먹고 전주미선이 있습니다.

선 비 마구잽이 미선이야 체면없이 흔들고 다닐수가 있나. 그것, 참, 두자루 가지고 온것 다 잊어버리고 서원에서 가까스로 빌린것까지 어데다가 빠뜨려버렸으니…

황아장수 (선비의 실띠에 매달려있는 부채를 보고) 샌님 겨드랑밑에 개꼬랑지처럼 매달린게 그게 부채 아닙니까.

선 비 (그제서야 부채 있음을 알고) 옳거니… 탁탁이 간수한답시고 매달아놓고는 (풀며서 손에 들고) 반나절이나 땀을 흘렸었군. (몇가닥으로 찢어진 접부채를 그래도 점잔하게 흔들면서 풍월을 읊으며 휘적휘적 나간다)

황아장수 날 더운줄 아는 그놈의 정신머리마저, 빠뜨리지 않은게 제법이군.

봉사ㄷ 업은 애기 삼년 찾드라구… 그런놈의 눈깔은 있으나마나, 시럽애 아들놈.

봉사ㄹ 그런녀석의 정신으로 읽은 글이니, 제가 과거에 안떨어질수 있나!

늙은이 락방하기 다행이지. 저런것이 원이라도 한자리 하게 되면 어제공사 오늘 까먹고 세곡 내라, 환자 내라, 부역 나라, 백성만 들볶아댈게라, 향교답이니 서원답이니 저런것을 처멕이자구 등골 빠지게 매가꾸어주니 농군들 인심 참 무던하다.

황아장수 그러기에 곯는게 백성이요, 불쌍한게 쌍놈밖에 더 있나요.

△ 황아장수, 늙은이 서로 헤여져 간다. 황아장수의 「싸구려」 외는 소리가 차차 멀어지면서 봉사 한떼가 또 나온다.

봉사ㅁ 문복할 사람이 더러 있음직 한데 요렇게 술값 한푼 안생길수가 있나.

봉사ㅂ 앞질러 가던 동관들이 다 털어 먹었을테니 한번이나 속지 두번씩이나 점쳐달라겠소.

봉사ㅁ 그러니 서울가도록 내내 술은 굶었지.

봉사ㅂ 아따, 서울 가면야 설마 술없는 잔치 채렸겠소. 잔치 공술이나 코가 빠지도록 먹웁시다그려.

봉사ㄹ 말소리 들으니 서울 가는 동관네시오그려! 쉴자리 좋으니 담배 한대 태우고 동행하는게 어떻소.

봉사ㅁ 친구따라 강남도 간다니 그럽시다.

△ 봉사들 이름저름 끼워 앉는다.

봉사ㄷ 어데서들 오시는 동관이오.

봉사ㅂ 강계 초산 산드메서 오는 길이라오.

봉사ㄹ 먼데서 고생하시오. 우리는 황해도에
서 옵니다.

총각봉사 황해도 계시다니
말 한마디 물읍시다

(한강수 타령조로)

황해도라 봉산 인심이 좋아서 노랑
돈 한푼에 큰애기 열둘씩 한다니
글쎄 참말 그러면 총각놈 내 신세
어여쁜 처녀 골라서 내 사랑을 삼
올나오

봉사ㄷ 큰애기가 열둘이라
그런 말이 아니라네
인심 좋은 봉산땅
수수엿이 명산이라
큰애기만큼 툭툭 잘러
열두개씩 준단 말이지

총각봉사 인심이 좋고보면
인정 사정 알아줄게요
큰애기가 흖고보면
장개 들기 쉬울테니
잔치 보고 가는 길에
중신 하나 하여주오
말끝마다 총각봉사
아저씨 덕에 면해봅시다

봉사ㄷ 중신이란 어려운걸
잘하며는 술이 석잔

총각봉사 설혼잔을 올리지요

봉사ㄷ 잘못하면 뺨이 세개

총각봉사 재 눈으로 못볼 안해

인물 취택 한다 하겠소
봉사 중매 봉사 혼인
빨 맞일 일 없으리라

늙은 봉사 그말 좋군 그말 좋아
길즘생 나는 새도
다 각기 짝 있는데
봉사라고 연분 없을가

여러 봉사들 과부 설음 과부 알네
류류 상종 일렀으니
존일 삼아 중신하소
봉사 잔치 치른 끝에
봉사 혼인 채려주세

총각봉사 아저씨들 고마웁소
삼십이라 로총각이
색시 생각 간절하야
새벽 잠을 못자더니
아저씨들 더분으로
장개들게 되였으니
얼씨구나 좋아라
아저씨들 절 받으시오

△ 멍실멍실 춤추면서 허덕대고 꾸벅꾸벅 절을 한다.

봉사ㄷ 뉘집 규수 가합할지
선도 보기전 절부텀 하나

총각봉사 눈이 없어 선 못보니
벙어리만 아니라면
절름발이 동무 삼고
곰배팔이도 소원이요

△ 여러 봉사들 유쾌하게 껄껄대고 웃는다.

늙은 봉사 자, 판서 동관 로상에 서로 만나 인
륜대사 좋은 일로 시원하게 잘 웃었
고 서울 잔치도 동석할테니 피차 알
고 지냅시다.

봉사ㄷ 뉘말씀인지 좋은 말씀이요.
본래 사판 친구 없고
하로 길도 인연이라니
통성명 사핍시다
말씀 낸이 뉘댁이요

늙은 봉사 댁이라니 과남하오
소경이라 굿집이외다

안봉사 굿집이면 당집이니
당씨 성이 분명하군

당봉사 무던하오 당봉사요
동관님은 뉘라시오

안봉사 뉘라시니 안이요

당봉사 그 동관 불손하군
피차 통성 아니리니
인사성이 패씸하군

안봉사 안이랬다 성낼테면
속인줄로 아오그려

당봉사 한술 더 떠서 속이다니

안봉사 패풀이도 못해보았나
마침 유기 고장이요

△ 량반봉사 천진사가 상로아이에게 대배대 들리우고, 보짐지워서 지팽이 잽혀 나오다가 문득 서서 듣는다.

한봉사 옳지 그 성 알만 하군. 안과 속이
한가지요. 마침 유기 안성이군.

안봉사 안악 산다 안봉사요
동관 성씨 뭐라시오

한봉사 뭐라든가 하나뿐이요

당봉사 누구 성은 둘씩인가

백봉사 둘은커냥 열도 적어
열의 열곱 나도 있소

천진사 허허 그 성 듣고보니
항렬도 낮고 낮네
열의 열곱은 백씨자손
하나 성은 한씨로다
내 성자의 족보 항렬
아들 손자 성이로군

한봉사 아따! 그분 성도 많네
백씨 성의 애비라고
천가 성을 자랑하네
아버지를 그물질 했나
두룸으로 사들였나
천가 되기 바빴겠다
하 하 하…

△ 봉사들 모두 배가 터지거라 껄껄대고 웃는다. 량반봉사 천진사는 자기 망발에 무안해져서 어쩔줄 모른다.

봉사들 천씨 동관 망발했소
항렬 높다 천가 자랑
남의 성을 욕 뵈려다
동관 욕이 되였느니
망발풀이 한턱 내소

삼로아이 진사도 망녕이시지, 괜히 말챙견 하셨다가 쩡쩡 울리는 구대 진사 량반대 가문에 개똥칠하셨습니다.

천진사 쉬— 네놈 말이 더 흉하다. (슬며시 빠져나간다)

안봉사 천씨가 량반이던가.

한봉사 망발 풀이 다구는통에 뺑소니를 쳤소 그려.

안봉사 아까 전에 중매하라, 졸라대던 총각 성은 무엇인고.

총각봉사 내 성은 냄새 나서 말하기가 거북합니다.

안봉사 성자에도 곰팡이가 쓸었던가, 냄새 나게.

총각봉사 냄새 나는 까닭이 있지요.
삶어 썩힌 콩범벅
소금물에 담겼으니
그 냄새가 어떻겠소

담봉사 소금 물에 썩은 콩이야
장밖에 또 있는가
총각 성이 장가로군

총각봉사 장가는 장가로되…

안봉사 장가 못든 장가란 말이지!

총각봉사 그러니까 어울하지요

안봉사 알고보니 장가 장가 졸라댈만 하네그려

△ 여러 봉사들 또 한바탕 웃어댄다.

당봉사 안악 동판 기어이 중신해야겠소.

안봉사 잔치보고 가는 길에 내 집 들려 궁리합시다.

한봉사 자, 해 걸음이 어찌 된지 모르니 슬렁슬렁 가면서 얘기합시다.

△ 봉사들 서로서로 부축하며 서울 길로 나간다.

△ 뺑덕어미 보통이 이고 심봉사 지팽이 이끌어 나오는데, 때수풍진 심봉사의 채럼채럼 여름날 먼먼 길에 후질근해보인다.

(그지간 심봉사 지낸 일을 판소리에서 들어보면)

「심봉사는 딸을 잃고 날마다 탄식할제 봄 가고 여름 되니 록음방초 한이 되고 지지재재 우난 새는 심봉사를 비웃는듯 산천은 막막하고 물소래도 처량하다.

도화동 안팎동리 남녀로소 모다 와서 안부 물어 정담하고 딸과 같이 노던 처녀 종종 와서 인사하나 설은 마음 첩첩하야 아장아장 들어오난듯, 앞에 앉어 말하난듯 무리무리 착한 일과 공경하던 말소래를 일시라도 못견디고 반시라도 못잊어서 「목전에 딸을 잃고 목석같이 살았으니 이런 팔자 또 있는가」」

이렇듯이 락루하고 세월을 보내는데, 몽운사 부처님이 령험이 없었는지 딸 잃고 쌀 잃고 눈도 뜨지 못하야 지금껏 심봉사는 봉사대로 있는지라 그중에 눈만 못떴을뿐아니라 생애의 고생이 세월따라 더욱 깊어간다.

도화동 사람들은 당초에 남경장사 부탁도 있고 곽씨 부인을 생각튼지 심청의 정곡을 살펴서도 심봉사를 위하여는 마음을 극진히 써 도읍는터이라, 선인들이 매낀 전곡 착실히 신칙하야 리식을 늘여가며 심봉사의 의식을 넉넉하게 하야 형세차차 늘어가더니, 이때 마츰 본촌에 뺑덕어미라 하는 계집, 행실이 괴악한데 심봉사의 가세 넉넉한줄 알고 자원하고 첩이 되여 심봉사와 사는데, 이 계집의 버릇이란 아주 인종지말이라,

쌀을 주고 엿사먹기
벼를 주고 고기사기
잡곡을랑 돈을 사서
술집에 술먹기와
이웃집에 밥붙이기
빈담배대 손에 들고
보는대로 담배청키
이웃집 욕 잘하고
동무들과 쌈 잘하고
정자밑에 낮잠자기
술취해서 한밤중에
목놓고 울음 울고
동리 남자 유인하기
일년 삼백 륙십일에
입을 잠시 안놀리고

집안의 살림살이
홍시감 빨듯
오뉴월 까마귀
곤수박 파먹듯
불쌍한 심봉 재산을
주야로 파먹는터이라…
형세 보아 도망할 작정으로 지내다
가 심봉사 관가 령을 받고 맹인잔
치 참예 차로 서울길 떠나게 되니
「너필종부라니 가군 가는데 내 아
니 갈가 나도 같이 가겠소」 천연스
레 말을 하며 행장을 차릴 적에,
심봉사 거동 보소. 제주 양태 제켜
쓰고 굵은베 중추막에 목견대 둘러
띠고 로수량 보에 싸서 어깨너머
둘러메고 소상반죽 지팽이를 왼손
에 든 연후에 뺑덕어미 앞을 서고
심봉사 뒤를 따라 서울로 올라올제

집안에서 새던 쪽박 들에선들 아니
샐가. 뺑덕어미 갖은 살망 심봉사
를 들볶것다.

심봉사

말을 가려 다투자면 입이 아프고 속
이 끓어—

말끝마다 앙알앙알
일일마다 탈을 내며
조석으로 변사부려
오나 가나 말썽이니
들볶애여 살수 있나

뺑덕어미

무던이도 뇌까리고
다랍게도 잔소리하네
한번 실수는 병가상사라
화로 깨고 한량 닷돈
돈문것이 그리 아까워

종일 내내 두덜두덜

심봉사 한번이래야 말이 없지
길 나선지 보름새에
담배대 분지르고
비녀 버선 잃어먹기
숟갈 꺾고 그릇 깨고
밥상 치고 무리 꾸려
외발에서 덤벙대다
억울하게 값을 무니
천석군이면 당해내며
돌부처면 말 없을가

빵덕어미 아이고 탓도 많고
잔사설도 늘어놓네
류월 염천 삼복더위
이내 고생 싫다 않고
가장이라 중히 여겨
맹인잔치 길 동무로
수백리라 반달 길에
전성따라 시중컷만
잔돈푼에 발발 떨고
험만 잡아 핀잔주니…

아이구 내가 도시 미친년이지 무슨 지랄병이 들어 인정 많은체, 멀쩡하게 눈뜬년이 맹인잔치 따라나서서 삐빠지게 시중하고 공 없는 소리 듣는고 선공 무덕 나를 두고 이름이지… 아이구 내 복장이야 (가슴을 치며 푸념한다)

심봉사 남새 부끄럽게 대로상에서 그래 그래, 내가 군소리했네 그만두게 그만둬… 에이, 진땀이 줄줄 나는군. 부채나 이리 내소.

빵덕어미 부채요? 아이구머니나 개울에서

세수하다 놓아두고 그냥 왔네.

심봉사 수건이라도 이리 주소.

뺑덕어미 수건도 말린다고 널어놓고…

심봉사 안 가져왔단 말이지, 남 좋은 일 잘하고 댕기오.

뺑덕어미 령감이 하도 어서 가자 서두는바람에 얼떨떨해서 그랬지 뭐요.

심봉사 눈먼 내가 서둘렀기로 번히 뜨고 보는 눈에 잊어버려!

뺑덕어미 또, 잔소리 시작이다. 내 치마폭이라도 잡아서 수건 맨들고 부채 한자루 사면 그만 아니요.

심봉사 흥. 집에서 가지고 나온 옷가지 보퉁이채 어디다 빠트리고 제나 내나 땀내 풀풀, 썩은내 나는 단벌 입은것뿐이면서 무슨 치마를 잡는다오.

뺑덕어미 참, 그렇구먼! (이고 왔던 보퉁이를 나무뒤로 숨겨두고) 그럼 백목 두어자 끊어서 새로 맨들지, 걱정 있소. (보퉁이 들고, 주막집안으로 혼자만 들어간다)

△ 이때에 부부 봉사 노래하며 지나간다.

남편봉사 여보 마누라

안해봉사 령감 왜 부르오

남편봉사 아침밥도 날만 주고
임자 시장할것이니
한푼 어치 떡이라도
요기하고 길갑시다

안해봉사 없는 살림 녀편네는
허리띠가 량식이라오
존절하게 로자 애껴
서울 가서 잘 씁시다

심봉사 여보, 뺑덕이네! 뺑덕이네!

뺑덕어미 왜 그래요… (주막집안에서 무엇인지 먹으면서 나온다)

심봉사 고새 어디를 갔었어.

뺑덕어미 가긴 어딜 가요. 여기 있는데, 동네가 떠나가게 소리를 치고― 왜 그래요, 왜!

심봉사 팔도 봉사 다 모이는 잔치에 거지꼴로야 참예할수 있나 내려올때야 어쩌될망정 우선 갈포 필이라도 떠서 옷 한벌씩 해입고 가세. 남은 돈이 얼마나 되오.

뺑덕어미 무슨 돈이 남아요.

심봉사 집에서 가지고 나온 돈.

뺑덕어미 그 돈이야 다 쓴지 언제라고…

심봉사 다 쓰다니, 삼백냥 돈을…

뺑덕어미 그러니 령감더러 맥히고 빽빽하다지요. 먼길 떠나오는 사람이 남의 빚 안갚고 떠나겠소!

심봉사 빚이라니? 내 평생 빚지고 산배 없는데…?

뺑덕어미 담배값이지요.
시집살인 못할망정
새벽 담배 안피고는 살수 없어
담배값 외상 진게
스물냇냥

심봉사 담배값이 스물냇냥
녀편네 담배 치고는
룡골대 빰치겠다
코궁기서 불났겠는걸

뺑덕어미 술먹어서 그 불 껐지.

심봉사 술값이 또 있어…?

뺑덕어미 꽃피고 달 밝을제
시숭생숭 맘이 달떠
홍내느라 한잔 두잔
술값 진게 일흔두냥

심봉사 멋쟁이 주객일세
놀음 안한게 다행일네

뺑덕어미 놀음 빚도 있지
정월 보름 편윷놀이
내기 빚이 설흔냇냥

심봉사 주색 잡기 능란하니
녀중 호걸 잘도 났다
무슨 빚이 또 있는가

뺑덕어미 령감 있는 젊은년이
성적단장 안하겠소
동백기름 장분값이
마흔하구 두냥닷돈

심봉사 기름걸레 횟박 얼굴
내 못보아 속편하네
다음에는 무엇인가

뺑덕어미 입맛 제쳐 밥 못먹고
팥죽 먹은게 스물석냥

심봉사 변덕도 끓게 됐다

뺑덕어미 엿값이 설흔한냥
앵두값이 열다섯냥
꿀떡값이 설흔석냥
지난봄에 입덧나서

신것만 먹고싶어
살구값이 일백쉰냥

심봉사 (하도 어이가 없어서 허허 웃으며)
무엇이 어쩌고 어째
살구값이 일백쉰냥
예이 천하 잡스럽고
념치없는 몹쓸년아
눈먼놈의 평생살림
살구 팥죽 군입질로
모짝모짝 다 까먹었구나

뺑덕어미 갚다 갚다 모자라서
쌀로 대신 퍼주고도
비오리 사탕 못먹은게
오늘까지 서운한걸

심봉사 에라 이년 듣기 싫다
도적놈의 계집인들
널과 같이 헙헙하며
삼패 잡년 논다닌들
허랑하기 녀 같으랴
그럴줄을 내 몰랐다

△ 엿장수 총각이 가위소리 내며 싸구려를 외고 나온다.

엿장수 (이 노래는 삼남에서 엿장수들이 부르는 구전소리다)
헌 갓량이나 숟가락 몽댕이
대통 모가지 떨어진것
식기 대접 깨진것
마포걸레 미명걸레
떨어진것 다들 내고 엿들 사료
싸구려 허허 굵은 엿이란다

정말 싸게 파는 엿
강원도 금강산 일만 이천봉
팔만 구암자 백일 산제 다 드리여
인삼가루 후추가루 뎌덕가루
잣가루가 다 들어간 엿
싸구려 허허 굵은 엿이란다
정말 싸게 파는 엿
일락서산에 해 떨어지고
내 목판에 엿 떨어지네
싸구려 허허 굵은 엿이란다
정말 싸게 파는 엿
촌아주머니 오복수주머니
동전꾸레미 나온다
가져갈테면 가져가오
싸구려 허허 굵은 엿이란다
정말 싸게 파는 엿

△ 이사이에 뺑덕어미 심봉사 모르게 주머니에서 돈을 내여 엿을 사서 먹는다. 엿장수 여전히 싸구려를 외우면서 지나간다.

심봉사

효녀 내 딸 몸을 팔고
임당수로 망종 갈제
평생 두고 쓰다 남겨
사후 신체 의탁하라
신신당부 주고 간돈
피가 맺고 한이 뭉쳐
딸인듯이 애꼈는데
네가 하상 무엇이라
무작하게 다 썼느냐

뺑덕어미 (돌아서서 엿을 혼자 다 먹고나서)

여보 령감

심봉사 (슬프고도 화난 소리로)

왜 불러

뺑덕어미 점심밥은 먹었지만
목이 컬컬 갈증나니
돈 닷돈만 나를 주오
참외 사다 둘이 먹게

심봉사 허허 세상 기막히네
눈 몄으니 알아서 쓴다
혼전 만전 제 다 쓰고
외 사먹자 돈 내라나
한푼 돈도 나는 없네

뺑덕어미 그렇다면 영낙없는 거지로구려!
돈 떨어졌으니…

심봉사 뉘가 할 말인지 모르겠다. 자네 알아
하소, 나는 모르겠네.

뺑덕어미 무엇이 어째요
이런 령감 말 좀 보게
계집더러 알아하라니
없는 돈을 낳으란 말인가
도적질을 하란 말인가

발 팔아 논 살제는
이밥 먹잔 욕심이요
후가살이 해올제는
호강은 못할망정
군색스러이 안살랴고
팔자 고쳐 시집 왔지
봉사령감 비렁질해다

공경하자고 내 왔던가
나는 집으로 돌아가겠소

심봉사 무엇이라고 집으로 가겠다고.

뺑덕어미 로자 없이 서울 가서
문전걸식 나는 싫소
명감이나 혼자 가서
맹인잔치 잘 보시오

심봉사 무엇이 혼자 가라고…

뺑덕어미 (보퉁이 이고 담배대를 심봉사앞에 내던져 주며)
담배대 벗을 삼아
잘 갔다가 잘 오시오

심봉사 뺑덕이네, 뺑덕이네!

△ 심봉사 손을 내저으면서 찾는다.

뺑덕어미 병신 쌍지랄한다. (야멸치게 왔던 길로 되나가버린다)

심봉사 여보 마누라, 여보, 뺑덕이네! 참으로 갔는가? (지팽이로 휘저어가며 이리저리 찾아본다)

△ 이때에 아들아이가 아버지의 지팽이를 이끌고 나온다.

아버지봉사 얘야 천천히 가자 거진 다 와서 발 부르트면 큰일이다.

아들아이 저는 괜찮아요. 아버지나 돌뿌리 차지 않도록 조심하세요.

아버지봉사 눈먼 애비때문에 어린 다리로

칠팔백리 걸음을 걷고 고생이구나.

아들아이 아버지 따라서 서울구경하는데 무는 고생이예요.

△ 아버지와 아들 주고받으며 지나간다.

심봉사 (무심히 부자의 문답을 듣고)

후취 계집 얻어들여
살림 망코 이 팔인고
말씽스런 그년 소행
내 안듣고 살게 되니
굶더래도 편한 마음
혼자 길도 헌철하겠다
헌철하던 곽씨부인
죽는양도 보았으며

(스스로 비감해서) 우리 딸도 살았드면 내 팔자 남 부럽잖으련만.

사고 무친 타관 거리
로자 한푼 손에 없이
외따로 떨어졌으니
이내 신세 맹랑하네
내가 도시 처신 없지
무슨 재미 보아지라
옥이라 금이라
눈보다도 귀한 내 딸
생리별 당하고도
죽지 못해 사는 내다
딸도 잃고 돈도 잃고
눈도 못뜬 이내 신세

서울울 간다 한들
뉘가 있어 반겨주랴
황천이나 갈었으면
곽씨부인 만날것이요
수궁이나 되드라면
우리 딸을 만나련만
세상이 넓다 해도
이내 한몸 갈곳 없구나

어이 가리너 어화로구나
오늘은 가다가 어데가 자며
래일은 가다가 어데가 잘거나
어이 가리너 어화로구나

△ 심봉사 지팽이 더듬어 허희탄식 주춤주춤 걸어간다.

—암 전—

제 3 장

때 제2장에서 사흘 지난뒤 늦은 낮.

곳 왕궁안 별전.

왕비가 거처하는 내전 별실의 일부— 드높은 분합에 구슬 주렴이 걸려있다. 왕비가 된 심청이가 이 방안에 있는것이다.

어린 궁녀들의 담이나 넘자 노래와 함께 무대가 밝아지면 궁녀들이 뜰아래에서 앙 당 당 담이나 넘자 놀이를 하며 재미나게 놀고있다.

궁녀들 앵 당 당 벌어졌다
유자 캥캥 담이나 넘자
청실래 황실래

배꽃이라 활짝 피였네
청산리 벽계수야
수히 감을 자랑말아
앵 당 당 벌어졌다
유자 캥캥 담이나 넘자
청실래 황실래
배꽃이라 활짝 피였다

화 작작 범나비 쌍쌍
버들 청청 꾀꼬리 쌍쌍

앵 당 당 벌어졌다
유자 캥캥 담이나 넘자
청실래 황실래
배꽃이라 활짝 피였다
남 산에 봉이 울고

북악에 기린이 논다
앵 당 당 벌어졌다
유자 캥캥 담이나 넘자
청실래 황실래
배꽃이라 활짝 피였다
말이 없는 청산이요
태가 없는 록수로다
앵 당 당 벌어졌다
유자 캥캥 담이나 넘자
청실래 황실래
배꽃이라 활짝 피였다
좋은지고 오늘이요
즐거울사 오늘일세
앵 당 당 벌어졌다

유자 캥캥 담이나 넘자
청실래 황실래
배꽃이라 활짝 피였다

△ 어린 궁녀들 한참 놀고있을 때 녀관이 회랑으로부터 란간 투마루우로 나오자, 큰 궁녀들이 어여쁜 태도를 자랑하듯 걸음새도 맵시좋게 나온다.

녀 관 중전마마 납시요.

△ 궁녀들 놀이를 그치고 국궁하자, 왕비가 된 심청이가 칠보화관에 채의로 몸을 꾸미였으되 수심이 만면하여, 회랑으로부터 나와서 방안으로 들어간다.

녀 관 봉명군사 대령 시켜라.

궁녀들 봉명군사 대령하라.

△ 봉명군사 5, 6명이 날쌔게 들어온다.

봉명군사들 예— 봉명군사 대령이오.

녀 관 봉명군사 듣거라.
국내 팔도 맹인잔치

궁녀들 전례없던 맹인잔치
대평경사 맹인잔치

녀 관 오늘이 끝날이라
서울장안 골목골목
거리거리 외고돌아
한 맹인도 빠짐없이
연석에 참예케 하라

△ 봉명군사 령을 받고 날쌔게 령기 날리며 나간다.

녀 관 (궁녀들에게)

불쌍한 맹인들을
후히 대접하랍시는
중전마마 엄한 분부
일층 조심 거행하라!

궁녀1 석달 열흘 거행 절차
끝날이라 태만하오리까

내 시 (밖으로부터 맹인성책 들고 들어와 뜰아래에서 절하고)
오정까지 점고 맹인
호명으로 아뢰오

△ 물러나와 밖을 향해서

밖에 대령 봉사님들
성책대로 호명하리니

궁녀들 빠짐없이 대답하오

내 시 (성책을 펴들고)
눈은 진짜 감었건만
점을 못쳐 가봉사
결방살이로 늙었건만
아낙에 산다 안봉사
경문도 잘 외거니와
경쇠도 잘 친다 경봉사
뜬듯해도 앞 못보는
당달이라 당봉사
한잔 술을 못먹어도

안주 사는 주봉사
셋이 가도 한봉사
혼자 가도 천봉사
헌헌장부 사내건만
억울할손 여봉사
녀인 된게 한이런가
남정네 아닌 남봉사

목청 좋다 목봉사
변덕스러워 변봉사
성자만 우람하지
애기도령 왕봉사

이장 저장 장봉사
이리 오시오 오봉사
짜지도 않건만 염봉사
좋고 좋은 조봉사

△ 여러 봉사들 재각기 대답하고 들어와서 웅기중기 앉는다.

내시 (책을 덮고 다시 절하고) 오늘 오정까지 점고 성책된 맹인호명 끝났다 아뢰오.

녀관 맹인들을 연석으로 인도하야 주식을 배불리 먹이고 의복 행자 사급하여 보내랍신다.

내시 예— (절하고 물러나와서 맹인들에게) 봉사님들, 나를 따라 연석으로 가십시다.

봉사1 감사하오.

봉사2 배고픈판에 잘되였소.

△ 내시와 궁녀들, 봉사 한사람씩 데리고 밖으로 나가자, 애연한 음악에 따라, 심청이, 방안에서 나온다.

심청 (옥란간에 비껴서서 나오는 봉사들의 뒤모양을 이윽히 바라보다가 구슬 주렴에 옥면을 대고) 이번에도 성책에 빠지셨으니 소망이 허사로다.

천지 신명이 무심한가
부녀 연분이 다 함인가
황송스런 처분으로
맹인잔치 채리여서
부녀상봉 바랬더니
잔치망종 오늘까지
어이하야 못오시는고
로한으로 못오시나
오시다가 랑패 보셨나
황해감사 표문중에
부지거처라 하였다더니
불효녀식 날 보내시고
애통 자진 별세하신가
부처님의 령험으로
그 새 눈을 뜨시여서
맹인축에 빠지시여
잔치 참예 아니하시나

녀관 해가 아직 남었사오니 고정하시고 기다리소서

△ 심청, 녀관에게 부액되여 방으로 들어가자, 내시가 바쁘게 들어온다.

내시 (엎드려서) 아뢰오, 방금 점고하온 맹인중에 심맹인 명자 있삽기로 어명대로 내전입시요.

△ 밖에서 내시2와 심봉사의 말소리 들리며 궁

(녀가 심봉사를 인도하여 들어오는데 심봉사는 때묻은 얼굴에 의표가 람루하여 알아볼 수 없게 변해졌다. 녀관, 급히 나온다.)

심봉사 글쎄, 어째서 나 한사람만 내전으로 끌고 오는거요.

내 시 사유는 모르나 중전마마 분부시니 어서 들어가십시다. (심봉사를 한편에 세워두고 뜰아래에서 절하고) 아뢰오. 심맹인 대령이오.

녀 관 그 맹인 성명을 아뢰랍시오.

심봉사 (고개를 끄덕이며)

옳지 옳지 내 알겠소
이 잔치를 배설키는
이놈 찾아 죽이자는
잔치임을 내 모르고
주적주적 제 발길로
천리 서울 찾아왔네

녀 관 거주 성명과 처자 유무를 빨리 아뢰랍시오.

심봉사 이왕지사 잘되였네
진작 죽어 마땅한놈
세세 원정 다 아뢰고
마음 편히 죽어지자
네ㅡ 소맹이 아뢰리다
세세 사정 아뢰오리다
소맹이 사옵기는
황주 남면 도화동이요
성명은 심학규온데
이십에 안맹하고
사십에 상처하와
강보에 어린 녀식
동냥젖 얻어 먹여

근근히 길러내니
성명은 심청이라

십오세가 되였을제
효성이 지극하야
몽운사 부처님께
3백석을 공양하면
눈 뜬단 말 곧이듣고
남경 장사 선인들에게
3백석에 몸을 팔아
인제수로 죽어졌소

딸을 팔아 죽인 애비
인륜의 죄인이오니
딸 죽이고 눈도 못뜬놈
어서 바삐 죽여주오

△ 방안에서 뛰여나온 심청, 반가운 설음 북받치고, 두줄 눈물이 앞을 가려, 아버지 얼굴을 무뚜뚜룸이 바라본다.

심봉사 아이고 내 딸 심청아
나도 오늘 죽어지면
황천 가서 널 보리라
(엎드려져, 땅을 치며 통곡한다)

심 청 (우르르 뜰에 내려 아버지의 손을 잡고 뼈가 녹는듯 목맺힌 소리로)
아이고 아버지

심봉사 (깜짝 놀래여 질색하며 물러앉는다)
에이 아버지라니
아버지라니 웬 말이요
무남독녀 딸 죽이고
혈혈단신 홀몸인데

뉘가 나더러 아버지라나

심청 여태 눈을 못뜨셨소
임당수 풍랑중에
빠져 죽은 심청이가
다시 살아 여기 있소

심봉사 무엇이 어쩌고 어째요
효녀 내 딸 심청이가
죽은지가 언제라고
여기가 어데기에
살아 오다니 웬 말이요

심청 황천 후토 자비심과
룡왕님의 조화로써
인간 환송 다시 살아…

궁녀들 만백성이 우러르는
중전마마 귀히 된 몸…

심청 눈을 떠서 보옵시오

심봉사 마오 마오 회롱 마오
한번 죽은 심청이가
살아날리도 만무한데
중전마마란 당치않소
앞 못본다 회롱 말고
어서 급히 죽여주오

심청 아버지를 못뫼온지
두어해가 남짓한데
이다지도 로쇠하셨소
제 음성을 들으신들
어이 이리 몰라보오

지난날에 아버지가
동냥젖에 배가 불러
웃는 저를 안으시고

둥둥 내새끼 어허 둥둥 내 딸이야
악아 악아 네 웃거라
악아 악아 날 보아라
금을 준들 너를 사며
옥을 준들 너를 살가

△ 심봉사 부지중, 즐겁던 지난날이 회상되여 딸과 둘이 있을 때와 같이 기쁜듯 슬픈듯 딸을 안고 어루는듯 어울려서 노래한다.

심청
심봉사

남전 북답을 장만한들
든든하기 너 같으며
산호진주를 얻은들
사랑홉기가 너 같으랴
어허 둥둥 내 딸이야

심봉사 (문득 심청을 힘껏 끌어안으며)

음성을 들어보니
내 딸 분명 살았네그려

이것이 꿈속인가
이것이 생시인가
꿈이거든 깨지 말고
생시거든 어데 보세

△ 딸을 보고싶은 심봉사의 마지막 일심정력, 마침내 「백운이 자욱하며 청학 백학, 란봉, 공작운무중에 왕래하며 심봉사 머리우에 안개가 어리더니 심봉사의 두눈이 활짝 뜨이니 천지 일월 밝아왔고나, 심봉사 마음 여취여광하야…」 눈부심에 어리둥절 두리번거린다.

심청 우리 아버지 눈뜨시였네

심봉사 응!? 내 눈이 떠졌다고?

(그제야 눈뜬줄 알고 사방을 살펴보니 형형색색 반가우며, 앞에 뵈는 딸의 얼굴 칠보화관 황홀하다)

심봉사 어느 뉘가 내 딸인고

심 청 제가 바로 청이올시다

심봉사 옳지 옳지 알아볼네
갑자 사월 초 파일
꿈속에 보던 얼골
내 딸 일시 분명코나
음성은 익었으나
얼골 보기는 초면일세
얼시구 절시구 지화자 좋아라
고생끝에 락이 온다
나를 두고 한 말일세
창해만리 죽은 딸이
환세상도 기이한데
중전되기 경사요

심 청 우리 부친 안맹한지
사십년에 눈뜨시여
천지 일월 다시 보니
이런 경사 다시 없네

△이때에 왕과 제신들이 얼굴마다 기쁨을 띄우고 나온다.

심봉사·심청 얼시구나 영화로다
절시구나 경사로다
태산보다 높고높은
우리 부녀 얽힌 사랑
이 나라 하늘아래

일월같이 빛나여라

왕 효행은 백행의 근본이라
파연 옳은 말이로다
중전의 장한 효성
어버이 념원 성취시키니
우리 나라 자랑이라
왼 나라에 잔치하야
억조 인민 찬양하고
도화동 백성에게는
연호 잡역 제감하고
심학규는 부원군으로
태평영화 누리게 하라

근신들 수양산 그늘이
칠백리를 덮는다고
중전마마 한분 효행
왼 나라에 복이 되여—

궁녀들 전례없는 태평경사
맹인잔치 장관이요
대궐안의 밝은 일월
봉사님이 눈을 떴네

궁녀들 늬나노 난실 기이할사
부녀상봉이 경사로다

왕 어버이께 몸을 바쳐
죽음으로 빛낸 효행
지는 꽃이 열매 맺어
몸은 살아 영화 받고
이름은 흘러흘러
천추만세 전하리니—

심학규 금수강산 우리 나라
효행꽃이 만발하리

궁녀들 늬나노 난실 기이할사
부녀상봉이 경사로세

전원합창 반만년 우리 나라
문물도 찬란하고
아름다운 우리 나라
효자문에 충신나네

장하고도 어질도다
중전마마 높은 효행
이 나라의 복이 되고
만백성이 우러르니
집집마다 효자나고
사람마다 충신되여
삼천리라 금수강산
길이길이 빛나리라

△ 전원, 왕과 왕후, 심학규를 둘러싸고 흥겹게 춤춘다.

— 막 —

海外우리語文學硏究叢書 119

조선창극집

1996년 11 10일 인쇄
1996년 11 20일 발행

조운 · 박태원 · 김아부

발 행 요녕인민출판사
영 인 **한국문화사**
133-112
서울시 성동구 성수1가 2동 13-156
전화 464-7708, 3409-4488
팩스 499-0846
등록 2-1276호

값10,000원

ISBN 89-7735-323-8